U0076402

慈濟慈善志業

—— 洪注大乘 潤漬眾生 ——

TZU CHI
Mission of Charity

編著 ——

佛教慈濟慈善事業基金會

大慈大悲無量義。（攝影／阮義忠）

歷年慈濟基金會全球慈善關懷國家地區分布圖

亞洲地區 （33）	
臺灣	阿富汗
孟加拉	土耳其
菲律賓	日本
中國大陸	東帝汶
香港	伊拉克
外蒙古	伊朗
朝鮮	汶萊
馬來西亞	斯里蘭卡
越南	巴基斯坦
印尼	新加坡
尼泊爾	緬甸
泰國	韓國
柬埔寨	敘利亞
約旦	以色列
印度	寮國
俄羅斯	澳門
黎巴嫩	

非洲地區 （31）	
衣索比亞	塞內加爾
盧安達	聖多美普林西比
幾內亞比索	坦尚尼亞
史瓦帝尼	莫三比克
甘比亞	辛巴威
南非	波札那
賴索托	獅子山共和國
象牙海岸	納米比亞
賴比瑞亞	馬拉威
尚比亞	肯亞
布吉納法索	貝南
剛果民主共和國	尼日
南蘇丹	蘇丹
茅利塔尼亞	馬達加斯加
馬利	迦納
突尼西亞	

大洋洲地區 (8)	歐洲地區 (25)		美洲地區 (22)	
巴布亞新幾內亞	科索沃	瑞典	美國	薩爾瓦多
馬紹爾共和國	亞塞拜然	瑞士	加拿大	哥倫比亞
密克羅尼西亞	車臣	比利時	墨西哥	巴拉圭
澳洲	烏克蘭	西班牙	巴西	委內瑞拉
索羅門群島	英國	法國	阿根廷	哥斯大黎加
紐西蘭	奧地利	德國	秘魯	荷屬聖馬丁
美屬薩摩亞	捷克	愛爾蘭	海地	玻利維亞
美屬北馬利安納群島邦 （塞班島）	義大利	挪威	宏都拉斯	智利
	荷蘭	波士尼亞	多明尼加	多明尼克
	丹麥	塞爾維亞	尼加拉瓜	厄瓜多
	葡萄牙	阿爾巴尼亞	瓜地馬拉	美屬波多黎各
	梵蒂岡	克羅埃西亞		
	希臘			

【註】
一、2020 年新增地區：阿爾巴尼亞、梵蒂岡、肯亞、尼日、馬達加斯加、貝南、布吉納法索、南蘇丹、
　　馬利、茅利塔尼亞、蘇丹、迦納、克羅埃西亞、剛果民主共和國、美屬北馬利安納群島邦（塞邦島）、
　　澳門、黎巴嫩、突尼西亞、希臘。

訪貧救苦，花蓮慈濟人至鳳林關懷照顧戶。（慈濟基金會提供）

2014年高雄氣爆，志工扛著物資跨過崎嶇的道路。（攝影／林炎煌）

王端正副總執行長前往中國大陸甘肅省水窖會勘。 （攝影/林櫻琴）

2013年中國大陸四川雅安地震，設立「安心服務站」帶動孩童。 （攝影/蕭耀華）

2013 年菲律賓海燕風災，獨魯萬市大米發放。（攝影／博麗妮）

印尼雅加達紅溪河整治工程。（攝影／蕭耀華）

2011年日本311地震，志工前往宮城縣石卷市舉辦祈福感恩會。（攝影／李月鳳）

斯里蘭卡義診活動，鄉親紛紛發心捐出善款。（攝影／黃璵瑩）

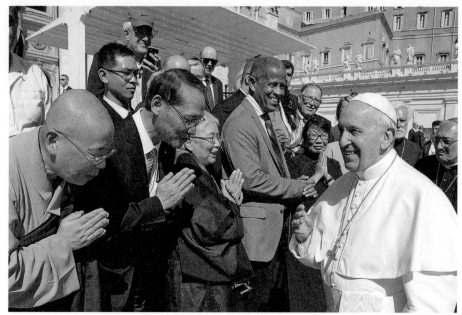

天主教教宗方濟各在聖伯多祿廣場接見各宗教、慈善組織。（天主教廷提供）

2010 年海地強震，賑災團於太子港國家足球場進行發放。 （攝影／張瓊美）

1998 年阿富汗地震，慈濟與美國騎士橋國際救援組織合作進行賑災。

（攝影 / 王志宏）

南非及史瓦濟蘭慈濟志工訪視個案，並發放物資大米。

（攝影 /Andile Wiseman Ngubane）

印證法源　廣行宗門

慈濟宗門本於一念慈悲濟世之心，五十五年來，超越宗教、種族、地域，撒播無量善種；在宇宙星河，則有一顆「慈濟」小行星，位於火星與木星間、距地球3億多公里，日夜繞行太陽。天上「慈濟」的星光，輝映著世間慈濟人的心光，心星相映，光光相照。

這顆「慈濟（Tzu Chi）」小行星，係2007年5月間鹿林天文台觀測時發現，中央大學為彰顯慈濟對世人之貢獻，命名「慈濟」行星。2010年7月26日國際天文學聯合會命名正式通過，象徵以善、以愛為寶的「慈濟」躍上天際，代表無私、無所求的精神恆久傳遞。

為傳承慈濟宗門之廣行，各志業同仁發心編寫四大八印專書，蒐羅博采，揀擇核實，徵引大事紀，剖析大數據，匯編大歷史。《叢書》費時一年完成，以四大志業為綱，

八大法印為目；依各志業歷時性的發展為主軸，輔以共時性的學術論述，文理史論，交互輝映。各書以《無量義經偈頌》為標引，諸佛名號果德為指歸，啟發人人本具性德為路徑，誠正信實走入人群，慈悲喜捨濟度有情。

《慈濟慈善志業—洪注大乘　潤漬眾生》志承「如來」家業，如來者，乘如實之道，來成正等正覺。慈善志業以如法、如理、如是之道，成救苦、救難、救世之行。詳載難民援助、防災減災，行善半世紀，愛灑百餘國之紀錄。

《慈濟醫療志業—救處護處　大依止處》效法「大醫王」胸懷，創設全臺七家醫院，在缺乏資金、人力、土地，艱困籌建後，造福偏鄉原鄉；國際慈濟人醫會全球醫療援助，及析論臺灣醫療之永續發展。

《慈濟教育志業—曉了分別　性相真實》學習「天人師」之德行，興辦慈濟大學、慈濟科技大學、慈大附中、臺南慈濟中學四校，培育典範良師，作育人間英才，推廣國際教育、社會教育，援建海內外學校，闡述慈濟教師聯誼會與靜思語對教學之助益。

《慈濟人文志業—大愛清流　法音宣流》本乎「正遍知」之使命，宣揚正知、正念、正行，以期達到正確而普遍了知。回溯慈濟月刊、大愛廣播、大愛電視台、經典雜誌、人文真善美志工創立緣起，報真導正，傳播人間美善。

　　《慈濟急難賑災—無量大悲　救苦眾生》依止「明行足」之德行，結合智慧與實踐，圓滿而具足。在全球災禍連連之際，慈濟人研發救苦救難之科技設備，直接、重點、及時、務實、關懷五大洲、119個國家地區之歷程。

　　《慈濟社區志工—布善種子　遍功德田》立「調御丈夫」之志，各區志工以大丈夫之氣度，調伏煩惱，發揮功能與良能，全人、全家、全面、全程，就近就地，長期守護社區，成為安定社會的磐石。

　　《慈濟大捨捐贈—頭目髓腦　悉施於人》體現「善逝」之精神，亦即善巧教化，不執著、無分別，捨身度人。無語良師盡形壽獻身命於大體解剖學、模擬手術教學和病理解剖，貢獻醫學教育，培育良醫。骨髓捐贈則為救人一命，無損己身之例證。

　　《慈濟環境保護—扇解脫風　除世熱惱》尋求「世間

解」之精髓，通達理解世間之事理，尋求解決環境之沈痾。面對氣候變遷、地球暖化，慈濟推行環保三十年，從回收品研發綠色產品，在生活中減塑、素食到身心環保。

　　總括八冊專書以「事」契「理」，修習理事圓融。以「行」入「解」，深明解行相應。以「悲」啟「智」，體悟悲智雙運。從「做中學，學中覺，覺後修。」實踐慈濟「行經」之宗風──行菩薩道，經真實路，尋根溯本，印證法源。

　　《無量義經》云：「譬如從一種子生百千萬，百千萬中，一一復生百千萬數，如是展轉乃至無量。」一生無量的慈濟人，秉承佛心師志，為佛教、為眾生，聞聲救苦，慈心悲願之文史得以付梓，感恩四大志業，合心編纂印證叢書，記載志業發展歷程，撰述全球援助事例，匯集人間美善行誼，見證宗門無邊大愛、無量善行。

釋證嚴

推薦序

以「尊重生命 肯定人性」
為核心價值的慈善志業

「慈濟 55 法脈宗門專書」第三冊慈善志業，是以宏觀的視野、真實的史料、學術的觀點，將慈濟過去 55 年來，用心守護臺灣，用愛膚慰天下的慈悲足跡，結合時代發展的脈絡、證嚴上人的悲心願力，以及全球慈濟人的生命投入，匯聚而成一篇篇慈善的史章，令人敬佩。每一篇的作者藉由親身參與，從發展概述、重點特色及思想論述 3 個面向，分享慈濟在不同國家，面對不同宗教、不同的族群、不同的社會，如何以妙法開展慈善志業，及落地生根的經驗，對於有心投入慈善工作的有志之士，都是非常好的參考學習內容。

慈善志業，秉持上人「為佛教，為眾生」的大愛使命，55 年來，慈善足跡到達 119 個國家，並且已在 66 個國家

培育慈濟志工或設立分支機構。這本書敘述從早期的「教富濟貧」，至近年「濟貧教富」的整個發展過程，以「臺灣慈善」為起點，加上大陸慈善、海外慈善、聯合國參與、難民援助、防災與減災的預防性策略等，深入論述上人如何在當時社會發展的背景之下，依序開展「慈善、醫療、教育、人文」四大志業，加上「國際賑災、骨髓捐贈、社區志工、環保」成為八大法印，而每一項志業的推動，都能針對當代的人心、家庭、社會乃至於全球問題等，逐步落實各項志業，促進人類的幸福與永續發展。

慈濟基金會推動的慈善工作是以佛法「慈悲喜捨」為信仰基礎，以「尊重生命、肯定人性」為核心價值，以「四大八法」為志業推展，讓受災受助者能得救而安，讓付出的佈施者，能得福而喜。全球慈濟人的助人行動，看似單純的愛心付出，但是其中所蘊含的智慧和思維，浩瀚如海，終身受用。

在第七章至第九章，分別由常住師父和專家學者，從「大愛思想」、「善經濟」、「以慈善為法門的佛教修行」等層面，進行分析論述，將上人所教示的「淨化人心、祥

和社會、天下無災難」的三願，透過思想論述，貫穿連動到志業推動與身體力行，讓每一位讀者與身歷其境的慈濟志工，都能通透理解。

慈濟的慈善模式是完整的全人服務：以慈善援助為基礎，以健康照護為輔助，以教育支持為重點，並以人文帶動為特色。在致力於天災或重大事故的援助時，都由慈濟志工深入災區，膚慰人心的在地付出，累積參與大型災害的經驗。同時建立「短期急難的安心」、「中期安頓的安身」和「長期重建的安生」模式，並根據實際需要，再行「安學、安居、安養山林」等「六安」計畫。這是一種「全人、全家、全程」的慈善策略，有計畫、有組織地行動。賑災原則是：直接、重點、尊重、務實、及時，以達成最佳的慈善效益。再輔之以防災、減災、備災的策略，及應變、復原和重建模式，達到永續實踐慈善志業的目標。

慈濟的四大八法與聯合國推動的 17 項永續發展目標，完全相應。世界經濟論壇（World Economic Forum, WEF）在 2020 年對全球發出警訊，人類面對最高風險的因素是：環境與氣候急難！而在此之前，上人已叮嚀慈濟

志工，面對「驚世的災難，要有警世的覺悟」，必須更加用心反省，思維這些災難的原因，虔誠齋戒茹素才能避免災難。

2020 年，新冠肺炎疫情全球肆虐，當各國紛紛採取封城鎖國之際，人人戴上口罩，保持社交距離的同時，慈濟人的關懷腳步，依然沒有停下來，在全球推動「大愛共伴、造福行善」的防疫紓困行動。面對大小三災、四大不調，以及越來越多的天災與人禍，慈濟人反而更加堅定「慈悲濟世」的信念，以實際的慈善行動，回應全球災難的示現！

面對全球危機，我們更要凝聚全球的愛心能量，齊心協力、合作共善，採取更積極的預防和援助行動，減少與減緩災難的降臨，讓後代子孫生活在健康、幸福、平安的永續環境之中，讓他們能以今日我們所做為榮！

執行長　顏博文

目 次

第一篇

慈濟慈善發展概述

（慈濟基金會提供）

第一章
慈濟慈善發展：臺灣篇

佛教慈濟基金會慈善志業發展處主任 **呂芳川**

慈濟的慈善發展，起始於證嚴上人的一念悲心，創立克難慈濟功德會，展開慈濟的濟貧與急難救助的工作。在推動慈善工作的過程，看到臺灣社會的需求，而從慈善志業開啟醫療志業，由醫療志業開啟教育志業，又從教育志業而開啟人文志業。雖然慈濟四大志業快速發展而各自成一個大志業體，但慈濟的慈善發展，不能不將上人當初推動慈善工作中，如何篳路藍縷與孕育每個志業的過程做相關陳述，而四大志業的工作原本也都是慈善工作的一環，這是本文第一個思考的重點。

其次，在慈濟半世紀推動慈善工作的過程與發展，會因應各階段慈善發展的需要與當時社會環境的需求，而有重要代表性的慈善工作。在 1966 年慈濟功德會創立的初期，二次大戰後進入臺灣的國際慈善組織陸續將資源轉

向世界其他更需要的地方。當時臺灣本土慈善組織尚未茁壯、有 130 萬人口處於貧窮線下，經由竹筒歲月與慈濟茶會來教富濟貧是這一階段的重要工作；而慈濟的慈善工作在當時經濟資源短缺之下，慈善工作已逐漸建立起對弱勢家庭個案經濟關懷、大型災害救助、援建、定期發放的慈善模式。

慈濟自 1991 年募款援助波斯灣戰火孤兒、援助孟加拉水患，踏出慈濟國際賑災的腳印。同一年，大陸華東大水患，在上人大智大勇的睿智與毅力引導下，跨越政治、種族、宗教、國界，建立了直接、重點、尊重、務實、及時、感恩的原則；近 30 年來，慈濟賑災的腳步也已走過了一百多個國家地區。

1997 年在上人的帶領之下，推動社區志工，2010 年更指示，在花東地區要扶貧脫困，一定要先解決地區酒害的問題，慈濟的慈善也開始了從整個社區來帶動，啟發社區民眾的愛心，親幫親鄰幫鄰，需要被關懷的弱勢家庭或長者，因有了更多在地有愛心的志工力量，而能獲得更持續的支持力量，於是慈濟一系列的社區型慈善逐步推動，

諸如以茶代酒、社區關懷據點、長者居家安全改善等方案，帶動了整個社區，讓人人都有一個「安穩家園」，讓每個社區都能是一個「美善社區」。

壹、萌芽 —— 慈濟慈善克難期

1960 年 9 月上人落腳臺東鹿野王母廟。11 月，移居知本清覺寺，養母及生父跟尋而至，上人正式辭親求道。12 月，掛單花蓮東淨寺，而後轉往臺東佛教蓮社短暫弘法，應邀拜訪信眾王太太家，首次接觸日文版《法華大講座》，亦即「法華三部」，借閱期間抄寫其中《無量義經》。1962 年，省親再度來到花蓮，自行落髮，拜許聰敏老居士為師，法名「修參」。1963 年 3 月赴臺北求受三壇大戒，因緣皈依印順導師，賜法名「證嚴」，字「慧璋」，師訓：「為佛教，為眾生」。5 月返回花蓮，在秀林鄉普明寺後方 50 公尺處建一小木屋閉門潛修《法華經》，因沒錢買花果供佛，故每月抄好一部《法華經》，在農曆 24 日燃臂供佛，回向眾生。9 月，母親生日，依約回豐原探視母親，中秋節過後返回花蓮，再率弟子回普明寺掛單，幾位

弟子相繼來結伴修行，開始「一日不作，一日不食」的生活；白天勞作，晚上教授弟子四書與佛典。

1966 年 2 月，上人原來打算離開花蓮移居嘉義妙雲蘭若，卻受到 30 位信眾聯署挽留。又因探病時目睹原住民難產婦人的一灘血，以及 3 位修女來訪的因緣，促使上人發願以「集合 500 人就是一尊千手千眼觀世音」的精神，建立一個菩薩網，隨處聞聲救苦。5 月，上人率弟子與信眾在普明寺正式成立「佛教克難慈濟功德會」，6 位同修眾每人每天多做一雙嬰兒鞋、30 位信女每人每日存下 5 毛買菜錢，每月集資一千多元，開始從事濟貧救苦的工作。上人成立慈濟，緣於一個心願，就是將「佛法生活化」。把佛法拉回人間，讓人在生活中力行慈悲喜捨，解決心靈和世界的苦難。

師承印順導師叮囑的 6 個字「為佛教，為眾生」，讓上人貫通了佛陀教義與苦難眾生慈悲喜捨、聞聲救苦的思想：「佛陀從一己所處時空，深思人類的不平等現象，從而尋找人生真理，解救人們身心痛苦。這給我很大的啟示，使我覺得，佛教不單止於研究，也不是靠形態上的苦

修，而是要把握生命的時間，亦即時代脈動；利用所處的空間，也就是所生、所長的臺灣。『臺灣這個環境』以及『現在這個時代』應該連成一體，也就是說，臺灣這整個空間就是我的道場，我應該把握此時此刻，去發揚、落實佛陀的精神。」佛陀法教、印順導師思想，成為上人行動背後的歷史縱深；他觀察社會困苦，回應臺灣時事，理出了第一步：「我認為，我應該從最貧窮的地方開始做起。所以，慈濟的第一道門，開的就是『善門』。」

20 世紀時代變遷很大，經歷了第一、第二次世界大戰後，臺灣 1,200 萬總人口中，貧民佔了 120 萬至 130 萬人。政府經費絕大部分用在軍事國防與工業發展，以維持政經穩定；對災害救濟、貧民救濟等社會福利支出，僅佔年度總經費的 5 到 8%。還在發酵期的社會福利，以軍人、公教與勞工的社會保險為主，德澤尚未普施於一般人民。

處身其間的上人，親歷時代的困頓步履，他思考的軸線不只近觀眼前社會，遠溯佛陀時代更給了他穿透性的眼界。從 1966 年成立克難慈濟功德會到 1969 年，上人親力親為，帶著志工走遍花東長街陋巷，關懷獨老與弱勢

家庭，在臺灣貧窮的「後山」花蓮，帶著慈濟委員做個案的家訪，並對每一個個案做個案研討。

「善事沒有及時把握機會去做，之後會很後悔。慈濟四大志業中以慈善為首，我也是為了苦難人才創建慈濟，最初的訪視，也都是師父親自去看的。大家從善門入慈濟，要實際參與訪視，才能見苦知福，成長慧命。訪視是慈濟人的基本要務，社區活動是行有餘力才參與，了解本分才能懂得調配時間。」　　　　——證嚴法師

林曾老太太，就是 1966 年慈濟功德會創立後，第一個長期濟助對象。這位孤寡貧病的 85 歲老婆婆，蝸居在 3 個榻榻米大的破屋中。早年，曾經收養一個兒子，不料養子早逝；之後，又收養一個孫女，以為晚年有依，無奈孫女離家流浪，不知去處。老婆婆從此孑然一身，年老力衰加上患有哮喘，讓她經常飢寒交迫。獲知老婆婆際遇，慈濟按月濟助白米一斗、現金 300，並請人為她燒飯、照料起居，直到 1970 年老婆婆往生。

1967 年，上人發現雙眼失明的照顧戶李阿拋，獨居茅草屋，唯恐燒飯引起火災，上人決定幫忙蓋安全的磚

房，也每月濟助 200 元；而當時上人和弟子們還住在普明寺，經濟非常拮据，卻為一位孤苦老人蓋房子。這棟房子 1967 年 12 月 15 日完工入厝，是功德會援建的第一間慈濟屋。

1969 年入冬前，慈濟第十一號委員蔡秀梅聽說上人蓋的被子破舊又單薄，悄悄買了 12 件毯子，準備送給上人。上人在克難環境下創立慈濟，堅決自力更生，不接受供養。不過，當下想到照顧戶有需要，就收下毯子，促成規劃第一次冬令發放，這次冬令發放有四十多戶照顧戶、兩百多人，慈濟給濟助金、棉被、毯子，還為他們辦素宴，讓大家來領物資的時候，也能飽餐一頓。這也成為五十多年來慈濟基金會與照顧戶之間像家人一樣溫馨關懷的傳統。

1969 年中秋節，艾爾西颱風過境臺東卑南鄉大南村，發生空前大火，全村 148 棟房屋毀損、47 人死亡，當時上人帶著慈濟委員，展開第一次大型賑災，除了募集來的衣物，在經費拮据的情況下，還購買 148 件當時臺灣最高級的臺麗毛毯，每戶 1 件。這也是慈濟基金會第一次的

大型天災急難救助。

1973 年 10 月娜拉颱風對玉里以南到臺東、大武一帶造成慘重災情。上人評估賑災款需要 60 萬元，但當時慈濟僅有十幾萬元基金，於是發動全體會員到街頭巷尾去勸募。從實地勘災到募款、籌集物資、造冊發放，皆本諸「尊重生命」的理念出發，為後來慈濟從事賑災建立了可以依循的模式。

1975 年，委員才僅 5、60 人，需要長期關懷的照顧戶已多達 277 戶，上人於訪貧時發現照顧戶的居住衛生普遍不佳，亟待清理。花蓮師專明道社五十多位同學響應上人號召，利用假期，為行動不便或孤苦無依的老人打掃房屋，清潔環境，成為日後慈濟人從事「居家關懷」的重要特色。

「慈善是慈濟志業的根基；而慈善工作要達到『直接、重點、務實』，就必須借助訪視。進行訪視可說是福慧雙修。走入案家，看到人間疾苦進而伸援，就是造福；看盡人生形貌而有所悟，智慧即能提升。」

——證嚴法師

在慈濟克難功德會的成立之初，自身經濟能力都非常有限之下，將善款點滴不漏地投入弱勢家庭的關懷與房屋援建，在大型天災後，慈濟在重災區給予災害協助，這些都確立了慈濟對弱勢族群關懷、房屋修繕、急難救助與災害救助的慈善方向。隨著經驗累積，建立的「長期濟助」、「急難濟助」、「房屋修繕」、「冬令發放」、「大型賑災」等五大基本模式，至今依舊是最主要的慈善工作型態。

從 1979 年提出建院，到 1986 年醫院落成；臺灣正經由十大建設而邁入現代化國家之林，興建機場、高速公路、鐵路、海港，扶植鋼鐵、石化與造船等基本工業，臺灣經濟快速飛馳。1980 年北迴鐵路通車，貫穿東西交通命脈，更為東部帶來了參訪慈濟的人潮，為全臺帶去了慈善種子的擴散。慈濟的慈善理念和工作模式，正是在此時拓展於全臺。很快地，上人的追隨志工越來越多，遍布全省各地，上人每個月行腳到全省各地，陪著志工去做訪視，用多年來帶著志工訪視、個案研討的經驗，將基金會個案評估原則與經驗傳授給各地的慈濟志工。後來，個案也越來越多，除了對特殊個案還是陪同訪視，在每個月的

全省行腳或各地志工的精進教育訓練都會傾聽各地志工的訪視分享，並以數十年來的經驗指導慈濟志工如何開導個案，數十年如一日，所以對弱勢家庭個案的全人全家全程的關懷，是上人帶著全省慈濟志工一步一腳印，扎實地落實慈善關懷工作。上人帶領委員全臺訪視，將慈濟的慈善腳步從東部擴展至全臺。

慈濟人稱貧戶為「感恩戶」，並非要對方感恩慈濟的幫助；而是慈濟人感恩對方示現貧、病、殘，使人警惕世間無常，從而知足惜福。付出的同時要「感恩」，才能真誠地去疼惜苦難人。

——證嚴法師

慈濟是一個慈善團體，是一個宗教團體，也是一個修行的團體。所以「內修外行」是慈濟慈善工作一大特色。慈濟不但在生活上給予個案補助，同時也用慈悲心去感同身受，設身處地為個案著想，希望個案除了衣食經濟上的改善，也會去思考個案在經濟上如何能增加自足的能力，在個性或習性上如何引導他有更正向積極的生活態度，甚至於在思維上能由手心向上成為手心向下。當然在這過

程，耐心觀察案家的需求，如何長期陪伴及改變案家頹散的生活態度，那是需要很大的耐心與毅力，那需要有真正慈悲的修持，才能讓案家從依賴、喪志、惡習或一時的困頓中站起來，積極面對人生，改變自己像慈濟人一樣成為助人的人，這就是翻轉案家的人生。對於弱勢或獨居的長者，也會去思考如何讓他能避免失能，他們沒有子女，如何能經由啟發社區民眾親幫親鄰幫鄰的互助精神，來讓老者有所依，所以上人在 1966 年第一個個案林曾老太太，就給了慈濟志工很好的示範，除了經濟上給予補助，還在社區啟發鄰居互助的愛心，就近為這位孤寡貧病的 85 歲老人燒飯，照料起居。

慈善訪視工作可說是福慧雙修，當慈濟志工走入案家，看到個案疾苦進而伸出援手，就是造福；看盡社會人生苦難而有所悟，即是增加智慧。如果每一個慈濟人都能用這樣的慈悲心去關懷社區，這就是慈悲的社區。只要有慈濟人，社區就沒有暗角。

貳、教富濟貧　濟貧教富

「40 年前我決定做慈濟時，就告訴自己：救世要從救心起，人心不救，世間難救。」

——證嚴法師

1966 年的臺灣，「佛教克難慈濟功德會」正式成立，當時，曾經在臺灣投注大量關懷的國際慈善組織，完成階段性任務後，陸續將資源轉向世界其他更需要的地方。當時臺灣本土慈善組織尚未茁壯、青黃不接的時刻，臺灣仍有 130 萬人口，處於政府的貧窮線下，需要援助。

需要幫助的人那麼多，慈濟功德會的資源又那麼少，上人逐步教導慈濟志工「教富濟貧」與「濟貧教富」的慈悲救度之法，經由「教富濟貧」來凝聚善的力量，經由「濟貧教富」來引導人人皆可成為手心向下助人的人。「富裕者有錢、有力量，可以引導他們用世間財來幫助苦難人，為人間福祉付出，也是為自己造福，這是『教富濟貧』。此外，希望貧窮人知道自己也有力量救人，即使只有一滴水，滴進大缸裡，這缸水就有他付出的一滴，可以供應許多人喝，也是在造福；這就是『濟貧教富』。」

佛典記載，有孩童以恭敬心，將一把沙放入佛陀缽內；佛陀歡喜接受，倒入造塔的沙中，讓孩子的那一把沙也有造塔功德。上人以此表示，慈濟四十多年來正是匯聚眾人點點滴滴、長時間的付出，以四大志業、八大法印奉獻社會，用愛鋪平人間路。

不管是教富濟貧，或是濟貧教富，都是在引導人心。不分貴賤，人人都一樣有愛心，一樣能付出愛心，所以慈善訪貧，扶貧脫困就是福田，不管力量大小，人人都可以去耕，人人都可以去付出愛心。

一、竹筒歲月與慈濟茶會

慈濟功德會成立之初，上人以克己、克勤、克儉、克難的精神帶領 6 位同修弟子，每人每天增產一雙嬰兒鞋，並啟發 30 位家庭主婦每天省下 5 角錢，投入竹筒裡，開始慈善濟貧的工作。竹筒歲月就成了慈濟教富濟貧的一道善門，每個人在生活中節省一點錢，就可以支持慈善濟貧的工作，這一方面是積沙成塔，將每一個小善款累積起來，成就社會濟貧的工作，另一方面募心募愛，募每個人

一個愛心，一個善念，來淨化人心，祥和社會，社會多一個愛心善念，就多一分力量。

　　逐漸地慈濟委員多了，就以家庭茶會來邀請會員或朋友，分享慈濟慈善濟貧的工作，這種家庭茶會就成為改變人心度化眾生的場域。每一位慈濟志工加入慈濟，在他人生態度上，價值觀上，對家人的態度，乃至於在工作上的態度都有極大的轉變。甚至於有許多慈濟志工都有許多的習性，導致生活與工作上的不順遂；他們分享，因為碰到慈濟，有了上人的法，如何從這些不順遂的經驗中慢慢得到成長，也成為一個時時刻刻都在助人的人。

二、幸福人生講座　啟動臺灣祥和社會

　　隨著臺灣光復後，政府遷臺，經濟的快速起飛，人民的物質生活充足而富饒；然而在繁榮富裕的背後，物欲橫流的現象卻普遍存在社會各階層，一般人常以「利」字作為評斷是非得失的標準，因而衍生出種種脫序的問題。行政院新聞局和勞工委員會因此自 1991 年元月起，與慈濟共同策劃、舉辦「幸福人生」系列講座。希望透過慈濟

「與人為善」精神的宣導，讓社會充滿祥和之氣，人人擁抱「幸福的人生」。

在第一年試辦階段，透過 25 場全省巡迴講座，慈濟精神不僅推展到各大城市及鄉鎮，還包括離島的金門、澎湖地區，每場演講都獲得當地熱烈的迴響，因而奠定了三方繼續合作的機緣。在這當中，上人的法語淺顯中蘊含深刻哲理，無疑是治療浮動心靈的一帖良藥，故每場開示皆吸引上萬的人前往聆聽；而慈濟委員演說的生活故事，幽默又發人深省，也廣受各地民眾喜愛。

除了每年有既定的幸福人生講座，許多社會機構、社團、慈濟茶會都會有發人深省，啟發人心的分享志工，為因應這日益增多的講座，「慈育隊」於 81 年底應運而生，成為慈濟培訓現身說法者的搖籃。「上人要我們講的是真實的故事，怎麼做就怎麼說，怎麼說就怎麼做，必須言行一致，不能絲毫捏造作假。」有些慈育隊員則對眾坦露，進入慈濟之前，總認為自己的不幸福是別人造成的，對生活滿懷怨懟。踏入慈濟後，或因受上人啟發，而如醍醐灌頂，走出迷惘、邁向清明的人生；或在訪視個案中，

親睹悲苦眾生示現，才懂得找出自身的盲點、調整言行，在大徹大悟、改過遷善後，他們勇於當眾發露懺悔，藉以警惕自我、影響別人。

上人闡釋：「『慈育』，即是以慈悲圓融的清淨之音來教育人群。『慈』是柔中帶和的形象；『育』是內涵，要培養正知正見、謹言慎行，才能教化大眾。」這群肩負「慈悲教育」的慈濟委員，在經歷了多次聚會演練後，會先於各地茶會初試啼聲，待時機成熟時，再登上幸福人生講座的舞臺，發揮更大「淨化人心」的良能。

從 1991 年開始的幸福人生講座，連續 8 年，一共舉辦了一百三十多場，講座在全臺各地，及金門、馬祖、澎湖等離島舉辦，其中 23 場，由上人公開演講，其他場次則由慈濟委員現身說法，上人的場次是場場爆滿，慈濟委員的演講內容，也深入民心，參與的民眾達 50 萬人次。

慈濟清流也跟著由點而線到面，不斷地擴展到全省各角落，慈濟不只在做淨化人心的工作，同時也是社會教育的場所。許多委員在慈濟受教育，成長茁壯後，又將自我蛻變過程製成「渡」及「悟」的錄音帶，或集結成《快

樂的泉源》、《誤與悟》等書在外流通，藉以引導更多的人走向美、善之道。

　　從竹筒歲月、社區慈濟茶會到幸福人生講座，慈濟志工「教富濟貧，濟貧教富」，滋潤了無數人的心靈，啟發了無數人的愛心，臺灣無以為寶，以愛為寶，許多人因為慈濟教富濟貧的引導而投入了關懷人群的行列，許多人也因為濟貧教富而從手心向上變成手心向下，成為助人的人。教富濟貧，濟貧教富成為慈濟慈善重要的一頁，也成為臺灣近幾十年來安定社會的一股重大力量。

參、以醫療、教育翻轉貧病相連

　　貧民如乾涸土地上的小草，需汩汩水源才得存活；因此我以「掘井人」的精神建設慈濟醫院——集合眾人的力量挖井，直到掘出清泉、水源沒有枯竭的顧慮，病痛苦難的眾生就能長期得救了。　　　　　　　　——證嚴法師

一、建立醫療志業

　　上人在慈善關懷中體悟到「因病而貧，因貧而病，

貧病相生」，尤其花東地區醫療資源非常缺乏，許多青壯人口因遭受意外、長期臥病，不僅拖垮家庭經濟，連帶衍生出教育、社會問題。「貧」與「病」之間的惡性循環，唯有興辦醫療，才能「防貧止病」；於是，慈濟功德會開始於 1972 年 9 月在花蓮仁愛街成立義診所，免費施醫施藥。

義診所資源有限，只能幫助感冒、慢性病或是營養不良的人改善症狀；若遇上病情較複雜、或需要進一步檢查者，就必須轉介到西部的大醫院。許許多多的困擾與醫療資源缺乏的無奈，讓上人深刻體會到病痛的苦難；尤其又貧又病的人，實在沒有生病的權利、生命缺乏保障。於是，民國 68 年開始，蓋醫院的想法慢慢在上人心中形成，希望在花蓮建設一所設備完善的綜合醫院，讓罹患小病的人儘快得到醫治，不要拖成重病；遇到急重症，也能在地治療，及時挽救生命。

1979 年 5 月 15 日，上人在慈濟全省委員聯誼會上正式向大家報告，計畫在花蓮蓋一所醫院，當時在東部蓋醫院，實在沒有經濟價值；但上人不考量經濟價值，只在

乎生命價值。結合人人無形的愛心，就能為醫院砌磚造牆，在東臺灣建立一所醫療水準高、醫護人員有愛心、大家有志一同搶救生命的醫院。

花蓮慈濟醫院 1984 年動土、1986 年 8 月 17 日啟用，2002 年被評為東臺灣第一家醫學中心等級的醫院，後續花蓮玉里慈濟醫院、臺東關山慈濟醫院、大林慈濟醫院、臺北慈濟醫院、臺中慈濟醫院、斗六和嘉義慈濟門診陸續啟業，至此，建構了慈濟全臺醫療網。請詳見《慈濟醫療志業》專書。

二、啟動教育志業

1988 年 7 月 31 日，慈濟護專舉行動土典禮，隔年 1989 年以培育慈懷柔腸、視病如親的白衣大士為目標的「慈濟護理專科學校」正式創校開學。這是全臺唯一由私人創辦，但提供公費就讀的護理專科學校，並於 1996 年獲教育部同意，單獨招收原住民免費生，完全免費就學，並提供生活費，使照顧原住民的願望更加落實，慈濟護專並於 1999 年改制技術學院。1994 年 10 月慈濟醫學院創

校，1998 年 8 月慈濟醫學院改名慈濟醫學暨人文社會學院，並於 2000 年改名慈濟大學，同年慈濟中小學創校；至此，完成了幼兒園、小學、中學、大學、研究所之全程、全面、全人的「完全化教育」，並於海內外設立幼兒園、小學、中學，開展社會教育推廣，落實活到老，學到老的社會教育。共同理想和目標，是以「慈悲喜捨」為校訓，以「尊重生命、肯定人性」為宗旨；以「品德教育、生活教育、全人教育」為目標，不僅重視專業教育，更重視全人教育。

　　慈濟因醫院缺醫師護士而開啟教育志業；但上人的教育理念不只在學校教育，更是不分年齡、包含各行各業及各階層，事實上，慈濟四大志業、八大腳印都是全人教育的一環。慈濟人為了讓這樣的教育理念更廣泛地扎根，每個人將這一念種子帶到自己專業或辦理活動的領域裡，使慈濟人文不僅在有形的學校裡開枝散葉，更經由慈濟志工心懷師志在社會每一個角落開花結果。請詳見《慈濟教育志業》專書。

肆、人醫會──醫療義診之愛

　　慈濟在 1972 年於花蓮市仁愛街成立「慈濟貧民施醫義診所」，每週固定兩次義診，並且不定期舉辦下鄉巡迴義診。直至 1986 年花蓮佛教慈濟綜合醫院落成啟業，義診所完成階段性任務，由慈濟醫院接棒，定期巡迴於偏遠、醫療不足地區；這是慈濟義診之濫觴。

　　嘉義大林醫院決定在 1996 年 10 月間要動土，在 1995 年上人歲末祝福行腳即跟全省委員慈誠志工揭櫫「慈濟醫療普遍化」，幾位慈誠委員即跟上人請示，除了本會所規劃的全省醫療網，是否可接引一些醫生護士等醫療志工，對於偏遠深山離島，及一些無法得到醫療關懷的社會弱勢族群提供義診。尤其，臺灣在 1995 年剛實施全民健保，制度尚不健全，偏遠的山區居民與都會區的弱勢族群，如身心障礙機構、遊民，都還不能實質享受到全民健保的福利，反而還要負擔健保費用。而且所有的醫療資源與醫師，基於成本與營運效益，大都難以在深山營業，導致醫療無法服務到這些最需要的地方。很快地，在上人號召下，一群來自全省各醫療院所的醫護人員，紛紛加入

「慈濟醫事人員聯誼會」，1998年，上人將「慈濟醫事人員聯誼會」更名為「慈濟人醫會」，強調慈濟醫療「以人為本，醫病、醫人、醫心」為宗旨，上人期許由醫師、醫護人員、醫技人員、藥劑師、委員、慈誠等志工所組成的醫療服務團隊，能以尊重生命為出發點，做到全人、全方位的身、心、愛之照顧與關懷，共同為社區及醫療資源缺乏的地區服務。

1998年10月31日，包括臺灣、越南和菲律賓、美國等六十多位醫師在洛杉磯召開「慈濟人醫會座談會」，研議「慈濟國際人醫會」成立章程。2000年在臺灣剛啟業的大林慈濟醫院召開首屆年會，並正式對外公布組織之成立。來自全球11個國家，二百二十餘位人醫會成員包括醫師、藥劑師、護理師和志工參加此次座談會。

「國際慈濟人醫會」結合慈濟慈善志業，不僅施醫施藥，治療貧病者的苦痛，更膚慰陪伴、適時提供經濟支援，期盼綿密編織愛的防護網，護衛人人離苦得樂。當世界各地人醫會的運作趨於成熟，應運而起的是當地義診中心或醫院的成立，使得慈濟醫療支援在全球連結成一座緊

密的醫療網，遇有國際間重大災難時，各國成員也會就近或跨國緊急支援，跨國合心協力為搶救生命而努力。請詳見《慈濟醫療志業》專書。

伍、建立骨髓資料庫

　　1992 年，罹患血癌的旅美留學生溫文玲，因無法自美國及日本骨髓資料庫找到合適的骨髓，於是返國推動非親屬造血幹細胞移植合法化，為自己，也為同病相憐的華人同胞求一線生機。1993 年元月，帶著病痛的她來到花蓮，拜見上人，敦請慈濟協助血液病患，建構臺灣骨髓資料庫。　上人不忍見生命輕易地消失，「慈濟基金會骨髓捐贈資料中心」終於在 1993 年 10 月正式成立，全體慈濟人也同時展開全臺造血幹細胞捐贈驗血活動。

　　臺灣非親屬骨髓移植，在 1993 年慈濟成立骨髓捐贈中心後，至今已悠悠走了近 30 年。慈濟推動的非親屬骨髓捐贈，已號召了 45 萬名志願捐髓者，也就是臺灣平均每 100 人中，至少有 2 人志願捐贈骨髓；如扣除不符捐髓資格的老人與小孩，比例就更高了，這代表臺灣青壯年

願意捐髓救人的「愛心密度」相當高。放眼世界，這分「髓緣」之愛，早已在全球各地串連起來。請詳見《慈濟醫療志業》專書。

陸、國際賑災　大愛邁向國際

「普天之下，只要有生命的地方，我們一定要去關懷，有人受難的地方我們一定要去救，這是慈濟的宗旨。人命總是需要人與人之間互相愛護，希望大家能用菩薩心，用佛心、用仁義的毅力，共同來推動大陸賑災的工作。」　　　　　　　　　　　　　　　——證嚴法師

慈濟自 1991 年募款援助波斯灣戰火孤兒、援助孟加拉水患，踏出慈濟國際賑災的腳印。同一年，大陸華東大水患，在上人大智大勇的睿智與毅力引導下，由副總執行長王端正帶領的慈濟賑災探勘團，擬定「一個目的，兩個原則，三個不為，四項物資，五個配合」的賑災重點說明，「一個目的就是賑災」。兩個原則是「重點與直接」。災區範圍很大，慈濟希望投入「重點災區，並且直接發放」。「三個不為，是不談政治，不做宣傳，不刻意傳教」。四

項物資包括食、衣、住房、醫療等援助，而五項配合是期盼政府單位提供災民名冊、人力支援、交通運輸、發放地點場地，以及雙方合作等協助。王端正副總與閻明復前副部長當時的會談，不但開啟了慈濟對大陸水患的援助計畫，也成為慈濟日後國際賑災的指導原則。

隨著大陸賑災的經驗快速打開了海外賑災的腳步，1992 年的外蒙古援助，隔年的尼泊爾賑災，及在 1994 年到 1997 年間在柬埔寨的賑災，慈濟「親手遍布施」賑災模式走出了自己特殊務實、尊重、效率及付出無所求的賑災人文；而 1998 年到 2001 年，慈濟賑災團能 8 度前往北韓賑災，更說明慈濟人「真誠所至，金石為開」的力量。至此，慈濟基金會已逐步發展成為一個具國際宏觀視野的國際人道救援組織，並展現慈濟人救拔苦難、無私無求的悲心。

慈濟不管是海外或國內的賑災工作，從探勘到發放都是由委員慈誠志工親自依據親手遍布施的準則——以「直接、重點、尊重、務實、及時、感恩」的方式進行，為的是能快速了解災情，迅速準備相關物資，並且快速親自將

物資點滴不漏地送到災民的手上；更重要的是慈濟人是抱著感恩心去付出，以行動來傳遞人類互助才能更好，及平等相互尊重的理念，這在許多災區形成了愛心循環的效應。慈濟賑災另一特色是「走在最前，做到最後」，慈濟人在有災害時，總是非常快速地就在災害現場協助救災的工作，這一直是人們對慈濟團體的讚譽，而慈濟人對災區民眾的全面關懷，更是慈濟基金會賑災工作的一大特色。因此，慈濟人在各種災害的救災工作，一向都有短中長期的規劃。短期是急難救助期，而中長期就如援建住屋、學校、醫院、教堂、職訓所等。而為了效率、務實與建物品質，慈濟從發包、監建、定期追蹤勘驗，到親自把住屋、學校交到災民手上都親自掌控、參與。這種親手遍布施，快速有效率並務實，很受當地政府與百姓的肯定。

　　至 2020 年，慈濟國際賑災的腳步遍布全球五大洲，救災的足跡走過一百多個國家；對受災國家，除了在受災時提供災民糧食、衣物、床被、穀種、藥品與義診的緊急援助之外，也依需求有中長期的援助，如興建永久屋、學校、醫院、助學、職能訓練、開發水源。全方位尊重生命

與人道關懷的理念始終如一，真誠用愛的力量撫平不安的心靈，鼓舞災區人心，從災害中堅強地站起來，重建家園。慈濟的國際賑災腳步在每個過程都緊守著慈濟人的救災原則與慈濟人文。其中，因應不同地區的天災人禍呈現出不同的援助模式與特色，也因應不同的國情與社會民情而有更符合當地救災脫困的運作模式。請詳見本書海外篇、大陸篇以及《慈濟急難賑災》專書。

柒、環保推動

1990 年 8 月 23 日，上人應吳尊賢文教公益基金會之邀，於臺中新民商工演講。清早出門，見夜市收攤後，街上卻留下大量垃圾。演講結束，看到大家用雙手熱烈鼓掌，便說：「請大家把鼓掌的雙手，用在撿垃圾、掃街道、做資源回收，讓我們這片土地變成淨土；垃圾變黃金，黃金變愛心」。

聽到上人的呼籲，慈濟人自此紛紛響應環保的善舉，從社區出發，在社會各角落從事資源回收，身體力行闡揚「惜福愛物」的觀念，並帶動左鄰右舍共同愛護地球。慈

濟環保志工，不分年齡、階層、背景，人人視街頭為修行道場，不畏髒亂、不辭辛勞，低頭彎腰，為愛護地球環境而無私付出。慈濟人從資源回收，延續物命，到素食減碳，倡導健康飲食，多吃蔬果，少葷食，力行「簡約」生活。也從大地環保到心靈環保，減少「碳足跡」，提升道德觀念，將環保意識落實日常生活中，常存對大地的疼惜之心，減緩地球暖化的危機。請詳見《慈濟環境保護》專書。

捌、推動社區志工

我們的社會需要「復古」——恢復傳統社區的溫情。談「情」，不一定是血緣之情，而是清淨的「覺有情」；若能在社區裡提倡敦親睦鄰，讓周遭孤苦無依的人得到細心的照顧、在急難來臨時相互幫助，社會就會處處充滿溫暖。

——證嚴法師

社區志工是伸出援手的最近距離

1996 年，賀伯颱風重創全臺，造成全臺 30 年來最大的水患，大水淹沒城鎮，民眾攀坐陽臺，等待救援。慈濟人秉持「跑在最前，做到最後」的精神，大區域調動人力，在災後半個月共動員上萬人次及物力投入救災工作。然而交通幾乎癱瘓，行程受阻。上人由此看到了一個不容忽視的問題，無可抗拒的因素往往耽誤救災第一時間。如果慈濟人能把每一個社區組織起來，不是更能掌握時效展開救援嗎？人力資源如何妥善調度、淨化人心工作如何突破人際疏離，喚起「敦親睦鄰、守望相助」的最高效率？他心中浮現一張新藍圖，「社區志工」的思維，嶄新提出。

「社區志工」這項革新的作法，對慈濟影響深遠。在慈善工作上，以鄰里為單位重新編組後，慈濟人的訪視與關懷更加深入而全面。尤其顯著的是，於大型災難救援中，在地的迅速回應，發揮了極大效益，諸如連續幾年夏秋風災、空難、乃至九二一大地震，讓救援可以走在最先、做到最後。慈濟因為過去國際賑災累積的經驗，加上慈濟人與社區民眾密切互動，熟知社區人力物力資源，遇到緊

急災難，快速掌握災情，蒐集資訊，快速回報，普遍而落實地發揮救援的最高效率。

「社區志工」制度的推動，實踐儒家「里仁為美」的理想，藉由志工自主性的經營建設社區，例如志工主動發起「靜思語好話一條街」活動，拜訪社區大樓、商店及學校，張貼靜思語海報；更有的社區，慈濟志工敦親睦鄰，幾乎家家戶戶都是慈濟志工，成為慈濟街。如此，社區裡人人安居，社區居民間互相聯誼，互相關懷，戶與戶之間不再冷漠，長者之間增加了許多互動，社區沒有獨老，因為社區就是一個大愛的大家庭，長者家戶彼此走動，彼此關心，營造成一個美善社區。請詳見《慈濟社區志工》專書。

玖、弱勢家庭　安心就學

一、助學計畫

　　1966 年，佛教克難慈濟功德會成立之初，志工探視貧苦家庭的同時，也提供學童上學用品和制服，乃至學費的補助與協助。「教育不能等」，讓孩子安心上學去，一

直是慈濟慈善工作中重要的一環，上人常比喻，窮人家的孩子若能得到幫助，將如蒲公英隨風飄落在貧瘠的土地上，依然可以長出新芽，堅韌成長。

教育一向被視為脫貧的途徑，貧困家庭的子女接受教育，完成基本學歷，才有可能謀得收入較穩定的職業，進而緩解家中的經濟困頓，慈濟以慈善起家，除著重於協助弱勢家庭經濟補助，並提供孩子上學助學金，這些家庭可能是單親家庭，或是父母患有疾病、身障，他們在謀生能力或者在知識水準上普遍較為低落，無力維持一個家庭的基本運作，所以需要及時濟助與關懷。

55 年來除了針對弱勢家庭及時評估助學補助，當臺灣社會面對重大事件時，啟動安心就學專案，為的就是讓學子安心就學，2008 年臺灣社會因受國際金融風暴影響，各行各業為緊縮成本，陸續展開裁員或實施無薪假制度，不僅導致人民家庭經濟收入深受影響，在面臨學校新學期開始之際，也出現繳納不出學費或休學潮等問題。於心靈層面，為穩定日漸慌亂的人心，上人呼籲「清平致富」，勉眾共體時艱；而在延伸慈善關懷的面向，慈濟基金會於

2009年2月推動「安心就學方案」，主動進行校園關懷，對於需要助學關懷的學子與家庭，給予必要之協助，讓就學之路不缺席。同時，藉此發現社區中需要關懷的家庭，並評估列入後續長期關懷之對象。

2009年8月，中颱莫拉克重創臺灣，為了不讓受災家庭的學子，因八八水患的突發性變故而中斷就學之路，慈濟基金會除了急難時期的針對繳交學費有困之學生提供學雜費全額補助外，也連續兩學期推動「莫拉克風災安學計畫」專案，提供莫拉克助學金補助，減輕受災鄉親面對重建的經濟壓力，也讓孩子們可以專心向學。從2005年至2019年，共有八萬三千多名學子獲得安心就學的補助。

二、新芽獎學金

2007年，慈濟基金會社工人員結合花蓮區訪視志工和教師聯誼會的老師，為了提高弱勢家庭孩子的就學意願、帶動家長重視孩子的學習，於是提出針對慈濟照顧戶與居家關懷戶的孩子頒發新芽獎學金，並在花蓮首先試辦。新芽獎學金除了對學習成績優秀有「學習領域獎」，

並對品德與求學態度積極的學生也給「進步獎」、「孝悌獎」、「特殊表現獎」與「全勤獎」，希望弱勢家庭的孩子都能受到正向的鼓勵。獎學金取名為「新芽」的用意，就是希望每一位受照顧的學生，都能像一顆種子一樣，長成茁壯的大樹，未來成為一位為社會奉獻大愛與關懷的人才。

新芽獎學金從 2007 年花蓮開始推動，逐步擴展到全臺灣，截至 2019 年，已逾 6 萬 8,000 名學子獲得鼓勵與肯定。

拾、大型災害急難救助與災後重建

一、九二一災後重建

1999 年 9 月 21 日，凌晨 1 點 47 分臺灣發生大地震，慈濟全臺 4 個分會、14 個聯絡處立即啟動，人力、物力迅速集結。兩點半，臺北慈濟人已出現在松山「東星大樓」、新莊「博士的家」；3 點不到，豐原慈濟人帶著水、毛毯及食物前往東勢救援；5 點半，在各個災變現場，慈濟人已率同當地居民開始供應熱騰騰的早餐；天亮後，各

地慈濟人透過扎根頗深的社區系統，開始發放慰問金。全臺各地慈濟人即在第一時間就地成立救災中心，外地慈濟人也迅速組織支援系統。這是慈濟社區志工影響慈善工作最具代表性的實例。

從「安心」的急難救援，到「安身」的大愛屋興建，再到「安生」的希望工程與長期關懷，以三階段救災工作，上人層層鋪展愛的佈局。從此，更奠定了慈濟災難救援工作最完整的模式。

臺灣發生九二一集集大地震，臺中、南投兩縣災情慘重，慈濟人將「跑在最前，做到最後」的精神發揮到極致，在災變發生後兩天內投入兩萬餘名志工救災，發出緊急慰問金 1 億 6,000 萬元，1999 年 9 月 21 日至 30 日，設置了 30 個救災服務中心作為集結全臺物資的據點，動員慈濟志工逾 10 萬人次，慈濟並在最短時間內打包 5 萬份含帳棚、睡袋、毛毯、水、乾糧、奶粉、照明設備等，送入重災區，以定點或逐戶發放物資，總計出動車次逾 1,200 趟，在交通受阻地區則與德安航空合作，分 10 次航運物資至仁愛鄉與信義鄉救急。

至少嘉惠 26 萬受災者。另外，截至 1999 年 9 月 27 日，設置 30 處煮食點（不含小點），提供災民及賑災人員熱食，服務逾 130 萬人次。慈濟醫院及慈濟人醫會組成醫療團，於震災當天進駐臺中、南投、彰化重災區，陸續設立 19 處義診醫療站；緊急提供 1,600 個屍袋與 10 個冰櫃，以協助安置遺體。

　　接著第二階段安頓與關懷工作加緊展開，在政府提供的 19 個地點興建組合屋 1,776 戶，正所謂「菩薩從地湧出」。

　　第三階段復健與重建工作，投入希望工程，慈濟「希望工程」的認養及教育部委建之重建學校，在南投縣 33 所、臺中縣 15 所、嘉義縣有 2 所、臺北縣 1 所，合計 51 所；外加震災緊急修繕及援建簡易校舍 13 所。總賑災款預估 80 億元。慈濟人全力復健災區的大心與大願，感動各地民眾積極參與社區服務，成為日後慈濟社區志工與環保資源回收的一股大力量。請詳見《慈濟急難賑災》專書。

二、莫拉克風災急難救助與災後重建

2009 年 8 月 7 日，中度颱風莫拉克從臺灣東部登陸。在颱風造成災難的第一時刻，慈濟志工立刻展開五合一賑災，慰問、勘災、發放、清掃與義診，為災區鄉親奉上熱食、應急金、心靈膚慰關懷，並配合各地警消人員，協助受災民眾的撤離，和受災民眾共度艱難時刻。「走在最前，做到最後。」總計在緊急階段，膚慰災民，發放香積飯近 70 萬人份，香積麵、湯超過 4 萬箱，環保毛毯近 4 萬條，環保餐具等用品 21 萬份，生活包近 6 萬份、發放慰問金近 2 萬 8,471 戶，提供醫療服務 9,443 人，家庭醫藥包 9,000 份，清掃用重機具 433 車次，尤其在協助清掃社區與家庭，累積動員志工逾 15 萬人次。上人告訴慈濟人：此次莫拉克是山上有災，山下有難，山上的土石流沖刷，造成人員生命損傷，山下土石流沖進屋舍，導致生活受影響，如果能盡快將屋舍與社區清掃乾淨，居民就可以快速恢復正常生活。

在中長期階段，慈濟給予受災戶家庭以工代賑，經濟補助與學童助學方案，讓所有受災戶家庭學童都能安心

就學。同時慈濟與政府進行交涉，由政府提供土地，慈濟配合協助援建，提供受災戶一個安全舒適，安身立命之居住環境。期盼受災戶都能在距離原有家園最近的平地有一個永遠的家，安心過生活，不必擔心天災巨變，能有世代平安的家園。並尊重原鄉部落信仰、協助生計，提供謀生機會，社區並具部落公共空間、信仰中心，以及維護傳統優良文化。

慈濟快速地在高雄杉林區 88 天內完成了六百多戶的永久屋，讓災民可以在災後快速有個安心舒適的家。接著很快速地在臺南玉井完成 26 戶，屏東高樹 8 戶，屏東長治 164 戶，屏東來義 58 戶，屏東滿州 18 戶，杉林園區一期二期工程總共有 1,002 戶，為最大園區，總計慈濟在 3 個縣市 6 個基地共建了 1,276 間永久住宅。另有教堂 2 間，教室 6 棟，耆老中心 4 棟，活動中心 3 間與 1 所小學。請詳見《慈濟急難賑災》專書。

三、高雄氣爆

2014 年 7 月底，高雄發生發展石化工業半世紀以來

最嚴重氣爆事件，從災難發生的第一天起，到往後 1 個月間，全臺慈濟志工投入四萬多人次進行膚慰關懷，動員人次僅次於九二一大地震與莫拉克風災。其中，志工依循上人指導，啟動「人人慈善·安心關懷」家訪行動，關懷範圍擴及間接影響的周遭鄰里；志工走遍 35 個里、一萬八千多戶，敲門送愛，關懷受災的居民，也找出潛藏在社區中以往未曾發現或未接獲提報的貧病、孤老等弱勢族群，提供適切的援助。

拾壹、推動社區慈善　營造美善社區

慈濟從 1997 年推動社區志工，就是希望能將每個社區的慈濟人凝聚起來，敦親睦鄰，一方面在濟貧上，讓社區沒有苦難的暗角；一方面在救災上能更快速，更有效率。事實上，就醫療來說，現今醫院已經從個別門診而走向預防性的醫療與社區醫學的醫療；同樣地，慈善也在上人的帶領之下，在偏鄉原鄉依據社區不同的問題，而找出地區貧困的根源，從健康促進的角度，營造社區疾病預防與健康意識，提升社區民眾健康的認知，從健康的行為生活型

態而提升民眾健康，因為有了健康，生活不再頹廢，而提升經濟能力。

慈濟基金會在社區慈善方面，經由以茶代酒，協助原鄉鄉親遠離酒害；經由社區關懷據點與長者居家安全無障礙空間改善，在已邁入高齡社會的臺灣，讓長者延緩失智失能，並為他們營造一個安全友善的環境。在這些社區慈善的推動中，慈濟都結合了社區的在地愛心鄉親的力量，共同一起去扶持陪伴受到酒害的弱勢家庭，也結合社區愛心志工的力量去協助社區長者經由健康操與樂齡學堂來延緩失智失能；讓弱勢家庭不再一味只靠補助，讓獨居長者不再是孤老無依。

一、找出貧窮根源　以茶代酒　遠離酒害

2010 年，上人慈示：「在花蓮要推動慈善工作，先要解決一些家庭酗酒的問題。」於是慈濟慈善團隊開始深入探討酒害對家庭的影響。發覺酗酒有四大害處，第一是經濟力喪失，一個家庭負擔家計的人如果酗酒，他就無法正常地工作，家庭的收入與生活就發生問題。第二是喪失

健康，飲酒過量常造成肝硬化威脅生命，痛風更造成手腳變形，行動不便，整個身體健康受到很大影響。第三是酒駕意外，常使家庭經濟的負擔者因一場酒駕意外喪失寶貴生命，或身殘行動不便，一個家庭經濟就發生問題。第四是家暴增加，一對很愛護孩子的父母，酗酒後常造成夫妻吵架，孩子被虐打，而造成家庭的破碎與意外。這都是上人長期在花東地區深入長街陋巷扶貧脫困的觀察。

二、社區健康營造　改善原鄉酒害問題

有鑑於花東地區酗酒過量的問題嚴重，從 2010 年開始，在花蓮縣從秀林鄉開始，逐村逐部落以「以茶代酒」來推動原鄉酒害的覺醒，也陸續走過萬榮鄉、豐濱鄉、光復鄉、卓溪鄉等五大原鄉，共舉辦超過幾百場宣導，超過 1 萬原民鄉親參加，獲得原鄉民眾的良好回響。

本專案從 2010 年 10 月由北花蓮秀林鄉佳民村開始推動，為了落實每個村的推動，專案團隊在每個村以 2、3 個鄰舉辦一場以茶代酒，每一個舉辦過以茶代酒的場次，3 個月左右會再回來舉辦，除了再次叮嚀要有幸福的

家庭、健康的身體，並讓鄉親分享以茶代酒的經驗。希望由這樣的重覆性推動，讓原鄉居民不是一時的心動，而逐漸能成為一種生活的習慣與健康認知的提醒；至少應讓整個部落居民對酒害能形成覺醒的動力。

因為萬榮鄉與秀林鄉同樣是太魯閣族，因有姻親及同族之關係，很快「以茶代酒」活動就受邀到萬榮鄉各村。接著當以茶代酒推動腳步走到萬榮鄉唯一的布農族村馬遠村，突然出現兩位貴賓，是花蓮縣衛生局的主管，他們對於此次宣導活動非常肯定。6 月，花蓮縣衛生局舉辦一場菸酒檳榔整合式防治會議，衛生局撥 50 分鐘提供以茶代酒的經驗分享，當場除了來自花東各大學的教授給予肯定之外，光復鄉太巴塱阿讓牧師也力邀前往舉辦，10 月 29 日阿讓牧師協助安排與太巴塱長老階層老旺（Lawaw）與老位子（Lawic）做以茶代酒的分享。在介紹完之後，總頭目馬上與所有長老召開會議，最後是全票通過，為了太巴塱所有族人的健康，以茶代酒活動應該要在太巴塱部落東、西、南、北富村 4 個村大力推動。

於是很快地，以茶代酒在太巴塱各村大力展開，由

於有部落頭目階層的認同，每一場都全場爆滿，在別的村落每一場大多 50 人左右，在太巴塱部落每一場都一百多人。同年 12 月 26 日，團隊專案突然接到太巴塱 4 位村長的邀約，前往東富村村長家開會，4 位村長在會議中表示，阿美族人每年最多人的聚會就是 12 月 31 日的跨年晚會，在這一晚，所有族人會聚集在祭祀廣場一起跨年，他們表示，想邀請以茶代酒活動在這一晚來舉辦，這樣把握機會，對族人最好。12 月 31 日晚上冷颼颼的寒風，還飄著一絲絲的細雨，但擋不住熱情的阿美族族人，現場坐滿了同是關心著族人健康的鄉親，太巴塱族人對以茶代酒的肯定與認同可見一斑。

沒多久卓溪鄉社區發展協會來文表示，經由花蓮縣衛生局的介紹，希望以茶代酒能到當地去辦。因此，卓溪鄉也從卓清村、卓溪村、太平村、立山村、崙山村、古風村一村一村地推動。不多久也經由豐濱鄉衛生所的介紹，到了花蓮東海岸的豐濱鄉豐富部落與新社村。在這過程，所有花蓮縣五大原鄉以茶代酒已走過所有部落，每個部落持續每 3 個月舉辦一次活動。至此，以茶代酒活動已逐漸

由活動變成原鄉酒害的一個覺醒運動。

慈濟專案團隊走過五大原鄉 31 個村，舉辦超過數場的健康促進活動，超過萬人參加以茶代酒的活動，經過與許多村落裡的菁英、村長、協會理事長等深入探討，仔細觀察每個村落的居民對酒害問題是否觀念已有提升。發覺以茶代酒雖然每 3 個月會再回到該部落再舉辦一次，但如果要讓村民一直保持著對酒害的認知與覺醒，就必須有在地帶動的力量。於是與部落社區菁英、村長、協會理事長等討論後，決定在部落成立茶友會。部落成立茶友會後，茶友會的熱心參與者除了定期茶敘，也對部落族群有一個責任與使命，就是讓原鄉居民都能避免因酗酒而造成生命與健康上的悲劇。

秀林鄉佳民村、景美村在 4 月陸續成立茶友會，接著萬榮鄉萬榮村、秀林鄉秀林村，陸續成立。光復鄉太巴塱更自費設計了「以茶代酒健康久久」的圓領衫，並在這一天許多婦女站在臺上正式宣示茶友會成立。豐濱鄉豐富部落因為在推動以茶代酒之後，村民已有很大的覺醒，許多人都已不喝酒，或節制飲酒，因為效果良好，衛生所就

特別為他們設計了「我家不喝酒，以茶代酒」的標章，所以茶友會的成立，對部落有一個象徵的意義，也就是酗酒的污名化，將在部落陸續成立茶友會後去除掉。

　　2015年以前，慈濟每次走入卓溪鄉推動以茶代酒時，當時的議員呂必賢都會參與，2016年呂必賢議員當選鄉長後，就推動所有公所同仁帶動全鄉不酗酒，做鄉民的表率。2016年底，呂鄉長更與慈濟結合卓溪鄉婦女會，逐村逐部落推動茶友會。很快地卓溪鄉全鄉6個村成立了9個茶友會，每一場茶友會成立大會呂鄉長與理事長都會蒞臨，並鼓勵族人，所以鄉親都非常踴躍參與，有了非常好的效果。各地婦女會並於平時結合各地教會共同一起推動，茶友會成員也是當然的志工。2019年12月28日，卓溪鄉公所與慈濟基金會舉辦「卓溪鄉以茶代酒健康促進志工感恩會」，9個部落茶友會都呈現一個節目，其中南安部落茶友會更以報戰功呈現，報戰功裡他們道出了以茶代酒的意義：「非常感謝慈濟基金會，宣導我們，不要喝酒，多多喝茶，身體健康，不會生病，不會痛風」。

探究此專案能順利推動的原因與特點有：

（一）本專案推動，從人類學角度，肯定原住民祖先有嚴謹的社會規範，100 年前並沒有酗酒問題，酒與原民傳統文化的連結是在「酒」是原住民鄉親與祖靈對話的橋樑，而不是酒精依賴。社會規範也很嚴謹，祭典時難得的小米酒，只有耆老可斟酒，年輕人想喝酒也要耆老允許。並以馬偕博士的文獻考證，早期原民沒有痛風，他去了許多原住民部落，基本上當時的原住民都是健康的，由文化的角度再引進相關的健康衛教。由於原民鄉親對早期祖先的文化與習俗有了了解，並獲得肯定，每一場宣導都獲得原民鄉親的認同，並受邀到許多教會、天主堂分享以茶代酒，遠離酒害，健康促進。

（二）在順利推動本專案的宣導後，並省思如何能將推動的成效永續在原鄉扎根，開始規劃逐村推動「茶友會」，期待茶友會會員成為健康促進的志工，持續推動以茶代酒遠離酒害的運動，成為原鄉一股永續健康促進的力量。除了在秀林鄉、光復鄉逐村成立茶友會，卓溪鄉的鄉長並結合卓溪鄉婦女會與慈濟基金會共同在卓溪鄉 6 個村

成立了 9 個茶友會，多個教會的牧師也都加入了這茶友會的推動。

（三）對於每村酒精依賴特別嚴重的個案，慈濟並做個案輔導，追蹤關懷。酒精依賴太嚴重的就轉介到醫院做戒斷，在酒精戒斷後再回到社區，由家人、社區熱心的志工、茶友會志工做後續的陪伴。為了讓酗酒者能轉移心理對酒精的依賴，慈濟規劃簡單的專注性工作，讓酗酒者能在受到關心之下，逐漸改善酒精依賴的習慣。

（四）要原民鄉親不要酗酒，就要有替代品讓原民鄉親能在聚會時喝。團隊也找到綠茶，綠茶對高尿酸族群的原住民是最適當的，美國有一本《100 種健康營養素完全指南》中提到「由於綠茶含有豐富的類黃鹼與多元酚，因此可以抑制黃普林氧化脢（xanthine oxidase）」，這種酵素負責尿酸的產生，所以是對高尿酸族群較好的飲料，為了增加口感，團隊就以茉莉綠茶為結緣品，讓鄉親有一個清香可口的綠茶來替代酒精。

「以茶代酒」專案計畫在推動過程，要感謝花蓮原鄉居民普遍的熱心參與與響應，也要感謝花蓮縣各原鄉的

教堂與教會，他們排除宗教的藩籬，讓專案團隊帶著團隊走進聖堂與教會，將以茶代酒健康促進的福音順利地走進原鄉；更要感謝花蓮縣衛生局所有一級以上的長官帶著所有局內同仁大力協助推動，讓以茶代酒健康促進活動有了更意想不到的助力。

三、長者多元關懷

臺灣 1993 年進入高齡化社會，每 100 人口中有 7 位是 65 歲長者，經過 25 年，在 2018 年進入高齡社會，每 100 人口有 14 位 65 歲以上長者，但只需再 8 年，也就是 2026 年，臺灣就進入超高齡社會，也就是每 100 人口有 20 位是 65 歲以上長者。這就是臺灣社會快速老化的現象。高齡社會，長者的居家安全與健康成為社會的重要問題，因為長者的健康老化，也就是健康的壽命越長，而不是住院或臥病的壽命，一個家庭的負擔就越輕，幸福指數就越高。

根據「國民健康訪問調查」，每 100 位 65 歲老人中有 8 位自述過去 1 年內曾跌傷就醫。跌傷的原因中，環

境因素占約三分之一，前 3 名依序為：踩到或踢到地上的東西、地板濕滑、碰到桌腳和家具；而個人因素身體虛弱則占近 3 成，當中前 3 名依序為：頭暈、大腿無力不支、視力不好看不清楚。

　　基於以上的原因，慈濟首先從慈善的面向來考量，慈濟人在長者健康時就為他營造一個居家安全友善的環境，而不是等到長者因為意外發生，臥病在床，造成家庭的負擔，可能兒子或媳婦必須有一人要辭掉工作回家照顧長者，這就是造成家庭與社會的負擔。其次，個人身體虛弱的因素，則經由社區關懷據點來延緩長者的老化，增加身體的肌耐力，延緩失智等就非常的重要。慈濟從 2011 年開始推動「長者居家安全無障礙空間改善」，是以「整村推動，全面關懷」，讓整個專案的推動更有效率。另外，也幾乎同步推動「社區關懷據點」，讓所有社區長者都能到最熟悉的社區活動中心參與社區關懷據點的活動，經由健康操來延緩失能，經由樂齡學堂腦部的活動來延緩失智。

四、長者居家安全無障礙空間改善

　　2010 年在一次慈善與醫療會議中，家醫科醫師提到長者如果不跌倒，晚年生活才會好，才會有品質。因為長者如果一跌倒，行動不便，臥病在床，許多疾病就跟著來，活動運動才能讓長者身體機能健康。而長者最容易跌倒的地方是衛廁，衛廁地上一潮濕，非常容易滑倒，尤其在洗澡時有肥皂、水，站著洗澡非常容易滑倒，即便坐著，站立時因地上潮濕，如果沒有安全扶手，也很容易滑倒。長者跌倒在居家環境因素除了衛廁的安全扶手，還有止滑地板，房間照明，在偏鄉原鄉更有許多需要坐式馬桶與無障礙空間改善。

　　本專案在經過本會核准通過後，於 2011 年 3 月開始在秀林鄉佳民村、景美村、秀林村及新城鄉嘉新村、嘉里村推動。慈濟基金會推動本專案，為了讓獨居長者、兩老相依為命、隔代教養及身心障礙者能廣泛地受到照顧與關懷，採積極主動與各社區村里長與協會聯絡，以「整村推動、連片關懷」，而不只是接受提報。因為有許多長者特別關心孩子孫子，但對自己則是節儉惜福，結果是讓自己

處在一個不安全的居家環境中。

　　2011 年 4 月，本會進入佳民村做居家環境改善方案的家訪評估，了解秀林鄉全鄉無公共污水處理規劃，佳民村共有 8 鄰，部分家庭設家庭衛生化糞池，再每兩年抽水肥處理來改善環境衛生；部分家庭則直接排放至水溝。因此，本會深入訪查，為經濟有困難之家庭進行衛生化糞池之改善，以改善環境及衛生，提高生活品質。經過整體家訪評估，原鄉偏鄉屋舍大多非常簡陋，已經不只是長者居家安全改善的問題，以佳民村衛生化糞池的改善是社區目前很需要的，許多衛廁的地上都是拼湊的白色光滑磁磚，只要一潮濕，非常容易跌倒，房屋牆壁都是壁癌，所以本專案在一開始的佳民村就做了非常多元的居家環境及無障礙空間改善，對提報的 25 戶修繕項目包括浴室、廁所、衛生化糞池、居家安全扶手、止滑地板、廚房修繕、屋頂修繕等共有一百多項。新城鄉嘉新村是一個老榮民的社區，居家安全無障礙空間改善非常需要，總共有 35 戶，在家訪評估中，慈濟發覺老榮民屋舍都老舊，電線外漏，安全堪慮，在居家安全改善後另行安排老舊電線的檢修。

本會從秀林鄉佳民村、新城鄉嘉新村展開整村長者居家安全無障礙空間改善，逐步走過秀林鄉 9 個村、萬榮鄉 6 個村、光復鄉太巴塱 4 個村，走到豐濱鄉、卓溪鄉幾乎所有部落，也因為社區關懷據點的因緣，也在花蓮市、吉安鄉、鳳林、玉里鄉鎮推動，整個花蓮縣已將近 40% 的村里已完成長者居家安全無障礙空間改善，這些村里大多在花蓮五大原鄉與偏鄉。

　　2019 年，慈濟基金會更將這個腳步推展到全省，透過「安穩家園、美善社區」（簡稱安美計畫），與縣市簽署慈善、環保、災防與公益合作備忘錄，有各地政府的合作，能更順利將全國長者居家安全改善的工作，更落實推動，讓已經高齡社會的臺灣長者能有一個更安全友善的居家環境。

五、社區關懷據點

　　2014 年，本會在光復鄉太巴塱部落進行長者居家安全無障礙空間改善時，評估時發現東富村的湯萬金爺爺午餐時僅食用罐頭，了解在部落許多長者因親人不在身邊，

且年紀大了行動不便煮食，所以有些長者午、晚餐僅食用罐頭。經本會招開專案會議後，即規劃讓長者有個尊嚴溫飽的生活。經過本會專案團隊互動觀察，覺得長者在幸福共餐前應該安排一些健康促進的活動和講座，讓長者之間除了能增加社會互動，也能增加健康知識與樂趣。隨即，本會以太巴塱的經驗模式，在各偏鄉原鄉推動社區關懷據點。

2015 年初，吉安鄉南昌村隨即開始推動社區關懷據點，到 2017 年，花蓮社區已有三十多個關懷據點。2017 年底，上人有鑑於社區志工見證分享，對據點扎根慈善深耕社區的效果卓著，指示社區關懷據點應該也要推動到西部地區。隔年，專案團隊很快速地在全臺 6 都 10 縣開辦了八十多個社區關懷據點。

臺灣在 2018 年 3 月底邁入高齡社會後，平均壽命已達 80 歲左右，人的壽命越長，失智失能的可能性就越高，如果不及早讓長者多運動，多動腦，大量失智失能的長者可能就會造成嚴重的社會問題。所以慈濟在許多長者就近的社區，辦理社區關懷據點，就近在每個社區的慈濟人，

每週在各社區活動中心利用一個早上3個小時的時間，為長者量血壓，帶動長者健康操來延緩失能，例如樂齡學堂讓長者動動腦，也帶給長者樂趣，甚至於健康講座讓長者了解更多健康的知識等，讓長者能延長健康的壽命，在地健康安老，就可減輕家中年輕一輩的負擔，也減輕社會的負擔。

慈濟全臺推動許多的社區關懷據點，讓慈濟志工就近關懷社區的長者，關懷一位長者，就關懷一個家庭，敦親睦鄰，里仁為美。讓社區的長者走出家門，有更多的社會互動；讓社區健康的長者能帶動與關懷社區弱勢的長者，由慈濟人來穿起這條線，搭起這條橋，營造一個美善社區。這就是扎根慈善，深耕社區。

拾貳、慈濟立宗門

2016年10月，慈濟舉辦國際論壇為慈濟立宗門做論述，邀來的都是宗教界的人士及在國際間享有盛名的教授。從遙遠的英國、美國、中國大陸、印尼、泰國，還有尼泊爾等等，有佛教、天主教神父、伊斯蘭教都來了。在

所有論述中，對慈濟都有很好的評論，對慈濟宗門都很肯定。慈濟宗門因勢而立，慈濟宗門的修行道場就在人群之中，心中有佛，佛心就是大慈悲心，不離慈善；行中有法，秉持佛心行入人群，就是我們的修行方法；法中有禪，「禪」就是正定、正知、正見，人人有正知正見，堅定志願。慈濟人外行慈、悲、喜、捨，要做到「無緣大慈，同體大悲」；從慈善工作見苦之福，是慈濟宗門的修行重要法門之一。法脈正傳，宗門正立，慈濟宗所修的是人間菩薩道。

慈濟宗門一定要從慈善門而入，見苦知福才能修慧。佛陀說法首述苦集滅道，不知苦就體會不到寶貴的法理。世上的苦難人，他們承受的苦都不一樣，這些人生苦難都是法。若要治世、救世，方法就是要救心；欲救心，就要進入眾生苦難處，鼓勵大家培養慈心。

（攝影 / 黃世豪）

第二章
慈濟慈善發展：大陸篇

佛教慈濟基金會慈善志業發展處高專 **林櫻琴**
志工 **陳惠真**

壹、前言

　　從宇宙運行的法則來看，天蓋之下，地載之上，人類與天地是生命共同體。證嚴上人曾說，人生的希望，總是在那一分的愛，無疆界且無私的大愛，哪裡有災難，就需要有人間菩薩聞聲來救苦，悲苦的地方才會有希望。「天下安危跟天下人相關，想要平安，需要人人覺悟、有使命感，要發揮無量的大悲心，視天下為一家，以無緣大慈、同體大悲的胸襟，來救度苦難眾生。」

　　慈濟人秉持上人「信己無私，信人有愛」的心念，堅信每個人心中都有一顆善的種子，只要因緣具足，遇到合適的陽光、水分和土壤，就會萌芽與茁壯；更以「災難越大，愛就要越大」的信念，讓慈濟行善足跡在這半世紀的力行實踐過程中不斷向外擴展，處處皆能見證人世間源

源不絕的力量，就是來自於「大愛」。也唯有「愛」，才能化解人心的悲慟，重新展望未來。

所謂「救人要及時」，當人們最飢餓、最需要別人幫助的時候，哪怕是一粒米、一口水、一個扶持，都可能救人一命。也只有在人人虔誠摯愛的觀照下，日月才能見其光華，山河才可見其壯美。

話說 1990 年代的臺灣，正踏上世界晶圓代工之路，股市一度飆上 1 萬 2,600 點，人均收入突破 1 萬美元，外匯存底更高達 1,050 億美元，當時民間流傳著一句俗諺：「臺灣錢，淹腳目」，藉此來表達臺灣人的富裕景象。

同年，作家無名氏曾問上人：「法師，為什麼現在的社會這麼亂呢？依您看，這問題的原因出在哪裡？這個世界好像病了，這病因又會是在哪裡？」當時，上人回答：「是缺愛症。」無名氏先生一聽，恍然大悟：「唉呀！對啦！這就是現在國際上動亂不安的原因了。」

過去曾有人評論臺灣是「貪婪之島」、「最昂貴的貧民區」。但上人卻認為這樣的評語對臺灣並不公平，因而更加立志，希望把臺灣民眾的愛心點滴匯聚，在不影響

生活的情況下，還有餘力能幫助別人。於是在 1966 年，上人成立佛教克難慈濟功德會開始，經過五十餘年不斷地努力，慈濟大愛足跡已然從臺灣東部一隅，應緣跨海到對岸後，進而走向了全世界。

人道馳援 大愛無悔

1991 年華中華東水災時，緣於慈濟是一個有宗教背景的慈善團體，多年來秉持著「尊重生命」、「肯定人性」的核心理念，在上人的引領下，慈濟人將「感恩、尊重、愛」化為行動，上人更以堅定毅力搭起兩岸愛的橋樑，慈濟人自掏腰包，即時走入災區，給大陸受災民眾，送去一份最務實、最直接的關懷。

儘管臺灣與中國大陸有著相同的語言，也有來自同樣的血脈，但兩岸關係的歷史包袱，總讓彼此的心情錯綜複雜。而，慈濟在大陸的慈善工作，在兩岸政治的敏感話題下，一路走來備嘗艱辛也飽受壓力，儘管兩岸關係詭譎多變，然風也好，雨也罷，慈濟仍秉持著 NGO 的人道精神，關懷並救援苦難災民的心行，始終未曾停息。

因為我們深信，慈濟肩負的是對生命熱愛與敬重。

因為熱愛生命，所以我們關懷生命；

因為尊重生命，所以我們擁抱蒼生；

因為信仰慈悲，所以我們無怨無悔。

長久以來，我們也因而見證了大愛的永恆。

世紀災疫 攜手膚慰

2019 年 12 月底，武漢疫情爆發，阻隔了許許多多長年在外遊子的返鄉路。慈濟人繫念著此波受疫情所苦的人們。在以往，臺灣慈濟人總是在災難發生的第一時間，派出會勘小組遠渡重洋，前往災區給予必要的援助；如今，隨著大陸慈善基金會於 2010 年設立後，無論是人力或物力，都改以「取之當地，用於當地」原則就近馳援。

縱然援助方式因時因地有所改變，但慈悲關懷之心依舊不變，只要得知訊息，定是不分東西南北地聚集力量，一如既往地在第一時間啟動關懷腳步。

然，眼見這波疫情來勢洶洶，對於醫護人員身處醫療物資短缺的環境中，其所面臨的風險，讓慈濟人益發感

到不忍，因而再度扮演搭起愛心橋樑的角色，希望讓愛串連，安穩民心。過去，靠的是臺灣志工組隊親自前往膚慰；如今無形的病毒造成疫情緊張，交通阻絕之下，靠的是雲端科技，架的是安穩人心的靈山大愛之橋。

貳、世紀洪澇　情牽 1991

　　回溯歷史長河，慈濟首次用愛搭起兩岸橋樑的因緣，要從 1991 年談起……

　　當時，南亞孟加拉發生水患，慈濟美國總會捐款紅十字會，成為海外賑災的首例。同年（1991 年），大陸華中、華東發生世紀洪澇災害，水患遍及 19 省，受災人數高達二億多人。7 月 11 日，時任大陸民政部副部長兼「國際減災十年」委員會秘書長的陳虹，在北京召開「救災緊急呼籲」新聞發布會，罕見地正式向國際社會求援。

　　上人不捨災民受苦，乃排除眾議，堅持積極呼籲：「這回大陸的災害，我很擔心，我擔心要救大陸的這股力量號召不來 ...... 但是看到受災受難的人，仍長期處在貧窮困苦的環境中……，我希望大家能同情他們，因為他們跟我

們的緣很深。如今他們受災、有難，我們不該袖手旁觀，大家都應該來發揮這分愛。」

慈濟勘災小組帶著臺灣人的愛，踏上中國大陸災區，觸目所及盡是斷垣殘壁；農田沒了、道路淹了，老百姓只能望水興嘆，無語問天。慈濟於 10 月 13 日在大陸全椒，首次進行慈濟村動工儀式，並為災民直接發放救助金及禦寒冬衣。此後，在安徽、河南、江蘇 3 省開展慈善足跡，成為慈濟首次大陸賑災的重點區域。

此時，代表精舍的德融法師、基金會副總執行長王端正及林碧玉偕同慈濟人等，開始密切往返兩岸，以「搶晴天、戰雨天」的決戰精神，歷經一年多，從踏勘、選址到建設，陸續為 3 省 4 縣（安徽省全椒縣、江蘇省興化縣、河南省固始縣與息縣）總計完成援建 13 所中小學、63 處共 3,107 戶民宅。

慈濟在大陸的慈善志業，一路走來至今已近 30 年，急難援助的腳印走過了無數的受傷大地。傍水而往，從黃河越過了長江，往南到珠江流域，再往北走，則來到了黑龍江，向東直抵閩江流域；也依山而行，從雲貴高原越過

了黃土高坡再到青藏高原。只要哪裡有災，慈濟人總是想方設法聞聲救苦。請詳見《慈濟急難賑災》專書。

參、扶貧之始　愛在黔方

一、貴州慈善簡述

2000年之後的大陸，經濟快速起飛，慈濟慈善足跡不僅不曾因兩岸政治生態的「晴時多雲偶陣雨」而停歇，反而從緊急災難協助重建，做到了長期扶貧濟困。若要說起慈濟在大陸最早且具規模的扶貧計畫，則要從1997年，古籍所載的夜郎之地——貴州談起。

當年，一場冰雹災害牽起了慈濟與這個多山、貧窮之地的因緣，為了及時協助受冰雹災害所苦的盤縣、興義民眾能恢復農作生產與生活，慈濟賑災小組來到這個曾被聯合國農糧組織造訪後，斷言不適人居的石頭山裡。

然就在眾人結束踏勘，認為貴州的「貧」是歷史長期造成且無法改變時，上人卻不認為貴州窮困的歷史無法扭轉，反而鼓勵大家要有心、用心，更要付出耐心與愛心，集眾人的努力讓貴州轉貧為富。

上人慈示：「歷史是時間累積，亦是人為，只要出於無私之心、找到適切方法，相信也能隨著時間累積，改變貧困的現狀。」也就因著這樣的信念，慈濟堅持為貴州貧困山區鄉親奔走、奮鬥不懈，慈善項目執行迄今仍然尚未停歇。

在王端正副總的親自引領下，於 2000 年，慈濟擬定「貴州移民遷村、扶困助學計畫」後，在獲得當地民政主管機關、國臺辦與中華慈善總會全力支持下，初期選定貴陽市花溪、黔南紫雲縣、羅甸縣作為開展計畫的試點。

後來，在執行初期卻發現，各縣市領導因觀念與作風不同，地方政府配合方式與態度也各異，過程中難免發生認知上的歧見，讓工作進度時有所阻的窘境，不禁讓人興歎。

但即便如此，也有縣市領導確實能夠「苦民所苦、痛民所痛」，替老百姓「排窮解困」積極做出了貢獻，使得慈濟移民遷村計畫得以落實。讓麻山頂上的貧困鄉親得以移居平地，在緊鄰城鎮的新村中，重新站在人生的起跑點上，為自己也為後代全力衝刺，打造一個從未曾想、也

不敢想的「幸福未來」而努力。

二十多年來，慈濟人每年為數以千計的貧困學生提供助學金，同時也為窮困鄉村援建學校，給孩子一個可以扭轉命運的機會，同時更援建了 9 個慈濟村，讓當地老百姓無須以任何負債，更無須離鄉背井，甚至無須長年外出打工，就能揮別「月點燈、風掃地」的艱困，闔家團圓過上安穩的日子。

誠如眾所周知「八山一水一分田」的貴州省，有著山瘦、石多、田少、土瘠、糧缺的地貌，要想在大山爭得少許可用之地來興建移民新村確實不易。如果沒有當地縣市政府的魄力與用心，遷村扶困計畫終將窒礙難行；如果沒有慈濟人的堅持與善解包容，慈濟新村也無法矗立在貧困山區；值得一提的是，慈濟人秉持上人「要給，就要給最好」的期許，尊重少數民族傳統文化與生活方式，每個慈濟村都融入當地民俗建築風格，各自展現了地方特色。

從扶智到扶志，所有臺商慈濟人，不論是來自廣東、大上海地區或是福建、北京等地，他們自費自假，帶著無私的愛，不斷奔走在大山之間，如今孩子一屆屆地畢業

了，有人完成走出大山的夢想，有人則選擇回到養育他的那塊土地上，或成為守護慧命的老師，或成為守護生命的醫師，甚至有人選擇成為公職人員，持續用行動來回饋鄉里。

二、石頭山上　扶貧記事

慈濟自 1997 年來到貴州賑災起，也因上人勉勵而繼續探訪，並受閻明復副部長及陳雲林主任等領導請託，在當地各鄉領導支持下，開始為這片石頭山開展了遷村、濟貧與助學等多面向的扶困專案。

在貴州大山裡，早期貧困人家的房舍，大多是草屋、木屋，既遮不了風、也擋不住雨，夜裡還能看星星。布依族人王雅美與媳婦王米棒，就是住在像這樣半間破舊不堪的屋子裡。

這被剖開的「半間屋」是因堂兄弟分家後，拆了一半祖厝另起爐灶後而留下的，因而有一面沒有牆壁，屋頂也只剩一半。王雅美的先生早年死於飢荒，兒子也因肝病，在 12 年前去世，當時 17 歲的孫子則遠去廣東打工，只

留下王雅美和媳婦守著這半邊祖產。

環境的艱困，讓王雅美從不曾想過要停下來休息，「因為我要養孫子，靠媳婦一人，不夠的……」如今，孫子長大外出打工，她仍努力工作，表示要看著孫子娶孫媳婦回來，自己才能夠安心。

相較於婆婆的願望，媳婦王米棒的考量就更實際了，她想要有個像樣的房子，好讓兒子「回家」。因為有了好房子，兒子才能娶到好媳婦，但米棒卻沒能力修好這個房子。

去廣東打工將近一年裡，王米棒的兒子只打過一通電話到村長家報平安。做母親的，只能輾轉從村長口中聽到孩子的消息，她句句都牢記在心，因為不知道孩子下一次要到什麼時候才會再打電話回來。每到傍晚，王米棒忙完農事，都會站在田埂上，遠遠地望著唯一進出村子的那路口，期待有一天，孩子的身影會出現……。

「蓋新房、娶媳婦，不必骨肉分離」，是許多貴州偏遠山區村民的渴盼；然而，大山的崎嶇、堅硬，讓他們即使努力了一代又一代，終究還是很難達成願望。

營建志工高明善，在參與新村重建的過程中，感受到村民對家的渴望，他們總是出去打工3、5年，攢了些積蓄就回來打地基；錢用完了再出去賺，賺了再回來繼續造牆；又沒錢了就再去打工，下次回來再補上屋頂……「為了蓋一棟房子，可能要花上十幾年，而這是有勞動力家庭的情況，對於沒有勞動力的家庭，蓋房子的事，連想都不敢想。」

面對諸多的不捨與不忍，2000年8月，副總執行長王端正偕同志工團隊，在省民政廳副廳長劉邦華的陪同下，再次前往複勘，針對貴陽市花溪區高坡鄉擺龍村、麥坪鄉場壩村及羅甸縣羅沙鄉者任村、董架鄉抹尖村等地，提出遷村援建方案。

三、建村配套　愛如冬陽

慈濟的建屋規劃，除了解當地居民實際生活需求與意願外，選址也特別遠離危險源，主要以交通方便，接近市集或農耕地為考量；由政府單位規劃修築交通道路、排水系統，及遷居後的基本生活問題，如分配新農地的配套

措施；集合眾力，建成防震、防洪、防冰雹的山鄉宅院。

　　「房子要實用、耐用及美觀三者兼具，也保留少數民族的特色，並注重周邊環境綠化、排水等公共設施。」慈濟基金會副總執行長王端正，說明貴州扶困計畫是長期且全面性的。為完成上人想讓村民安身立命的心願，所提供的房屋是可以住上兩三代，因為唯有如此，村民世代安居樂業，要脫離貧困就不難了。

　　當遷村計畫陸續展開後，首先面臨的困難是，在尚無互信基礎下，與政府官員的觀念磨合。慈濟人只能透過一次次的家訪，按實際需求不斷反覆地與有關部門溝通，而觀念的逐步扭轉，僅能靠真誠的心與務實的執行力。

　　終於在 2002 年元月，抹尖慈濟村首先落成啟用，至此，有了第一個成功的示範村，後續也就慢慢建立了默契與互信基礎，於是第二、第三……最終完成了 9 個村，總計有 401 戶村民在眾多祝福聲中在此安身立命。

　　對於慈濟建屋，皆以保護水土及原始地貌為考量，絕不挖山闢土、毀林開荒，這樣的原則，也給貴州山村居民，在未來建屋立村時，起了良好示範。居民們從沒電的

山間聚落，搬遷到山下的穩固房舍，就業率不僅大增，學童就學率也提升到百分之百。

上人欣慰地表示：「愛如冬陽，今昔對照，現在他們的環境變了，在外打工的中壯年能常回家，幼少年的孩子也可以回到學校讀書。更開心的是，當地領導向慈濟人說：『住在慈濟村裡的居民，數十戶已經有不少的儲蓄金。』……」

這些都證明了慈濟給老百姓的，是一個可以翻轉貧窮的機會，而這個機會在抹尖慈濟新村的蔣本榮和他的堂兄弟身上，我們得到了印證。搬遷下來的貧困百姓憑著勤勞奮發，成為百萬富翁並非難事，而慈濟建村提供他們一個翻轉的機會卻是不爭的事實。

四、幫助山裡娃　圓人生夢想

在麻山地區的石縫中播種，高坡上求生的村民們，在收成難以自足下，不得不選擇出外打工維持生計，因而造成當地許多的「留守兒童」。不少單親或隔代教養的家庭裡，孩子們放學後，都要幫忙放牛、餵豬、種田等家務，

即使這學期有幸入學了，下學期的學費仍未卜，甚且必須輟學來成為家庭主要勞力。既識不得幾個字，也只能務農或打零工，如此失去競爭力，等同繼承了代代的貧窮。

許多志工在家訪後，看到孩子們在艱難的環境中努力向上，心中沒有太多思緒，只問「能為他們做什麼？」為讓孩子安心就學，慈濟自 1998 年起，針對丹寨、羅甸、花溪、紫雲等地的多所中小學貧困資優生，給予補助學費或生活費，20 年來超過 2 萬 5,000 人次受惠。在上海、廣東等地慈濟志工的奔走與關懷下，每學期除前往各校致贈助學金和文具、衣物，同時也進行衛教人文課程，來提升孩子們的生活教育，並學習將「勤學知禮」牢記在心。曾有孩子分享：「我希望有一天也能當慈濟志工，四處去關心需要幫助的人。」

以 2008 年啟用的竹留小學和雅灰鄉送隴慈濟小學為例，原本 2006 年入學率不到 8 成，目前已達到百分百，所有適齡兒童全都進了學校讀書。也因 9 年國民教育的實施，多年來，慈濟助學方案從單純的補助學費，延伸到關心孩子們的生活；也從原本的助學補助，從 2010 年起改

成獎助學金的發放。北京慈濟志工更發起「一月一家書」活動，透過書信往返，陪伴鼓勵孩子不要因貧窮而自暴自棄，要透過自助人助，在課業上好好努力，重新肯定自我生命價值。

多年來，經由獎助學金的資助下，已然讓許多山裡娃兒圓了讀書夢，其中更有數百位孩子進入大學，畢業後也有更好的生涯發展。

例如文忠長、王興江繼續攻讀研究所；踏入社會工作的，如王國兵、李庭海和趙學梅、趙雪丹兩姊妹是國家公務員，吳佳勇則在水礦產公司當工程師；而為人師表者也大有人在，如陸榮森、潘澤慧、潘朝勇、熊周洋等；更有人擠身在 60 萬人報考的激烈競爭中，考取了國家司法證照，如黃小波、黃瑞練；還有準備用愛心投入醫師行列的鐘天光、趙露、耿明秀、王小細、王興忍。

這些都是過去住在大山裡的孩子們從來不敢有的夢想，如今因走出大山，讓美夢已然成真。

五、濟貧亦教富　帶動善循環

慈濟是「慈善團體」，也是「教化團體」，通過「濟貧教富、教富濟貧」努力地讓社會有善的循環。因此，在執行專案的過程中，不僅提供民眾生活所需，更重要的是引導人人找回善良本性。

在貴州的許許多多窮鄉僻壤裡，慈濟從急難救助、冬令發放、助學，甚至進行全方位的移民計畫，為的皆是協助赤貧農民免受窮山惡水之苦。當遷居到交通便利之地，不僅改善生活中的公衛環境，也讓老百姓建立了信心。在與外界有了更多的接觸後，更明白只要努力就有機會翻轉貧窮。

透過慈濟志工的長期交流與關懷，許許多多感人的故事，也隨著那些年、那些人、那些事，一段段地被傳揚著。其中，羅甸平岩鄉的鄉長米政先，就是因為受慈濟感動之餘，決定鼓勵當地老百姓積攢小錢幫助他人的鄉村幹部。

在 2011 年元月間，平岩鄉親排著長長的隊伍，將平常存在竹筒裡的 1 毛、5 毛錢捐出來，為全球受災地區百

姓奉獻愛心，這也證明了年年受助的赤貧戶，也有機會能手心向下，做別人生命中的貴人。也印證了上人所說：「布施不是有錢人的專利，而是有心人的參與。」也如當代經濟學家傑佛瑞·薩克斯（Jeffrey D. Sachs）所言：「要終結貧窮，每個人都可以盡一分心力。」

資源與善款容易量化，但激勵與愛灑的力量卻可以一生無量，乃至無窮無盡。

肆、黃土高坡　抗旱之路

一、甘肅慈善簡述

曾被聯合國評為世界上最不適合人居的甘肅黃土高坡上，住著無數吃苦耐勞的老百姓，他們始終無怨無悔、不離不棄地用愛心耐心，來面對這塊育孕他們的貧瘠土地，祖祖輩輩寧願與天賭，不斷地滿懷希望去耕耘著它、膚慰著它，歲歲年年過著「面朝黃土背朝天」的日子，他們選擇與黃土地共生息，也與黃土地共苦樂。

自 1991 年開始，連續 6 年的旱象，讓當地老百姓深深為飲用水問題所苦。慈濟基金會遂在當地民政有關部門

及國臺辦的邀約下，於 1998 年起，數度奔走在黃土高原上勘察，擬訂「抗旱集水工程與移民遷村計畫」。

　　該計畫打算從通渭、會寧，到東鄉、廣河、永靖、靖遠、渭源等縣，挨家挨戶地進行水窖援建，後因十年九旱的氣候，讓水窖無法順利集水，進而有計畫地執行整村連片的移民遷村。

　　慈濟「移民遷村」的做法是：

　　（一）成立「慈濟抗旱工程項目辦公室」並與當地政府合作，組織執行團隊穿梭在特困貧瘠村社中，除了負責指導並落實工作的進展外，也對各個階段進行定期與不定期的家訪，不僅記錄工程進度與得失，也記錄了村民生活的苦樂與哀愁。

　　（二）選址原則：通過易地搬遷的方式，安排在交通便利，有教育、醫療完善配套的公共服務設施，並能發展特色產業的地方進行新農村建設，藉此改善山區民眾原本交通不便，就醫就學困難的生活。

　　（三）產銷輔導：針對當地產業行銷的需要，為移民者進行農業技術培訓；也通過提灌工程，徹底解決乾旱

山區貧困民眾的生產與生活條件。

　　有鑑於教育是社會的希望，慈濟既是全國性的慈善組織，故也擬定「扶困先扶智」的方法，積極與各地政府有關部門基於誠信原則，持續開展各項扶助貧困學生的獎勵工作。

　　因此，慈濟扶智的步驟是：

　　（一）設立專項：設立各區項目辦公室，通過學校鄉村推薦，與教育有關部門及資助中心組成聯合調查訪視組，進行入戶訪視評估。評估作業流程一律以公平、公正、公開的方式，精準選戶。

　　（二）入戶評估：每年實地訪視，所提報之品學兼優的貧困大學生，經縣級評議確定名單後，透過規範的流程和提供詳實的基礎資料，經慈濟基金會確認後予以資助，確保困難學生得到及時濟助。

　　（三）志工服務：組織大學生，以「傳、幫、帶」的方式，定期參加志工服務，鼓勵受助學生為家鄉或貧困地區的學子分享個人在學習期間的拚搏成長故事。這有助於偏鄉學子在知識提升外，也透過教學相長，學習傳遞大

愛、懂得感恩，成為社會上有用之材。讓善的氛圍得以擴大，進而堅定學習信心，同時也讓年輕人理解未來的社會責任，學成後勇於回饋社會國家。

（四）辦學優化：對學校的建設，採取「軟硬兼施」，除了協助教育資源匱乏的地區重建校舍外，也與教育有關部門合作，提供教師各類學習課程，藉以提升教育服務品質。

為了幫扶黃土高坡上的鄉民翻轉貧窮，慈濟動員各地志工，包括大上海、北京、廣東、福建、四川等地的人力，二十餘年來，人人不畏寒暑、不怕高原荒漠，總是一步一腳印地步步深烙在黃土高坡的土地上，也深烙在窮山中的農民心坎裡。

在慈濟人一梯梯的走訪中，也帶動了當地民眾的投入，從而培育當地的志願者成為落實扶困方案的主力軍，讓志工在地化，慈善項目本土化。

二、黃土高坡　扶困記事

西北農民，土裡生、土裡長——牆是土砌的，地是土

鋪的，睡的是土炕，燒的是土灶；土窖裡打水喝、土疙瘩裡種土豆吃；他們自稱是土頭土腦、土裡土氣過生活。中國大陸，是全球沙漠化最嚴重的國家之一；黃土高原上，被沙漠所圍繞的甘肅省，是中國最為苦旱之地。

「三年一大旱，五年一小旱」、「十年九旱、十畝九枯」，數十年來，在流水、重力和風暴的共同作用下，造成甘肅隴中嚴重水土流失，導致耕地減少、地力貧瘠，更重創了鄉親的生計與生活。

以靖遠縣若笠鄉為例，這個以旱聞名、以窮問世的農村，誰能想到在半個多世紀前，這裡曾是莊稼茂密的膏腴之鄉，但如今卻成了連填飽肚皮都有困難的旱地！為了生存，黃土子民用盡辦法留住涓滴。水窖，成為他們集貯珍貴甘霖的利器。

然而，在建窖並持續訪視關懷過程中，幾年下來，老天無雨，慈濟人發現空有水窖也莫可奈何！只見一批又一批有能力的老百姓，為了子孫被迫舉家遷離，他們捨卻故土奔赴水地劉川，貧病的若笠人則只能掙扎於存亡邊緣。

為此，在上人的慈示下，慈濟志工啟動大規模的移

民遷村工程。擇定若笠北方約 40 公里的劉川鄉作為遷村試點，因為黃河提灌工程，讓這裡成了水地良田。而劉川1 畝水地的收成，遠勝於若笠塬上的 7 畝旱地。因此，劉川鄉來窯慈濟新村的啟用，為若笠苦難人帶來了希望與美好的未來。於是，後續再擇五合鄉做為北八鄉貧困人口的遷移新址，也因成效卓著，當時成了甘肅的亮點工程。

住在靖遠縣若笠鄉雙合村的 76 歲老先生，憶起2006 年的一場大病，靠著原本在山下打工的三兒子，返家用三輪車拉了七十多公里的路，才把昏迷的他送到山下縣城就醫，從此後，老人家就再也沒回過山上；而一位周先生也表示，他絕對不會想再回去了，「因為都走光了，沒有人了！」面對著若笠鄉親一個個望山興歎的眼神，更觸動慈濟人加緊協助搬遷的腳步。

三、揮汗難有收　遷村謀生活

在靖遠除了山高壑深外，幾乎盡是一片焦黃，老百姓在乾旱山區裡埋頭苦幹，即使流下辛勤的汗水，也無法取得應有的收穫，種一坡、收一缽、煮一鍋，儘管日子如

此循環，但他們仍然寧與天賭，日復一日、年復一年。

　　直到有了黃河提灌工程，讓本有「山似和尚頭，風沙吹倒牛，十種九不收，吃水貴如油。」俗諺的劉川有了翻身的機會，而且 80% 的外來人口，都在這裡重新找到了希望。早年，在若笠鄉苦絕的重山中，住著一萬六千多人；為了從老天爺那兒多存點水，幾乎人人都訓練出一套生活「節水經」。

　　為了蓄水，農民房子蓋半邊，在院裡挖上水窖，下雨時節收集雨水逕流，為旱日存口水喝。每日自水窖打上水，一盆水可拿來和麵粉做饅饃、洗臉洗手、洗衣服；即使已混濁骯髒，還要留給牲口喝，滴水都不浪費。

　　然原本年降雨量僅有 300 毫米的乾旱山區，又經歷 6 年大旱，只得依賴遠在 48 公里外的縣城供水車給水；一車水能裝 6 至 8 立方，平均 1 立方的水要價 80 元，這相當於縣城打工 3 天的所得，但卻僅夠一家 4 口人基本用水半個月，苦了這裡的老百姓日日為生計而奮鬥。

　　當地由於缺乏灌溉水，只能種土豆、扁豆、玉米等旱地作物。為減少水分蒸發，讓農作能長得好些，就要在

耕種時鋪上「地膜」；春耕夏收期間，每日拉著驢和農具翻鬆土地、蹲拔雜草，沒一日能休息。即便使盡了全力，若笠人近 10 年來仍無法豐收，只因老天不下雨，導致農穫一年比一年少，不是不夠賣，就是賣相不好，甚至連想收做來年種子都不夠，更甭提收入了。

沒有收入，青壯年選擇外出打工，卻因缺乏教育，只能從事低收入的勞務。若想要擺脫做工處境，唯有栽培孩子就學念書，然一旦付上學費生活費，家庭經濟馬上又陷入困境……，一般家庭況且如此，若再加上家有「殘病老幼」，就更難改變生活處境。

1998 年起，慈濟志工在甘肅省展開抗旱扶貧工作，陸續在通渭縣、會寧縣、東鄉縣、靖遠縣、永靖縣、廣河縣等地援建水窖。其中在靖遠的高灣、若笠、靖安 3 鄉，建了 2,890 口水窖；後又繼續在興隆、北灘、永新、雙龍 4 鄉，興建 3,021 口水窖。歷經 10 年，慈濟在甘肅援建的水窖工程不曾停止，累計近 2 萬口水窖。然而，就在志工於靖遠勘察水窖的過程中，遇到了前所未有的困難。

慈濟人發現有些村莊僅剩少戶人家，深入了解才得

知，長年乾旱讓村民無法生活，稍有能力的人早都搬下山了，留下來的多是生活極貧困的老百姓。接著又勘察幾口建好了，卻儲不上水的水窖後，靖遠縣「慈濟項目辦公室」主任王益思考著：「水窖做好了，天不下雨也無可奈何；要是以後更乾旱，那他們的生活又該怎麼辦？」為了徹底改變農民的生活困境，認為唯有搬遷一途。

經過慈濟志工審慎評估並與當地政府多次討論後，決定為210戶若笠鄉民合作興建慈濟新村，村址就選在「移民鄉」——靖遠縣劉川鄉。而慈濟新村主要以貧困戶為對象，為其蓋屋供地，減少村民貸款負債的生活壓力，只因上人一念悲心，不希望老百姓為了搬遷而一輩子負債，只期待讓搬遷下來的鄉親能有一個新的起點，可以專心打拚，展開新生。

參與慈濟移民遷村有多年經驗的志工高明善說：「遷村首要的條件，是政府提供有水灌溉的田地。劉川水田收成好，居民可留在鄉村耕耘，也可利用農閒就近打工。給居民新的環境，轉捩歷代貧困宿命，下一代才有希望。」

四、新村新樣貌　脫貧有希望

　　劉川慈濟新村自 2008 年 3 月底動工，於 2010 年交付使用。陽光下，灰色屋瓦閃耀著餘暉，整個社區顯得整齊又美觀。由於遷村工程尚需諸多因素配合，水電、灌溉、交通、教育……等等，因而成立「慈濟項目辦公室」，由政府派員專職負責慈濟水窖及遷村工程，並協助展開社區規劃以及農民培訓。

　　「劉川 1 畝地，勝過山上 7 畝地。但水田種植需要搭配農業技術、灌溉栽培技巧，和山上偏向粗放、靠天吃飯的傳統類型完全不同。而過慣農村生活的人，可能也不適應新村公共設備、不懂注重維繫環境清潔，所以這些公民素質，都需要透過教育來宣導。」在慈濟的要求下，慈濟項目辦公室主任王益也如是貫徹了相關的做法。

　　2009 年夏天，若笠鄉派過兩支隊伍到劉川學習灌區農作物的耕作技術。王益表示，不只給他們房、給他們地，還要教他們怎麼將這些條件發揮到最大效益才能脫貧。畢竟在劉川生活的開銷大，如果學不會技術，將來沒有收入，反而更加添經濟負擔。

因此慈濟項目辦公室的人員，工作範圍廣及靖遠縣數個鄉鎮，平常得抓緊興建時程，對工程要求品質高，工作量相當吃重。曾經，為了勘察水窖工程，他們忙到連返家鄉都過門不入；上山循戶查訪，卻因大雪受困數日後才得以回返；有時甚至倉促出門，連鞋子都穿到不成雙⋯⋯。對這些工作軼事，王益只是笑笑地說：「和慈濟人相處久了，明白你們做事用心；我和同仁們認為自己不僅是做慈善事業，更是在盡社會責任。」因此，大家都體會到，只要每人願意多花一分心來幫助最貧困的人，那他們就有機會翻身，脫離貧窮了。

伍、世紀大震　愛在四川

　　四川省，自 2008 年以來，歷經汶川地震、雅安地震雙重災害，慈濟皆於第一時間成立賑災協調中心，一方面深入災區安定人心；一方面在全球募心募款，透過愛心啟發，善念共振，用愛弭殤。

一、馳援行動

　　在全球：發動「慈濟川緬膚苦難　大愛善行聚福緣」

的活動，讓全球愛心動起來，期匯流全球善行膚慰苦難。

在臺灣：正式向主管機關——衛生福利部提出「慈濟川緬膚苦難，大愛善行聚福緣」賑災募款計畫，並立即組建有多年勘賑災經驗的慈濟志工，以 4 年 3 階段的執行方案，堅持「走在最前，做到最後」的精神協助災民重建家園。

在中國大陸：選擇特重災區中，較少人關心或重建力量較薄弱的地區協助進行——

（一）「三安工程」：以安心、安身、安生的「三安工程」做為重建家園的方向。

（二）「健康工程」：以守護身心、守護生命、守護健康的「三守」，做為災區健康醫療重建目標。

（三）「希望工程」：用心打造「大愛為樑，智慧為牆」的堅固學校，成就希望的殿堂，讓學生早日正常上課。

二、災區重建

依階段性任務，明定重建方針：

（一）緊急救助階段

以「勘災與賑災」並進模式，前往主要的重災區進行勘災，並評估最需要協助的地區，給予物資援助、熱食供應、緊急醫療援助及創傷心靈陪伴；並為賑災第二與第三階段做準備。

1.物資援助：提供環保毛毯、生活袋、醫藥用品、環保碗、環保筷、蒸飯機、大米、食用油、鍋碗盤等民生用品及慰問金等。

2.熱食供應：藉以暫時緩解災後居民無法炊食熱飲的問題，也由熱食供應的因緣邀請當地鄉親參與，轉移災民震後受驚嚇、惶恐、失落的情緒。

3.緊急醫療援助：以愛的接力為災區提供義診服務，協助輕微外傷、過敏、睡眠障礙、焦慮不安、心靈慰劑、傷風受寒的醫療處理及衛生宣導。

4.心靈陪伴：透過傾聽與陪伴，藉由繪畫、說故事、歌曲帶動，暫時移轉心靈創傷，也帶動積極思考，籌組小志工隊參與服務，在緊急階段提供心靈相互慰藉的平臺。

（二）安頓關懷階段

以安心、安生、安身的「三安工程」並行，做為協

助災民重建家園的原則。

1.安心工程：在緊急救助階段的心靈陪伴過後，本會結合當地志工，或籌組當地志工，持續進行「重新建立安全感」、「對失去事物的正向引導」與「正常生活再度接軌」的心靈重建工程，讓受創者勇敢迎向人生新旅程。

2.安身工程：安全的棲身之處，是災民重新出發的後盾。本會除了重災區的永久性住房重建外，同時也針對臨時住所評估協助的必要性。

3.安生工程：提供生活、生計、生存基本需求，協助災民度過一時的災難；透過實地訪查、多方評估，擬定短、中、長期援助方式，依個別化原則，讓災民在有尊嚴的前提下，儘速恢復家庭功能。

（三）復建重建階段

以「守護生命、綻放希望」做為災區重建的終極目標。從個人、家庭、學校，全面透過希望工程、健康工程、其他重建工程等方向，規劃完整性的關懷與重建方針。

1.希望工程：學生學習不能空白，教育不能斷層。強調透過環境教化，以自然、環保、堅固為重建指標。

2.健康工程：協助建設地方醫療健康照護、醫療環境改善及儀器與物品補充。另外，在重建期間，視實際需要繼續支援義診服務。

3.其他方案：在重建區中，評估其他有益災民身心需要的必要設施。

慈濟通過募心募愛計畫，為四川開展全方位的重建之路，慈濟人深知資源有限，但也堅信無形的愛心是無窮無盡，因為「有心就有福，有願就有力」。唯有傾力而為，方能圓滿人道援助的世紀工程。

至今十餘年來，從生活物資發放到致贈慰問金；從施醫施藥的義診，到全額補助獎助學金；從搭建臨時板房安頓災民，到援建抗震學校；從重災區校地踏勘，到打造中江縣光明大愛村。不論是藍圖設計、工程發包、施工進度、品質考核，所有學校與大愛村的竣工啟用，都有慈濟人滿滿的心血與汗水。

如今，硬體重建階段雖已完成，但我們深知硬體重建容易，而心靈重建卻需要更漫長的時間。因此，慈濟人在每年歲末之際，仍持續為四川貧苦鄉親獻上冬令物資，

送上溫暖；也邀請深具「靜思語」品德教育經驗的教師隊伍，投入人文交流，做為提升教育素質的平臺；透過環保理念的推廣，帶動當地鄉親與師生投入環保志工行列，培養珍惜地球資源、疼惜物命的人文情懷，並落實在日常生活中。

回想當年的賑災因緣，慈濟人不斷接力，讓川愛不息，更見證了當地鄉親從災難到重生。請詳見《慈濟急難賑災》專書。

陸、環保志業　敬天愛地

一、大陸環保簡述

隨著全球經濟快速發展和居民消費觀念的改變，垃圾處理已是城鄉發展不可避免的問題。據統計顯示，在中國大陸有三分之一以上的城市面臨垃圾困局。除縣城之外的六百多個城市中，有三分之二的城市處於被垃圾包圍的狀態。全國城市垃圾堆存累計侵佔土地超過 5 億平方米，每年的經濟損失高達 300 億元。

在農村和部分海島，隨處可見的廢塑膠袋、編織袋、

泡棉等不可自然分解的垃圾，不僅成為土地、海洋、河流、溝渠的噩夢，進而又通過食物鏈危害到人類的健康安全。故實行垃圾減量和資源回收分類，實關係著廣大群眾的生活環境，也關係著資源節約使用，更是社會文明水準的一個重要體現。

慈濟慈善基金會在上人的呼籲下，人人用鼓掌的雙手彎腰做環保，挺腰說環保，務求清淨在源頭。而慈濟志工的環保力行，早在 2005 年就已在大陸各地默默開展。

2017 年 3 月，大陸國家發改委要求全國 46 個城市先行實施生活垃圾強制分類。至此，許多城市將此項目作為城市精細化管理的重點工作。而這幾年來，慈濟志工除了身體力行響應資源回收分類外，也與臺灣同步推動蔬食，主要也是基於環保減碳的理由。

據聯合國政府間氣候變化專門委員會（Intergovernmental Panel on Climate Change，IPCC）的報告顯示，畜牧業是溫室氣體的主要排放源，無論是牲畜的糞便發酵、飼料生產，還是畜牧業擴張帶來的毀林，都會排放大量的溫室氣體。而且畜牧業的養殖過程，也為土壤

和水源帶來嚴重的污染與侵蝕。

中科院大氣所研究員賈根鎖通過研究報告指出：「素食的碳足跡低於肉食的碳足跡」。因此，改變飲食結構、提高蔬食比例、降低肉食比例，也是居民普遍可以參與且非常有效的環保行動。

2020 年初，新冠狀病毒肆虐全球，慈濟人基於護生的理由，更是加大力度發起「健康蔬醒」運動，期用行動──

- 做好大地環保──垃圾減量，資源回收；
- 做好身體環保──宣導蔬食，健康平安；
- 做好心靈環保──降低物欲，增長愛心；
- 守護地球家園──傳播大愛，利益萬代。

（一）環保的具體作為及成果

1.建立環保網絡　推廣環保意識

截至 2018 年底，慈濟在大陸各省共設立 301 個環保點，48 個環保站（環保教育站），5 個由政府認證的環保教育基地。2017-2018 年期間，志工、居民等參與各環保站的分類實踐活動超過 20 萬人次，舉辦環保宣導逾

2,400 場，接受慈濟環保教育的對象超過百萬人次。

　　以江蘇省無錫市為例，自 2015 年起，慈濟與當地環保基金會共建環保教育基地，參訪人次近 10 萬人，也與社區、學校、企業、機關單位共建 28 個綠色環保示範區。

　　2016 年起，慈濟與廈門市思明區文明辦、鼓浪嶼街道辦合作，在世界文化遺產鼓浪嶼推動「美麗琴島，垃圾不落地」環保行動，在鼓浪嶼建立環境教育人文空間——鼓浪嶼環保驛站，提升居民和遊客的環保意識，至今已接待八萬多名遊客，打造出景區的環保品牌。

　　2. 力行身心環保　改變人生家庭

　　長期投入的環保志工對環保信念十分堅定，不管颱風下雨或烈日嚴冬，即便被人誤解，都甘願堅持做，對身心和家庭都產生很大改變，從大地環保到身體環保（健康），再深入到心靈環保（正能量，塑品格），他們用無所求的付出為自己和他人鋪出幸福的人生道路，為地球和子孫造福，十分令人感動。

　　例如，有人用打麻將、賭博的雙手投身環保，讓原本五「毒」俱全的人生，因為善用良能而產生華麗的蛻

變，從「賭后」變「篤善」；有人身體殘障，在慈濟做環保當復健反而變得更健康；有人因家庭變故喪失信心，在環保站因有人陪伴，重新找到家的溫暖 …… 環保的優點不勝枚舉，不僅挽救許許多多誤入歧途和孤獨無助的迷茫人生，也為社會安定和諧做出了重大的貢獻。

3. 發展老年公益　社區的輕安居

在各地社區的環保站，成了長者的輕安居，很多長者在這裡找到了自己「老有所為、老有所用、老有所樂」的平臺。以泉州的環保志工為例，在 10 年之間的人數成長達到 700 位，其中 55 歲～ 100 歲的老人就有五百多位，占比 70%，最高齡為 94 歲。

他們秉持「愛地球、護大地」的單純心念，開心投入天天做，環保公益已然成為老年生活的重心、生命價值的寄託，也是發揮人生餘熱的方式。更因為有志工長期的溫馨互動與真誠關懷陪伴，環保站儼然成為老年人的第二個家。

4. 建設綠色校園　師生共知共行

以廈門市為例，自 2017 年開始，慈濟與廈門集美區

教育局合作，對轄區 58 所學校校長開展垃圾分類教育，並培育環保種子老師，啟發老師成為力行環保的典範，以身教帶動學生力行環保。

在廈門市第十中學，每一年新生入學都會開展環保教育，學校通過多種方式鼓勵師生力行環保並全面養成垃圾分類、不用一次性餐具、自帶水杯和手帕以及節儉生活的好習慣，進而提升品格，甚至也影響原本「有問題」的學生，在做環保後也變得「沒問題」。

在四川，通過重建計畫，也將環保理念落實在建築物的設計上，通過境教來加深學生的認知，同時藉由教育途徑，讓學生從小就有環保理念，諸如慈濟在什邡、雅安援建的學校校園裡就設有環保站，讓孩子不僅僅是知識上的成長，也能有機會從共知、共識並且落實共行。

5.促進綠色企業　踐行社會責任

以林德叉車、一點點奶茶連鎖等企業為例，通過慈濟的引導和推動，不僅落實綠色辦公、綠色清潔生產，也讓員工養成環保生活的習慣，因而打造出富有凝聚力的環保企業文化，踐行了企業的社會責任，並啟發員工的愛心，

投入垃圾分類和資源回收的公益行動中。

6. 環保提供思路　改善社區治理

以佛山華西良槎村為例，2016 年開始，每週六下午是慈濟資源回收日，村長和村民不分老小一起做環保，每月舉辦一次孝親感恩茶會，邀約當地居民一起關懷弱勢群體。

通過鄰里相聚做環保公益，居民不僅增強了參與社區治理的主動性和積極性，有了良好的溝通交流，更營造出社區和諧的氛圍，不但環境變美，居民也變得心靈富有。

7. 建設美麗鄉村　提升生態文明

很多環保站坐落在鄉村，以站為中心，展開垃圾分類，資源回收行動，村民自發積極投入，淨化環境也淨化人心，成為鄉村最美麗的風景線。

例如：福建省福鼎市嵛山鎮東角村、灶澳村等海島村莊，在環保志工的帶領下，清理被垃圾掩埋的海灘甚至無人島，並克服巨大困難，把垃圾送出海島，讓嵛山島重新恢復美麗，東角村更成為省級鄉村振興示範村；地處偏遠的西昆村則以環保為起點，開展垃圾分類，同時也推廣

有機種植，弘揚儒家傳統文化，現在也成為省級鄉村振興示範村。

（二）環保的執行策略

1.理念著重實踐　延伸環保意涵

（1）從「說」到「做」：

所謂「小事不做，大事難成」，慈濟提出「社會的進步不是喊出來的，是做出來的」。鼓勵民眾投入環保領域，透過親力親為來推動社會進步。

（2）從「資源分類」到「垃圾減量」：

慈濟最早提出「環保十指口訣」，讓生活垃圾的可回收、必須回收變得更容易記；在政府提出四分類法之後，慈濟再次調整完善了環保十指口訣。

志工亦在此基礎上，重點推廣「環保五用——不用、少用、重複用、修理再利用、分類回收再利用」的理念，呼籲「清淨在源頭」，除了強調減少一次性的物品使用，並將可回收垃圾清洗乾淨並摺疊回收。

（3）從「垃圾減量」到「一日五善、節能減碳」：

垃圾減量是節能減碳、永續發展的措施之一。志工

因而鼓勵民眾以省水、省電、乘坐公共交通工具、多蔬食、隨身攜帶五寶（環保碗、環保筷、水杯、手絹、環保袋）等易行的方式來落實在日常生活中。

（4）從「節能減碳」到「敬天愛地」：

站在人類命運共同體的角度，提出「敬天愛地聚福緣」的理念，呼籲民眾要認知全球氣候變暖、環境變遷所帶給後代子孫和人類發展的危害，應疼惜天地萬物，珍愛自然，減少過度攫取、浪費地球資源的行為，進而促進人類永續發展。

（5）從「迴圈經濟」到「善的迴圈」：

提出「垃圾變黃金、黃金變愛心」的理念，將回收資源所產生的款項用於慈善、教育等方面，鼓勵社會各階層人士投入做環保、愛地球的公益行動，也讓收到慈濟善款資助的人群瞭解，社會上有無數的愛心人士在關心自己，進而鼓勵受助者轉變心態並一起投入助人行列。透過環保與垃圾分類，無形中營造愛與善的迴圈，促進社會和諧穩定。

（6）從「大地環保」到「身體環保」、「心靈環保」：

「大地環保」能減少大地的污染，「身體環保」可去除體內毒素，而「心靈環保」則是去除心靈的污染。落實身心靈環保，不僅能通過飲食與生活習慣的調整，恢復身體健康；也能透過力行環保，不再沉迷物質享受，體會「知足、感恩、善解、包容」的快樂秘方。如此在自利利他中，更能感受心靈的喜悅與成長。

2. 開辦培訓課程　作為推動主力

為讓環保專案得以實施和普及，慈濟開展多面向的教育培訓，使更多人得以在此專案中發揮長處、貢獻己能，其中所帶出的環保講師、環保站長、環保志工，皆能是項目推動的主要力量。

3. 發揮生活巧思　引導人人樂學

慈濟號召人人「低頭做環保、挺身說環保」，用各種喜聞樂見的形式，在各個環保點、環保站、環保教育站中宣導環保，同時也讓各類族群有機會參與實踐，認識並了解垃圾分類的重要性和具體做法，從而在日常生活中自動自發地落實垃圾分類。

4. 點線面連結　建設環保基地

從「環保種子 — 家庭微型環保點 — 社區／企業／校園小型環保點 — 中型環保站 — 大型環保教育站 — 專業級環保教育基地」，逐步推進環保教育與實踐基地建設。由環保站長牽頭，組織當地志工、老師、家長、企業員工、熱心居民、退休老人等人力，成為社區、學校、企業環保網絡的守護者。

5. 結合社區帶動　分享環保經驗

以社區環保站（點）為起點，通過「請進來」、「走出去」等方式，與政府、企業、學校、社區居委會／村委等合作，充分發揮慈濟在「慈善、教育、人文、環保」等領域的經驗，關愛特殊群體，共建和諧社區、美麗鄉村、綠色企業，並推進學校、家庭，開展品德教育、生活教育、環保教育，共創物質文明、精神文明的雙豐收美好未來。

綜上所述，慈濟基金會結合公益活動和志願者的力量，進行資源回收。並創設「教育＋實踐」的環保宣傳模式，廣泛建設環保站網絡和示範基地，積極推動資源分類和垃圾減量。

在多年的努力運作下，期讓環保理念逐漸成為民眾日常工作與生活中的自覺行為習慣，進而啟發人人疼惜地球、力行環保、友愛互助；並藉環保匯聚眾人的力量，共建永續發展、人人幸福的美麗中國，留給子孫後代一個乾淨的地球。

二、慈濟環保因緣與經驗

　　近年來，全球氣候異常，各地災害頻傳；科學家研究分析得到共同論點，主因係大自然受到人為嚴重破壞與污染，引發了溫室效應的結果。「環保」，儼然成為當今全球的重點議題。想要改變日益嚴峻的生存環境，減緩災難發生，我們唯一能做的，就是透過帶動、啟發人人重視環境與資源並身體力行，從共知、共識到共行，才會有成效。

　　回顧1950年代二次大戰以後，全球邁入經濟和工業發展，大量生產、製造、消費成為主流，民眾無度耗費地球資源，隨之而來的垃圾、環境污染、溫室效應問題也逐年增加。

　　在1980年代，處於20世紀的臺灣，為趕上現代先

進社會的腳步，也極盡所能開發資源、資本家更汲汲營營追本逐利。而初嚐富裕的臺灣，在工業社會的繁榮經濟中，也帶來了大量污染及難以消化的廢棄物，讓臺灣幾乎成了垃圾島……。

（一）用鼓掌雙手　做大地園丁

慈濟環保的肇始，要從上人的一場演講說起……。

1990 年 8 月 23 日，上人應吳尊賢文教公益基金會之邀，到臺中新民商工演講。在清早出門路過夜市街道，卻看到滿地都是垃圾。因而希望大家「用鼓掌的雙手做環保」，一起來撿垃圾、掃街道、做資源回收，讓我們這片土地能變成淨土；讓垃圾變黃金，黃金變愛心。

從此爾後，在上人呼籲下，臺灣開始有了環境保護的積極行動，各地慈濟人由點而線而面，不分年齡、階層、背景，視街頭為修行道場，不畏髒亂、不辭辛勞，無懼臭穢地全力展開資源回收工作，志工年齡從 3 歲到 103 歲皆有，人人從生活化的角度出發，慢慢地，慈濟資源回收站一個個在社區出現，環保志工的身影更是經常穿梭在大街小巷。如今，隨著環保意識抬頭，回收站更進一步成為

當地社區的環保教育站。

在災難頻傳的時代裡，垃圾分類後的可用資源，已然因著上人的慈悲與睿智，透過科技轉變成為慈濟人在救災、賑災過程中，足以溫暖人心的實用物資，諸如回收的寶特瓶經過處理，抽紗後製成的環保毛毯，就是資源再利用的最佳例證。而這分精神，在 2016 年的美國《華爾街日報》中，就曾以「Taiwan:The World's Geniuses of Garbage Disposal」為題，以數據彰顯臺灣是垃圾處理的世界典範。

在慈濟志工長年推動下，環保足跡亦來到了中國大陸。剛起步時，大陸志工效法臺灣做環保的經驗與精神，積極與每年 16% 的垃圾成長量賽跑。不僅在社區推廣環保觀念，亦帶動勤儉、珍惜物命的精神，成果頗為可觀。截至 2019 年 12 月底，慈濟已在大陸 17 個省／市中，順應當地因緣設置環保站，鼓勵人人來做大地園丁，一起呵護我們居住的環境。

（二）做心靈環保　清淨在源頭

有鑑於全球氣候變遷，天地之間四大不調愈來愈明

顯，更令上人為此擔憂。對於有心在大陸推展環保志業的志工，上人曾慈示「做好自己的心靈環保是首要之務。」因為環保觀念的推動以及方法帶動刻不容緩，期勉大家要廣結善緣，結合社區力量，學習臺灣宣導「清淨在源頭」的環保觀念與做法。

藉著資源回收的方便法，來教育大家珍惜資源、愛惜物命；並從身外的環保，做到心靈環保，來改變更多人的人生觀。只要可以先做到垃圾減量，家家戶戶具有環保觀念，就是很重要的環保成就。

更重要的，是帶動一心一志且通達環保理念的志工，提起智慧，知道資源不應與一般垃圾混雜，才能落實「清淨在源頭」。凡事起頭難，因為大陸民情風氣對資源回收觀念還不普遍，若要讓環保從無到有，做出成果，唯有起身力行。

然面對現今人口日益老化的問題，環保站中也不乏頭髮花白的老人家，上人更期許慈濟人要在環保站中多多給予關懷，凝聚「家」的溫馨氣氛。邀請社區長者來到環保站協助的同時，讓每個人都能做得很開心，而氣氛的營

造，訣竅就在於「感恩，尊重，愛」。因為人人都是付出無所求，不為私己、不為名利，所以要合心、和氣，待人誠懇，包容彼此的小習氣，善用方法來鼓勵人、引導人。

人與人之間一旦建立「誠之情誼」，就能促進社會更祥和；以身作則「教之慇實」就能感動更多人投入，如此才能為人間帶來希望。

（三）環保做中學　薰法做中覺

在泉州，早期還沒有環保據點時，黃碧華就跟著青陽志工蔡秀美到處去收環保資源、分享環保理念，做得很歡喜。直到泉州埔任村有了環保站，她更是深入環保志業並擔負起站內的日常運作，接引不少民眾一起來做資源回收。

黃碧華回想過去傲慢自大的自己，總愛挑人毛病。與家人無法溝通，夫妻一年講不到 10 句話，更讓女兒因感受不到溫暖而變得叛逆。因此，黃碧華在痛苦中，生活了大半輩子，迷茫的心從不知要自我反省。

直到認識慈濟，雖明知做環保要從自己的心靈做起，但平常還是易怒、愛比較。後來隨著大家天天聞法精進，

法入了心才真正感受到清淨的法喜，從而也拓寬了自己的心量，更鼓勵大家一起來薰法香。

志工施婉美是家中長女，母親過世得早，所以年輕時就擔起家中事務，工作的順遂，養成她獨斷強勢的個性。在以前，她認為除了三牲五禮供佛，還要燒很多金紙，這樣才能保佑家人平安順利。自從來到慈濟做環保之後，才深覺大地母親已傷痕累累，四大不調造成多災多難，地球早已不平安了。唯有認真做好垃圾分類，才能保護地球、節能減碳。如今她一改往昔錯誤觀念，改用鮮花素菜供佛。

在自我的精進中，隨著聆聽上人開示，也學習圓融處事並發心立願要用雙手做環保，鼓勵大家一起落實淨化地球、愛護地球、保護地球的責任，讓身心更加輕安自在。

志工王招治家境堪憐，先生因車禍腦傷，動過 3 次手術，至今語言行動仍然遲緩；小兒子則因小時候發高燒，導致智力不足、失語，長期照顧生病的家人，讓王招治身心俱疲。後來，王招治經常隨著妹妹到環保站聽志工分享心得，因此才逐漸打開心門並參與環保及居家關懷。

當她看到有人比她生活還困苦時，才恍然大悟地見苦知福，原來自己的苦一點也不算什麼，先生雖然受傷，但手腳還能動；小兒子只是不會說話，教他做環保，不僅能分清楚，甚至還能出門做回收，反應與學習也越來越好。如今一家人的情況漸有進步，她的心情也隨之越來越好，性子也柔順了許多。因為王招治真正體會到「做環保心情好，沒煩惱。」

在泉州，這群環保老兵為了要救後代子孫，希望子孫代代好，因此都堅持以行動來保護地球。不僅用生命投入末端回收，更用心推動環保理念，從環保教育再到人心教育，提升人文。以身行典範帶動典範，期待人心清淨，大地也乾淨。

而這樣的模式，也在 2008 年汶川地震後的四川，帶起了另一個典範。

（四）災區做環保　境教有成效

慈濟志工在四川進行急難救助初期，為保持災區環境整潔，遂在熱食供應站帶動鄉親與小志工撿拾可回收的資源；之後，在慈濟洛水與漢旺服務中心陸續設立環保教

育站之後，也透過宣導與境教，廣邀志工與會眾落實環保理念於生活中，同時也在援建學校裡，藉由人文教育交流活動，將環保議題也融入課程中，期讓校內師生共同響應並推動環保分類回收。

在四川，值得分享的感人事蹟也不少，設立環保站除了做資源回收外，也能是當地老人最好的輕安居，當然也提供了許多因災受苦的人，有了另一個隨手佈施的機會。

（五）文盲懂道理　好事日日行

2008 年，黃天秀逃過了地震災難，因為不想待在屋裡心煩，因而走到服務站來幫忙，儘管豔陽高照常被曬昏了頭，黃天秀仍然到服務站熱心地從早忙到晚。隨著慈濟不同救災階段的進行，黃天秀從急難時的熱食供應站協助香積，幫忙洗切菜，到隔年 2 月間，慈濟中長期援建工程啟動後，她更轉而成為環保志工。

在聆聽臺灣慈濟志工解說如何做資源分類，又從電視裡聽到上人對環保觀念的開示後，黃天秀感動莫名，不識字的她很快就踏出「做環保」的第一步，她說：「我認不得字，就憑這顆心。證嚴師父要我們多發菩提心、多做

善事，要做環保、要愛衛生，我一直記到心頭。」自此，黃天秀經常載回收物到服務中心的環保站，有時也會直接變賣後，將所得投到存錢筒，滿了就捐出。

　　幾年下來，年逾 60 的黃天秀，平日依然戴起草帽出門撿拾鐵罐、寶特瓶等物資，清晨則打掃街道，儘管左鄰右舍笑她傻，但她完全不在意，仍秉持著原本的初發心，認為「罐子塞住溝渠，會把人家的莊稼給淹了，這是不好的；瓶瓶罐罐撿起來，免得讓人手腳被割到，這就是好事。」

　　洛水鄰近村落，在黃天秀的帶動下，幾年下來已成立了近 20 個回收點，當居民從板房區遷往新居，回收習慣也跟著他們來到新社區；還有人在清晨賣完菜後，就把小貨車化做環保車做回收。在洛水，環保幾乎成為一種新的生活型態，這是黃天秀當初起一念心帶動環保時，完全料想不到的事。

　　（六）漢旺千歲團　留福給子孫

　　位於綿竹市漢旺鎮的漢旺新城，規劃有 17 個社區，目前居民一萬多人，是五一二大地震後，異地重建的新城

區。而漢旺鎮內的環保志工足跡，已遍及新城12個社區及周邊5個鄉村。每週3次的資源回收，11年來從未間斷。在這裡，有一群號稱「千歲團」的環保志工，年紀最長的90歲，最小的也有70歲。

住在東普村，年已80歲的環保志工韓秀珍回想當時看到師兄師姊拿著凳子到各村宣導環保，而她也曾是領到慈濟愛心的一員，感動之餘，秀珍阿嬤發願要努力做環保來回饋，直到做到不能動為止。

在地震中失去先生、女兒、兒子、媳婦以及還未出生孫子的年輕阿嬤彭遠鳳，今年70歲，對於那一場地震奪走家裡5條人命的悲痛，讓她每天思念地抱著親人照片喝酒哭泣。

如今，彭遠鳳阿嬤在慈濟人的開導下，從資源回收的工作中，也找回了笑容，11個春夏秋冬轉眼飛逝，而慈濟人口中的環保千歲團，依舊恆持一念初發心，用自己的行動，努力地為後代子孫打造一個乾淨的地球。

柒、慈善志業　福田心耕

　　大陸賑災從 1991 年肇始，在兩岸情勢仍然緊張之時，首次踏上大陸土地，在安徽、河南及江蘇這 3 省展開賑濟，雖然起步沈重，然上人始終把持著寬大的心胸，以「普天之下沒有我不愛的人」之精神，帶領著一群志工，難行更要行，即使過程步步艱辛，卻也步步溫馨。

一、上人的指引　行善的方向

　　慈濟種子隨著上人的引領，從臺灣輾轉而至大陸生根萌發，默默耕耘，不斷以愛接力，帶動當地志工落實慈善志業與環保，不只疼惜人類，還為呵護地球而付出。

　　每年大陸志工通過培訓，務求人人發大心、同志願，齊行於助人的慈善路上，並將上人的句句叮嚀吸收入心，在慈濟宗門，以同理、體貼的心，真誠、尊重地付出。對於每年的冬令發放，本土志工從夏天就開始走入窮鄉僻壤，了解窮苦人實際生活情況，應其所需籌辦物資；在發放前也用心打包，讓接受者感受到尊重與愛，讓大家能安心歡喜度冬過年。

「人間菩薩付出無所求，還要說感恩；菩薩心不忍眾生受苦難，所以看到眾生離苦得樂，就感到歡喜，這分歡喜就是法喜。愛的能量有如人間的淨化劑，有了愛，才能排除無明霾害。」

二、扶困的根本　脫貧且致富

　　對於貴州有史以來難以改變的窮困，上人認為只要有人關心、用愛協助，找土地、集資源，一定就能轉變，因為「一切唯心造」。

　　許多人皆認為「救急不救貧」，但慈濟人卻是想為苦難人徹底拔苦，因為考量到，若每當災患發生時，就只是千里迢迢前往急難救助，即使發放再多生活物資、禦寒衣物，住家依然破漏、農地依然難以收成，這實非永久之計。

　　所以在救急之時，也尋求救貧的方法並給予翻身的機會，透過移民遷村、助學安養等方式，不僅幫助貧者脫貧，還要使之致富；給予安全的生活空間，讓生活富而有餘，心靈亦因有愛而富足，難為能為地做到慈善最根本的濟助。

上人曾慈示，濟助的真正目的，是以同體大悲的心情前往，以感恩、尊重、愛的行動去付出，讓人身心脫苦，感受幸福。而慈濟人都是不請之師，即使做得很辛苦也是很甘願而歡喜。

三、賑災的過程　架構四合一

　　在慈濟志工的養成中，強調「合心、和氣、互愛、協力」四合一的精神；而在 2008 年，慈濟人前往汶川賑災過程，因應急難救助及後續長期重建計畫，上人提出了「篳路藍縷、承先啟後、發揚光大、深耕人文」的賑災四合一架構。

　　慈濟人初進災區，災後救難人力、物力不斷湧入，情況既緊急又複雜，真正是「篳路藍縷」，必須步步為營，不能大意；凡事都要存有如履薄冰的戒慎心態「承先啟後」，要心寬念純，不要有人我是非的糾纏。承接經驗為「承先」，做得比前面梯次更好，就能「啟後」。

　　上人慈勉慈濟人，在付出的同時，也要讓當地民眾、領導感受到誠懇，若能把慈善這條路的後續鋪得更為平

坦，這就是「發揚光大」；慈濟人的道風德香如春風，以無私大愛膚慰當地民眾，使之安心、安身，走出悲痛。等到民眾生活比較安定，就可與之多多互動，將人品典範穩穩駐紮在當地人的心靈，所以需要「深耕人文」。用慈、悲、喜、捨的心情，「以慈導悲，以悲啟智，以智顯慧，以慧等觀」，人人互愛，彼此和氣相處，合心協力，藉此在當地深耕並培育慈濟種子。

四、以戒為制度　以愛為管理

慈濟團隊「以戒為制度，以愛為管理」，整體之美，是個體之美所共同成就。人人進出行動與團體合齊、守紀律，展現慈濟人的「無聲說法」，攝受人心。做好自我管理、照顧好自己，就是自愛；人人自愛，守好個人形象，合起來就有整體美。這是身為慈濟人都要有的使命感，也藉以帶動更多人參與。

慈濟人行在菩薩道上，總是藉事練心，感恩同樣生於人間，還有餘力幫助別人。透過活動自我歷練、自我警惕；上人認為眾生的習氣並非不能改，只要常在良善的環

境中熏習，久而久之也能受到影響而改變。

　　如今，慈濟經年累月下，在大陸的志業腳步已有很豐富的足跡。上人期勉兩岸慈濟人要把握機會分享舊法新知，彼此勉勵、相互傳承；兩地各有優點，要虛心求教、相互取經。讓心靈就像琉璃一樣清淨，自能折射出人生亮麗的七彩光芒。用時間拉長情，用空間擴大愛，在人與人之間撒播愛的種子，用心耕耘，就地招募人間菩薩。

五、菩薩大招生　迫切的需要

　　2015 年 12 月，深圳發生土石滑坡事故，當地志工連日以少數人力，既要關懷、協助受災人，還要支援救難人員，煮熱食供應等等，負擔沉重可想而知，更突顯「人間菩薩大招生」之迫切。

　　當時，為關懷、協助廣東深圳慈濟人對於滑坡事故的多方付出，臺灣慈濟人準備前往帶動時，上人行前慈勉：「發心救助天下眾生，要從近處做起」；尤其大陸語文相通、溝通無礙，大陸已受證慈濟人年年增加，而大陸幅員遼闊，必須由在地的慈濟種子承負志業發展重任，此

時要把握機會與大陸志工密切互動，讓人間菩薩精神扎根當地，才能使大陸志業穩固發展。

應以「慈悲守護喜捨，醫療守護生命，教育守護明德，人文增長慧命」，希望大家恆持慈悲喜捨的心。要知道師父用心良苦，人生短暫，而菩薩道是無窮盡的長遠路，人人都還有很廣大的空間可以再進步，還有很長的時間再磨練。

「諸惡莫作，眾善奉行」，就是慈善的基礎。再如何辛苦勞累，只要甘願，心就不苦；心不甘願，才會有人我是非的苦。

為使大陸志業穩固發展，除了要廣招人間菩薩，上人更期許培養精神理念穩固的幹部人才，來帶領大家走在正確的方向。不只要傳承經驗、傳授方法，也要鼓勵當地志工，鼓舞士氣。

六、用愛的教育　啟良善民風

　　對於大陸良善民風的建立，上人期待志工要很努力用心於教育，啟發孩子們的善良之心，重建道德禮儀，知恩報恩，懂得回報父母恩、回饋社會眾生恩，更要懂得感念老師的教育之恩，這樣的教育對社會才有希望。大陸人口眾多，與我們同文、同種族，故也期盼在大陸能將中華文化真正地復興，所以一定要將愛的教育深植人心。

（一）感恩、尊重、愛

　　上人勉眾「心包太虛，量周沙界」，以心寬念純的心胸，做一個好農夫，去耕耘大陸這畝大福田；還要做「安隱樂處」，讓人人看到慈濟人就能心安歡喜。開口動舌、舉手投足，出於真誠展現善與美，心存善念、口說好話、身行好事。彼此合心，讓人從形象上感受得到和氣；彼此互愛，就能讓人感受到團隊的美好；每個人愛的力量相加，就是協力。

　　遇到災難前往勘災關懷，要「以生命投入生命去輔導生命」，用誠懇的愛心，帶領受災人走出哀傷悲痛。用溫柔的愛輕輕踏上受傷嚴重的土地，還要穩穩地入駐當地

人的心地，讓人人心中因有慈濟團隊而感到安心。

　　用大慈悲心，前腳踏進，造福人群；後面緊接以大智慧心跟進，度化眾生。如此悲智雙運地將苦難人一一拉拔，就能與我們同步再出發，到其他深陷苦痛的人身邊，繼續陪伴膚慰，拔苦予樂。

　　上人曾對大陸志工說：「師父無法一一走到每一處探望大家，只盼在大陸的弟子們要愛我所愛、做我所做、行我所行，只要你們貼合師父的心，願意走師父要走的路，我就安心了。」上人表示，在世間人倫道德衰敗之際，更要以真誠的愛心，運用正確的道德觀，來維持人心穩定與平衡。

　　而「感恩、尊重、愛」不可少，對於苦難蒼生，都要懷抱感恩之心，見苦知福並尊重以待；以感恩、尊重的態度，付出真誠的愛。另一方面，對於同心、同行的慈濟人也要感恩、尊重，以愛相待。大陸與臺灣語文相通，要把握殊勝的因緣，認真做志業。

　　（二）三安與三全　慈善全方位

　　慈濟人不論走到天涯海角，總希望能為頭頂上的那

片天，腳踩著的那片地，及時付出一分愛與關懷，秉承這樣的精神，從 1966 年的臺灣東部一隅出發，透過一次次的因緣，勇赴災區救拔苦難；也藉由 1991 年賑濟華中華東水患因緣，開啟了大陸賑災之路，以「信己無私、信人有愛」的堅定信念前行。

慈濟愛的效應，如同小小一滴水滴入水塘，引起陣陣漣漪，小圈、中圈、大圈，圈圈擴大，不斷向外開拓。在一次次的扶貧因緣中，來到了大陸各個窮困省分，提供經濟弱勢家庭急難救助、生活金、醫藥費，把最即時最貼切的愛奉獻在當地。從安身、安心、安生的「三安」工程，做到全人、全家、全程的「三全」服務，期許給予鄉親身、心、靈全方位照顧。

對於前往大陸進行各項慈善賑濟或教育人文交流的臺灣慈濟人或基金會同仁，上人皆視為布善的菩提種子，期人人用心用愛撒播，讓人間菩薩一生無量。

慈濟本於人道精神，在付出無所求的行善過程中努力不懈，皆因不忍眾生受苦難，更不忍眾生心靈不安。為讓更多受災受苦的民眾得救，皆期待有慈濟人的地方能愈

來愈廣，故人人發心立願，恆持心念，不斷以愛接力，讓膚慰眾生的人道精神能久久長長。

曾與慈濟接觸的閻明復副部長曾經這樣形容慈濟，他說：「我最受感動的，是慈濟沒有俯視弱勢群體，而是仰視弱勢群體。志工做了好事以後，還要說感恩。感謝有機會能夠伸出援手，這個想法給我非常大的震撼。」他認為慈濟其實已經給了大陸一個具體且能夠參考的實踐方法與典範。

時至今日，兩岸之間的政治僵局依然無解，而慈濟跨越海峽的大愛之路更顯坎坷與艱難。儘管「善門難開，好事多磨」，慈濟人仍一本初衷，延續在臺灣所累積的經驗，守好本分做好慈善工作，不論是社區救病扶傷、照顧孤寡，或是緊急災難及時救援，甚至是為改善偏鄉居住環境而移民遷村，所做的一切，皆是為提升教育、醫療環境品質，做好精準扶貧、脫貧乃至小康等願景而努力，積極培育自願工作者，期共同致力於社會的和諧。未來，慈濟人將一如既往地難行能行，再難行也要行。

祈願人人悲智雙運，傳承靜思法脈精神，廣行慈濟

人間路，濟貧教富也教富濟貧，讓貧者獲救而安，富者得福而樂，令能得以早日實現上人「淨化人心、祥和社會、天下無災無難」的慈悲大願。

（三）基金會掛牌　為慈善奠基

慈濟心念單純的善行，從 1991 年至今，慢慢獲得各級政府信任。從最早的急難救助模式、到計畫型扶困、社區志工與環保觀念的推動，皆為當地注入一股既草根又能即時展現動員力的慈善模式。

而 2008 年也是慈濟在中國另一個重要的里程碑，為了落實在地化、本土化，讓愛在當地生根深耕，經過多年努力，「慈濟慈善事業基金會」在中國大陸國務院的批准下核准設立，並於 2010 年在江蘇蘇州市靜思書院舉行掛牌典禮與揭牌儀式，成為大陸第一家境外非營利組織基金會。

在這之前，大陸並沒有境外人士擔任法人代表登記註冊的 NGO，這個里程碑，之於兩岸慈善社會的建立，都有極大的啟發與意義。基金會延後在 2010 年正式掛牌，主要是因汶川地震災情慘重，慈濟全力災後重建所致。

慈濟既為肩負兩岸慈善工作推動者的角色，更是任重道遠，堅持以七大原則做為慈善志業的基本依歸：

1.「推動精準扶貧」：通過「直接、重點、尊重、務實、及時」，把「精準扶貧」作為會務推動準則之一。

2.「扶困先扶智」：透過各項助學輔導計畫，減少失學孩童返貧的惡性循環。其中以合乎效率規範的流程與詳實基礎資料，運用「傳、幫、帶」方式與各級學校合作。加強留守兒童心理建設、引導正確學習觀念，進而健全人格，同步提升偏鄉民眾教育質量。

3.「救災全方位」：作為中國慈善聯合會救災委員會副主任委員，慈濟堅持「走在最前，做到最後」。從急難階段緊急動員到建構減災、防災的常態作為，針對災害多發區，本會與教育等相關部門合作，積極宣導從減災、整備、應變到復原的觀念，將災害損失減至最低程度。

4.「推展預防醫學」：從農村到城市，透過慈善、醫療與教育資源的整合，提升民間健康促進與預防醫學的觀念。除共同為民眾健康把脈，也可減低民眾因病而貧、因病返貧的現象。

5.「老有所依」：積極建立社區環保站成為老人「輕安居」，讓銀髮長者在白天能維繫社區鄰里間友善的人際關係，晚上返家與親人共享天倫。

6.「用愛搭橋」：透過兩岸青少年、教師與醫事人員的聯誼，凝聚「共知、共識與共行」的理念，讓優良的中華傳統文化得以傳承並共同為全人類謀福祉。

7.「建構和諧社會」：為建構和諧社會克盡心力，期將善與愛的力量傳揚到每個需要的角落。

從 1991 年至 2019 年，近 30 年的歲月裡，慈濟人發心立願從早期的賑災到後來的扶貧濟困，仍持續不斷地行走在或貧或傷的土地上，無論是第一批前往勘災的慈濟代表，或是長年奔走在各省做訪視的慈濟志工，他們與鄉親非親非故，卻心繫著老百姓的苦，憑著堅定的慈悲心和意志力，積極踏訪與膚慰，讓慈善的腳步也隨著大陸經濟發展而日益廣泛。

捌、結語：就地深耕　大愛永續

　　慈濟最早本土志工的足跡始自福建福鼎；而比福建志工更早投入的是臺商慈濟人，諸如上海的邱玉芬、廣東的薛明仁、葉碧峰、余勝雄、福建的黃喜三、郭純玲、北京的曾雲姬等人，他們藉著事業的因緣來到中國大陸，為救助當地貧苦，他們發心如初，秉持上人：「腳踏別人的土地，頭頂別人的天，取當地資源，用當地勞工，就應該要回饋當地」的理念，儘管當時善門難開，儘管過程好事多磨，他們仍以無比堅定的願力，在大陸這片廣大的土地上，力行自利利他的大乘法門。

　　在慈善項目上，從救急的糧食、衣被等物資發放，到安身的房屋以及學校的軟硬體援建；從醫療個案關懷到健康促進機構的設立；服務族群包含長者關懷及留守兒童的陪伴，甚至助學生的扶志專項，所有項目無不都是以「慈善」為根底，踏實地與「醫療」、「教育」、「人文」及「環保」等民生工程做了緊密的結合。

　　如今，慈濟在大陸的慈善足跡已然踏遍大江南北，扶助項目如今由點而線而面，例如北京慈濟志工為關懷助

學生發起「一月一家書」的活動，至今已推展到江蘇、吉林、遼寧等省，透過書信往返，彼此分享生活經驗與心得，重新為莘莘學子樹立正確的人生觀和價值觀；又如湖南志工在江西九祖祠發起鄉村振興計畫，重建當地民間慈善家風並入戶宣導環保。在福建，志工發起「捲袖之愛」的獻血活動，為當地醫療提供血庫之需。

在江蘇，志工推動「環衛工人全方位慈善關懷計畫」，以慈善、醫療等面向，長期照顧處於社會底層的環衛工人生活與健康。此項計畫自 2014 年起，5 年多來，已延伸嘉惠到湖南、廣東、天津、福建、四川、陝西、江西等地；在四川，慈濟成立環保教育園區，不僅宣導環保理念，也鼓勵群眾落實惜福節約的生活，從中也提供工作機會，讓社區貧苦者得以安定生活。

而這所做的一切，無非秉持慈濟創辦人證嚴法師「信己無私，信人有愛」的理念，只要力所能及，只要民眾有需要，慈濟人無不義無反顧地全力以赴。這不僅是對兩岸歷史的交代，也是對時代更迭的美善見證，更是對生命一分堅定不移的承諾。

（攝影／顏秀聰）

第三章
慈濟慈善發展：海外篇

佛教慈濟基金會執行長辦公室主任 **王運敬**

千百年來，人類的歷史，就是一部融合了愛恨情仇、悲歡離合與天災人禍的歷史。在這一部浩瀚的人類歷史中，最可貴的莫過於「愛」。愛的力量，可以撫平不安的心靈；愛的力量，更能化解世間一切災難。

回首過去，因為天災所造成的哀嚎聲，猶聲聲在耳；翻開歷史，因為人禍所毀壞的殘破家園，似歷歷在目。文明的進步，雖然帶來生活的便利，但卻無法保證人生的幸福；歷史的推展，雖然告訴我們殷鑑未遠，但卻無法避免災難的重演。

放眼世界，當全人類歡欣鼓舞迎接 21 世紀到來之際，天災人禍仍未曾間斷，多少的無辜生命受到威脅，心靈無所依怙！

佛教慈濟基金會，在臺灣經濟窘困的年代，開展慈善

濟貧的工作，隨著經濟發展、社會結構的改變、家庭功能的式微、社會價值變遷的挑戰及人口老化等，基金會的慈善工作領域，也隨著社會需要及問題多樣性，調整步伐，並展開無國界的國際人道救援，在海外設立分支會，已從本土化的慈善組織，發展成為國際性慈善團體。

至今，慈濟在全球：（截至 2020/12/31）

- 援助已經超過 119 個國家地區，並在 66 個國家地區有慈濟志工或設立分支機構，永續推動慈善援助工作。
- 在全球 16 個國家地區，援建永久性住房 2 萬 1,117 戶。
- 在全球 16 個國家地區、援建 242 所永久性學校。
- 在全球 57 個國家地區，提供義診 1 萬 7,028 場次，超過 338 萬人次受益。

人間半世紀，慈濟海外慈善工作在時間、空間、人與人之間與時俱進。時間，從過去至今已經超過 55 年；空間，從臺灣在地化到全球國際化；人間，以「感恩、尊重、愛」將臺灣「善實力」的社區志工系統，推向全球。

本章主要闡述慈濟在面對全球人類危機的環境下，如何思考解決問題的方法，更重要的是慈濟在全球推動人道援助慈善工作的核心價值、願景、使命、原則、模式、策略等，並概略描述慈濟的慈善發展概要。

壹、全球面臨的危機

　　依據聯合國以及世界經濟論壇相關報告指出，全球面臨的重大危機包含：

一、氣候急難：

　　全球的氣候變遷與異常現象，所引起的災難危機，將是人類未來最關鍵的存亡議題！尤其對人類健康的威脅之大、經濟損失之鉅，都可能超越人類科技所能預測與想像！

二、天然災害：

　　氣候變遷所帶來的災難影響，已經是人類必須面對的課題，而且需要提出解決方案的關鍵時刻。尤其看到普天

之下四大不調，五濁惡世，苦難偏多，氣候變遷造成各地災難四起，可以從媒體報導中看到災情，如佛陀所說「世間無常，國土危脆」，上人很擔憂人類的未來：「因為地、水、火、風、空是『五大』，地、水、火、風都發生在這個大空間，我們地球這一大片天，這樣的氣候全部都在變遷，氣候變遷不只是哪一個國家，而是全球籠罩在這樣的氣候變遷中。」

三、糧食危機：

因為氣候變遷以及天災加劇，生物多樣性受到破壞，再加上許多國家地區政治不穩定因素，以至於全球的糧食生產受到極大影響，或是糧食分配不均導致貧困問題惡化等。

四、衝突危機：

因為政治、種族、經濟、戰爭、人心失調等因素，以至於越來越多的人際衝突，造成社會不安，甚至於出現大量難民或流民的人道救援危機。

五、環境危機：

因為人類對於地球以及物種缺乏疼惜與愛護的態度，恣意以社會經濟發展或個人自由為理由，破壞環境、污染天地，以至於空氣、土地、水質等環境愈益惡化，更嚴重影響身體健康。

六、疫情危機：

2020 年 COVID-19 新型冠狀病毒全球肆虐，造成全球各國紛紛鎖國或封城，一億多人感染確診、超過數百萬人往生的全球性悲劇。雖然醫療進步，但是病毒隨著氣候與生態環境變化，從 SARS、禽流感、豬流感、伊波拉病毒到新型冠狀病毒，疫情的多樣性與影響性，對於人類而言，更是一大危機。

面對全球人類發展與地球永續的危機，身為以佛教精神為核心的慈濟慈善基金會，要用什麼樣的核心價值與全球慈善策略，來因應全球危機？

貳、全球慈善的核心價值、三大願景與四大使命

一、慈濟全球慈善的核心價值

面臨全球多樣化的天災，包含地震、風災、火災、水災，以及人禍衝突和疫情肆虐，所衍生出來的問題非常複雜與多元，加上各國的政治、種族、宗教、風俗、習慣等差異性，已經很難以有形的方法或工具去應對每一個複雜又多層次的人道危機，全球的慈善人道援助必須有一個非常明確的核心價值系統，支撐所有的慈善推展工作，才能永續！

因此，慈濟在全球慈善推展的過程中，最關鍵的就是慈濟的核心價值系統，這一套價值系統來自於正信佛法：「慈、悲、喜、捨」四無量心！若沒有大慈大悲之心，很難在困難重重、各式各樣的全球人道危機中，持續堅持超過半世紀！若沒有大喜大捨之心，很難在日益嚴重的災難中，匯聚更多善心能量，拔除膚慰世間苦難！

慈悲喜捨四無量心，開展出來的價值系統是：

・以大慈之心，開展慈善志業，守護苦難蒼生。

・以大悲之心，開展醫療志業，照護病苦生命。

・以大喜之心，開展人文志業，弘揚人性道德。

・以大捨之心，開展教育志業，啟發生命良能。

四無量心與四大志業的價值系統，四大合一，彼此環環相扣、節節相通。上人期待能「以理啟事，藉事顯理」，佛法的四無量心，在現代社會中就是「尊重生命、肯定人性」的體現。也因為佛法的四無量心，因此「大愛無國界」、「付出無所求」、「感恩、尊重、愛」的慈善精神，才能得以充分展現！

也因為佛法的四無量心，慈濟在全球慈善推展的過程中，才能一直不斷地強調：跨越種族、政治、宗教、語言、膚色等藩籬，在全球為苦難蒼生不斷地付出再付出！

這也就是為什麼當有人提問：為何慈濟會在非親非故的其他國家地區進行人道援助？我們的答案很簡單：因為我們認為「無緣大慈、同體大悲」、「人飢己飢、人溺己溺」、「全球生命共同體」是我們生命中最重要的價值情懷！

二、慈濟全球慈善的三大願景與四大使命

　　慈濟在全球各地的慈善推展，因地制宜而有不同的慈善方案、規模、形式等等，但是都有相同的願景和使命！

　　（一）慈濟的「三大願景」

　　1. 人心淨化似清晨：

　　在世界各地的海外慈善工作，從一般的慈善濟助、急難救助到專案援助，除了有形事項的推動之外，更重要的是促進無形的心靈淨化。上人期待，唯有心靈找到正確的生命價值觀，以正知、正見、正思維引導正確的生命方向，人類和地球才能邁向健康、幸福和永續的發展。為了達到這項願景，慈濟的全球慈善工作，並非只有一般的大型發放或提供物資，更重要的是進入家庭，與人互動，讓他們感受到溫暖與心靈的依靠！

　　2. 社會祥和息紛爭：

　　無論是天災、人禍或疫情，如何能在民眾受災時，還能維持社會的祥和與穩定，這需要非常強大的愛心能量系統，才有可能避免受災後社會紛擾不斷的災災重疊人間慘劇！因此，慈濟在全球的慈善援助行動，心心念念都在

思維，如何透過人道援助，促進種族融合、宗教和諧、人人互助、貧富互愛的社會祥和境界。也唯有社會祥和，才是災難中重新綻放生命光輝的最重要磐石！

3.天下無災無噪聲：

因為我們深知全球是生命共同體，所以不能只有獨善其身，必須兼善天下。天下平安，個人才能平安！因此，慈濟人的價值觀是：走出個人生活圈，邁向天下苦難之處，唯有共同締造「大愛共伴、造福行善」的全球共善之合作結構，才能有效減緩或是預防災難的發生。

所有慈濟在全球的慈善行動，無論展現的形式樣貌為何，終其努力的目標就是三大願景：人心淨化、社會祥和、天下無災難！

（二）慈濟全球慈善的「四大使命」

「慈善」讓苦難生命有尊嚴！透過慈善的援助行動，讓受災受難的生命，有所依靠與尊嚴。

「醫療」讓病苦生命有品質！透過醫療的照護行動，讓身受病苦的民眾，感受優質的生活。

「教育」讓脆弱生命有希望！透過教育的啟發行動，

讓迷茫無助的孩童，擁有生命的希望。

「人文」讓迷茫生命有價值！透過人文的傳播行動，讓在瘋狂慌亂的社會，找回人性的道德。

從上述的四項使命中，淬煉出慈濟獨有的慈善循環系統「教富濟貧　濟貧教富」！所謂「教富濟貧」意即：無論慈濟人在全球何方，都會努力邀約富有愛心的人士，共同加入志工行列，一起為救濟貧困民眾而努力！一則可以增加善行能量，二則可以促進社區互助，邁向社會祥和的願景。所謂「濟貧教富」意即：當慈濟在救助貧困者或災民時，除了讓他們有被尊重的感受之外，更重要的是，讓他們走出災難與悲情最好的方式是：協助他們轉換心念，雖然受災或受苦，但也擁有幫助別人的力量！從手心向上的受施者，變成手心向下的佈施者！

若能達到「教富濟貧　濟貧教富」的境界，循環相生，永續不已，則社會必定祥和無爭！因此慈濟在全球每一項的人道援助工作，都緊緊地環扣在上述的使命目標！

參、全球慈善的五項原則、六安模式與十二項策略

一、全球慈善的「五項原則」

慈濟的全球慈善與賑災，一路走來，備嘗艱辛。除了以慈悲大愛為中心之外，更以「直接、重點、尊重、務實、及時」為原則，進行各項慈善救援工作。

（一）直接：為傳達慈濟人最直接的關懷，必須親自將賑災物資交到災民手裡，更重要的是建立起佈施者與受施者的愛心連結關係，進而產生見苦知福與「教富濟貧、濟貧教富」的愛心循環效應！

（二）重點：天下苦難太多，而愛心資源有限，只能選擇最為嚴重或是最缺乏關懷的災區與災民。

（三）尊重：以謙卑感恩之心情，尊重當地生活習慣、宗教信仰、民情風俗與人文，提供關懷與協助。

（四）務實：確實評估災民之需求，提供最需要的救援物資。也因為以災民需求為導向，慈善援助才能永續。

（五）及時：在災民最需要之際，及時提供人道救援。除了符合災民期待之外，更重要的是及時援助具有安撫民

心以及促進社會穩定的功能。

除了樹立原則之外，慈濟的全球慈善更重要的是展現了一種「感恩、尊重、愛」的人文情懷。

（一）心懷感恩：因為在人道救援過程中，除了提供災民賑災物資之外，慈濟人更從災民身上體會世間的無常與人間的悲苦，所以除了送上一份溫情之外，慈濟人心中油然生起感恩之心，而在與災民互動中的擁抱、微笑與彎腰，就是感恩的展現。

（二）尊重生命：大愛無國界，生命無貴賤。慈濟人尊重生命、疼惜災民，推己及人，充分展現「老無老以及人之老，幼無幼以及人之幼」的胸懷。

（三）大愛情懷：慈濟人不分宗教、種族、國界、膚色的開闊胸襟，將眾生平等的理念具體落實在國際賑災工作，只要天下蒼生有苦難，慈濟人的援手就伸向那裡。這一份沒有界線的愛，穿透了時間，跨越了空間，飄然灑落在人與人之間。

遍布在全球五大洲超過六十多個國家的慈濟人，將慈善的原則運用到國際上，所以每當有國家地區發生災難

時，當地及鄰旁的慈濟人，或是結合國際慈善組織的力量，立即就近展開救援行動，使慈濟的慈善賑災工作，由點而面，織成一張縱橫綿密的大愛菩薩網，為天下苦難眾生作依怙。

二、全球慈善的「六安模式」

慈濟在全球慈善的模式，依據短期急難、中期安頓、長期重建等三大時間階段，推動「六安模式」：安心、安身、安生、安學、安居、安養山林。

（一）安心：

當民眾受到重大災難的影響時，重則親友傷亡、輕則房屋財產受損等，在心情與情緒上，都是處於極端慌亂與悲傷的感受中，因此在短期急難階段，如何安定災民的心是最關鍵的關懷行動。因此慈濟人在第一時間抵達時，必定先到災民收容之處或醫療院所，進行心靈關懷與陪伴帶動，產生膚慰與安撫情緒的功能。只要災民心安，相關的援助工作便能順利進行。

（二）安身：

如何讓災民安心的方法，最重要是提供他們在當時最需要的食物、日常生活以及衣物用品等，而且是提供品質良好的物資，加上具有尊重與感恩的發放態度，輔以醫護團隊的義診或提供藥品等照顧，災民即可在短時間內獲得身心安頓的感受。

（三）安生：

進入中長期安頓階段時，如何能讓災民在災後的 3 個月到 2、3 年的時間，家庭生活能穩定下來，無論是民生物資、安身之處、謀生技能等各方面，都必須與當地政府和相關單位共同擬定中期安定災民生活的慈善援助項目與計畫。

（四）安學：

受災地區最容易受到影響的弱勢群體就是孩童。他們無論在面對災難的情緒處理、生活適應等各方面，都必須特別關懷和照顧，因此如何在短中長期的援助階段，為孩童提供良好的持續性教育以及教學品質，包含獎助學、課業輔導等，甚至於提供學校重建計畫等等，都是災後非

常關鍵的教育援助行動。

（五）安居：

無論在大型的地震、風災、水災過後，重災區的房舍可能都受到嚴重程度的影響，因此如當地居民有需要、政府期待永久性住宅，慈濟就會進行興建大愛村的計畫評估。但是政府必須無償提供防災安全、平整、交通位置良好的土地面積，並負責處理水電道路等公共設施，輔以提供詳細受災民眾的戶口資料，慈濟才能進行援建工作。不僅是援建永久屋，更重要的是進行社區重建，因為在完整的社區裡，慈濟將規劃住房、醫療設施、學校，以及依不同宗教所需要的信仰中心或活動中心等等。

我們的核心概念是：受災後的重建工作，最重要的並不是讓災民回到過去，而是要讓災民們比過去生活得更好！全家人有更好的家庭生活、病者有更好的醫療設備、孩子們有更好的學校環境、社區裡人與人之間的情感更為凝聚！大家的生活更為平安、更有保障。

（六）安養山林：

從短中長期的慈善援助項目中，慈濟除了以人為本、

以災民為中心的思維之外，更重要的是都還考慮到「與地球共生息」的永續性慈善發展！不僅要追求人類永久安居，也要同步兼顧大地山林的永續發展。例如，就長期援建而言，為了保護山林，也為了防災減災思維策略，援建大愛村的地點選擇，應該以遠離山區的平地為主。讓山林有安養的機會，如此才能避免二次災難的發生。

三、全球慈善的十二項系統性策略

從上述全球的人道危機，到慈濟的核心價值、三大願景、四大使命、五項原則與六安模式，產生了慈濟在全球慈善推動執行的十二項「系統性策略」！

（一）以「直接執行」為重點

從 1991 年開始，慈濟投入國際賑災與全球慈善工作，在初期因為海外慈濟人非常少，所以有許多的方案，都是由臺灣本會直接執行，直接派員深入勘察、研判災區重點，親自發放救援物資，或親自監造住屋、學校等，方案進行中定期追蹤評估。例如 1991 年大陸賑災工作、1993 年尼泊爾水患援助計畫、1999 年北朝鮮人道援助計

畫、1999 年土耳其大地震援助方案等等，都是由本會直接進行援助計畫與方案的執行。

（二）以「海外承擔」為廣布

隨著海外分支機構陸續成立，全球慈濟人也開始累積許多慈善賑災經驗，加上本會定期舉辦全球性的慈善教育訓練與經驗分享，海外慈濟志工紛紛開始承擔國際賑災與當地的慈善援助工作，無形中分擔了許多本會在全球慈善的負荷。不僅在援助方案的執行方面海外慈濟人紛紛承擔之外，包含慈善所需的款項，海外慈濟人也都秉持「取之當地、用之當地」的就地取材精神，募集在地的愛心資源，投入在全球慈善工作。因為目前全球慈濟人的分佈已經超過 60 個國家地區，因此，這一份照護全球的愛心能量，也隨之廣佈全球，形成慈濟在全球的愛心保護網絡。例如印尼、馬來西亞、美國、加拿大、大陸等慈濟志業機構，都已經具有充沛的人力和資源，承擔起當地慈善或國際慈善所需要的愛心能量。

（三）以「聯合執行」為搭配

因應全球大型災難不斷，有許多國際災區的慈善援

助計畫，其規模之大、災區之廣，必須本會聯合海外分支機構的愛心能量，一起進行全球慈善賑災工作。例如南亞海嘯，本會聯合印尼、馬來西亞、新加坡、泰國、菲律賓、美國、加拿大等全球慈濟分支機構一起在印尼亞齊、斯里蘭卡漢班托塔、泰國和馬來西亞等災區進行賑災行動；又例如 2019 年非洲伊代風災，本會聯合非洲慈濟人以及其他國家的慈濟團隊，一起進行急難賑災與義診工作。

（四）以「四大合一」為推動

所有全球慈善的推動，除了慈善援助之外，還有包含醫療關懷、教育支持和人文啟發。慈善、醫療、教育、人文四大一體，醫療讓慈善援助更為完整，教育讓慈善援助更有深度，人文讓慈善援助更有愛心影響力，四大合一，環環相扣，缺一不可。因此四大合一的全球慈善推動策略，是慈濟在全球人道援助中，最有影響性的特色。例如在印尼援建的大愛村中，除了慈善的急難關懷和援建永久屋之外，還包含提供義診以及興建義診中心、設立學校並帶動環保等人文發展。

（五）以「國際合作」為支持

透過與具有豐富國際援助經驗以及良好信譽的國際組織合作，藉其對受災地的深刻了解，以建立溝通管道、運補網絡，由慈濟實地派員審查計畫、提供經費或相關援助物資，確認援助計畫切實執行與定期報告，此國際合作模式可順利進行相關援助行動。例如與法國「世界醫師聯盟」（MEDECINS DU MONDE，簡稱 M.D.M.）合作在衣索比亞的醫療援助方案以及 2020 年合作全球防疫物資運送到最困難的國家和地區、在 2001 年印度大地震後與「國際關懷協會法國分會」（CARE France）合作援建大愛村，在 2015 年與明愛會、希利基金會合作在獅子山進行受伊波拉病毒影響區域的援助計畫等。

（六）以「地方合作」為關鍵

所有的全球性慈善援助行動，要能落實在當地，都必須與當地政府或相關單位進行合作，才能讓慈善援助方案真正落地並且持續推動，例如災民名冊的取得、受災資料、援建永久屋時的身份認定、援建所需的土地和公共設施等相關事宜。因此在慈濟的全球慈善推動過程中，地方

合作是能讓人道援助行動確切執行的重要關鍵。例如臺灣和印尼以及許多國家地區，都與當地政府簽訂「合作共善」備忘錄，發揮愛心能量的綜合效應！

（七）以「社區志工」為永續

因為慈濟的全球慈善方向除了進行援助計畫之外，還肩負一項非常關鍵的願景目標：淨化人心！因此，如何能讓慈善援助行動為起點，以淨化人心為願景，這一條永續性的慈善道路，發展在地的「社區志工」是核心重點！如果在地的社區志工愛心能力很充沛，未來的慈善援助行動就會源源不絕！而且，我們認為慈善援助除了救急救難之外，更重要的是產生預防作用！也就是以防災韌性社區為基礎的預防結構，社區志工的培育與發展，更是其中最關鍵的人力與動員核心！因此在南非的慈善援助過程中，已經帶動成千上萬的在地黑人志工，彼此互助，形成互愛和諧的慈悲社區！例如在 2008 年緬甸納吉斯風災過後，慈濟進行短中長期的援助計畫，並培育當地社區志工，目前也已經有上千位緬甸農民加入志工行列，當在地有災難發生時，就能立即發揮互助的精神！

（八）以「宗教融合」為凝聚

慈濟是一個以佛教精神為基礎的慈善機構，但是面對全球多樣性的宗教信仰，如果希望能發揮慈善人道援助的影響力，我們不但心懷跨越宗教的情懷，更必須以「宗教融合」為凝聚，推動全球慈善工作！例如在信仰天主教的菲律賓，海燕風災過後，我們立刻進行教堂興建計畫；在信仰伊斯蘭教的印尼，南亞海嘯過後援建永久性大愛村，興建清真寺是最重要的重建項目。若希望全球能同心面對不可預知的災難危機，跨宗教信仰的融合與凝聚，是非常關鍵的重點。

（九）以「族群互助」為目標

在世界各國都會面臨不同形式的種族或族群問題，而在災難援助的過程中，族群之間的矛盾可能會被激化或加深其衝突性！因此，如何能化危機為契機？如何利用災難過後的人道援助行動，在全球多樣性的尺度上，產生「族群互助」的可能性，就是慈濟在全球慈善推動的過程中，非常重視的關鍵。例如：在 2002 年印尼紅溪河水患的整治計畫和五管齊下的計畫中，慈濟不斷透過各種援助

行動，促進印華之間的和諧以及貧富之間的互助情感！例如2013年菲律賓海燕風災過後，慈濟努力帶動菲律賓災民共同協助清掃華人商店街，而華人也因此投入慈善援助菲律賓災民的行列！

（十）以「環境保護」為帶動

聯合國專家不斷呼籲，地球災難頻傳的關鍵因素，就是人類破壞環境大地，因此如何在全球慈善方面，推動防災減災的重要行動，其實就是「帶動全球人人做環保」！如果將人類危害地球的因素降到最低，就成為「智慧防災」的關鍵行動！所以慈濟努力在全球推動慈善的過程中，都會進行「環境保護」的帶動策略，從鄉村到城市，從社區到家庭，從個人到全球，環境保護的帶動，成為慈濟全球慈善防災減災策略的重要環扣！

（十一）以「專業參與」為團隊

在全球慈善的推動中，專業團隊的參與，非常重要！例如醫療關懷需要醫師、藥師和護理等專業團隊；教育支持需要有教師專業團隊；人文啟發需要傳播專業團隊；援建大愛屋、醫院、學校等，更需要建築設計專業團隊。因

此在全球慈善推動的策略中，有專業團隊的參與，更能提升慈善援助的品質。

（十二）以「慈悲研發」為創新

面對全球各地災難的多樣性與差異性，全球慈善的援助工作必須創新研發、與時俱進！慈濟以「愛護地球、悲憫眾生」的思維成立慈濟國際人道援助會，這是由一群臺灣實業家志工組成，為能讓慈濟急難救援更掌握時效、及時配合供應災區志工的援助工作及物資需求，以慈濟大愛、無私奉獻為精神依循所發起。上人敦示，「成員需重視天下災難，從細微處觀察，見苦知福，受到啟發後，就會設身處地，以疼惜災民的心研發賑災物資。」

慈濟研發的志工團隊，秉持著環保理念研發各式利於救災之物資，以協助提高慈濟賑災效率；以「食、衣、住、行、資訊及研發」為架構，設立食品、衣著、住屋、運輸、資通訊及綠能 6 組，因應緊急災難災區的物資供應及環保意識，結合慈善與環保，體現人道精神與創新觀念。

相關各類研發重點內容，請詳見第六章防災減災策略模式。

肆、Total Solution 全球性的解方與計畫

面對全球發展所衍生的各項重大問題與人道危機，慈濟依據核心價值、原則、模式和策略，擬定以解決問題為導向的計畫與方案，以符合聯合國永續發展 17 項指標 UN SDGs（Sustainable Development Goals），簡要如下：

一、面對氣候危機　推動「防災減災與應災」計畫

（一）防災計畫：

慈濟結合高端專業防災機構，簽訂合作備忘錄，共同建立防災跨界合作系統，包含氣象單位、地震工程研究單位、水利整治單位、防災科技網路單位等，以超前預測的方式，掌握災前訊息，做好防災準備。並以防災教育推廣，在臺灣先設立「防災教育中心」，將災難相關科普知識，普及社會大眾，以全民之力共同防災。

（二）減災計畫：

除了過去災難發生後，慈濟協助災區學校硬體重建之外，慈濟更首先在臺灣推動「減災希望工程」，為結構脆弱可能導致地震造成傾倒或傷亡的學校，先進行拆除重

建工作，以避免傷亡，保護師生安全。至今慈濟已在臺灣援建 26 所減災希望工程。

（三）備災計畫：

針對全球各地災難頻傳，慈濟在臺灣以及全球各地，以航運交通等各方面因素為考量，設立慈善援助物資倉儲以及慈悲科技品項，將援助物資事先籌備，包含環保毛毯、香積飯等各類救援物資等。

（四）應災計畫：

為災難發生後的短中長期援助計畫，慈濟在全球進行慈善人道援助團隊的教育訓練，將慈濟援助模式以及策略系統，進行模擬演練，強化全球各地的應災能力。

二、面對全球貧窮問題　推動「大愛共伴、造福行善」計畫

（一）糧食援助計畫：

在全球各地因應貧困地區與受災地區，進行長期性與專案性的糧食援助計畫，包含大米、麵食、玉米等符合當地主食習慣的品項，以及提供淨水設備之援助，提供良好民生飲用水質，以扶助貧困弱勢家庭維持基本生活所需。

（二）民生物資援助與安居就業計畫：

　　針對全球各地弱勢家庭，提供除了糧食之外，日常生活物資品項之所需，讓弱勢家庭維持基本生活品質。推動「安穩家園、美善社區」計畫，協助獨居、中低收入家庭，打造「安居」生活環境；帶動人人參與慈善，互助增能，提供技能職業訓練與就業計畫，營造永續發展社區。

（三）醫療義診健康促進計畫：

　　針對全球醫療困乏或受災之區域，結合慈濟醫療志業與全球人醫會和醫療相關組織之能量，提供醫療關懷、義診服務、衛教宣導、健康促進等計畫，並促進長者健康、建置社區關懷據點、扶持社區高風險與弱勢家庭，提升生命品質，以增進人類之健康福祉為目標。

（四）教育支持計畫：

　　針對全球貧困弱勢家庭及區域，提供教育支持計畫，包含提供學生獎助學、文具用品、教育設備、課業輔導、教師專業增能等，乃至於興辦學校、援建永久校舍，希望透過優質的教育支持，為孩童提供良好的教育環境，徹底翻轉貧困命運，打破貧窮循環，從扶貧扶困轉而進入脫貧致富！

三、面對價值衝突危機　推動「淨化人心、祥和社會」計畫

（一）宗教融合、人性互助計畫：

透過聯合國跨宗教合作平台，連結各宗教的影響力，在全球各地透過慈善、醫療、教育、環保等合作，促進宗教融合、人類互助的風氣，推廣讀書會、入經藏演繹等，希望為社會祥和注入永續的愛心能量。

（二）弘揚孝道、人文揚善計畫：

因應全球家庭價值式微，人心混亂，慈濟在全球各地推廣親恩浩連天之《父母恩重難報經》公演，並在各國家社區設立親子班與活動，促進孝道倫理價值，並以人文志業之大愛臺、廣播、網路、電臺等，弘揚人性真善美，為提倡生命價值、淨化人心而努力。

（三）心靈脫貧計畫：

慈濟在全球推動「竹筒歲月」、「八分飽兩分助人好」、「米撲滿」等計畫，讓全球各地一般民眾與深陷貧困所苦的人民，都有機會發一念善心，助人為樂，進而創造出「轉貧為富」的心靈價值、締造「富中之富」與「貧中之富」的人生。

（四）關懷難民與流民計畫：

　　針對全球受到政治、戰爭、經濟、天災等因素影響，而成為國際難民與境內流民，善盡國際社會責任，建立全球性合作網絡，與聯合國、國際非政府組織、海外慈濟人、當地政府與機構等合作，提供慈善物資人道援助、醫療關懷、教育補助、人文促進等方案，讓難民與流民能身心安頓，早日回歸平安幸福生活，進而促進世界平安。

四、面對全球環境危機　推動「清淨在源頭」計畫

　　（一）推動垃圾減量、資源回收計畫：

　　為保護地球永續發展，人類的垃圾必須減量，並且需要倡導循環經濟概念，資源回收再利用，創造循環經濟，地球方有永續的可能。因此全球慈濟人無論身在何方，努力推動垃圾減量與資源回收的觀念，並以身體力行，帶動當地民眾，投入環保行列。建立人與土地、人與自然、人與人的友善和諧關係。針對水資源、空氣污染、垃圾等環境問題，結合環保團體共同推動綠色永續環境。

（二）提倡蔬食、減少塑膠計畫：

依據聯合國專家指出，蔬食對於全球減碳具有非常關鍵的正向作用，因此如何能提升全球蔬食人口比例，減少碳排放，並力行減少塑膠用品，促進地球永續，是全球慈濟人努力推動的目標。

（三）環境教育合作推廣計畫：

如何將正確的環境保護觀念，以教育方式進行推廣，擴大環保影響力，慈濟推動環境教育師資培育計畫、環保教育基地認證、校園環保巡迴宣導講座等，將環保觀念深植一般民眾與孩童心中。

（四）清淨在源頭、簡約好生活計畫：

人類的慾望需求永無止盡，除了後端的資源回收與保護之外，從人人觀念源頭開始進行教育，減少慾望，減少浪費，以簡約方式過生活，減少對地球有限資源的開採，這才是清淨在源頭的永續之道！因此，慈濟在全球透過人文志業與各項合作、環保教育等方式，進行觀念推廣。

五、面對全球疫情危機　推動「尊重生命　用愛防疫」計畫

（一）尊重生命計畫：

有鑒於各式各樣的疫情出現，均與宰殺動物生命密切相關，因此，如何預防與降低疫情影響，推廣尊重生命的價值觀、推廣蔬食，減少全球宰殺牲畜，並做好環境衛生管理，即能有效防止疫情出現。

（二）日常防疫計畫：

推動勤洗手、出入公共空間攜帶口罩、維持社交距離等基本日常防疫觀念與行動，對於疫情傳染，具有有效的遏止作用，即能保障生命健康。

伍、慈濟在全球各大洲推動慈善歷史概要

全球慈濟人在上人以「為佛教　為眾生」的理念引導下，在全球開啟慈善助人的志業。並依循上述之核心價值、三大願景、四大使命、五項原則、六安模式、十二項策略與相關慈善計畫及方案，依各國不同的政策、宗教、民情、法令，以及災情等因素，努力在全球各地展開各種慈善行動。以下為慈濟人在各大洲推展的歷史概要。

一、亞洲

1991 年強烈颱風侵襲孟加拉後，暴風雨、龍捲風、地震接踵而至。災害造成超過十三萬九千餘人死亡，數百萬人無家可歸。由慈濟美國總會發起募捐活動，其款費交由國際紅十字會統籌運用。

蘇聯解體，撤走原設於外蒙的所有民生工業、技術人員。外蒙古嚴重缺乏糧食與各項民生物資，1992 年冬社會陷入困境，嬰兒營養不良面臨死亡威脅。慈濟一千四百餘箱奶粉、衛生衣褲、外套、長褲、帽子、襪子、毛毯等 39 噸重衣物，濟助孤苦兒童、老人等。

1993 年尼泊爾大水，慈濟在馬克萬普、勞特哈特、薩拉衣 3 縣 4 處重建區，由慈濟進行建屋設計、社區規劃，於 1994 年 2 月動工，次年 6 月完工，共建 1,800 棟房舍，安頓受災最嚴重災民。2015 年尼泊爾大地震，慈濟立刻進行急難救援以及災區重建復原工作。

1994 年柬埔寨澇害後，不幸接著發生大旱災，導致嚴重缺糧危機。多次提供抽水機及柴油、機油、白米、穀種、救護車、醫療器材、援建學校教室。近年來也因為大

水患因緣，慈濟開始在柬埔寨進行有系統性的慈善援助行動，並開始在當地培育社區志工，為永續慈善厚實基礎。

慈濟於 1995 年起在泰北為滇緬邊境流亡部隊家庭之生活援助，推動 3 年扶困計畫，包含慈善、興建泰北慈濟中小學、醫療關懷、農作輔導。伴隨泰國分會據點成立，慈善志業落實社區化，志工聞災救苦難，並深耕社區關懷貧困居民。近年來，泰國慈濟人更與聯合國難民總署合作，為滯留在泰國的國際難民提供多元化的義診醫療服務以及生活補助。

北韓因連年天災，人民生活困頓，慈濟經慎密評估實勘後，自 1997 至 1999 年間展開冬衣、食品、化學肥料、幼兒奶粉、大米等援助行動。2009 年逢全球金融海嘯重創，特馳援朝鮮萬壽臺海外開發會社集團 4,000 戶家庭、約 1 萬 6,000 人過冬糧食。2011 年因氣候變遷、接連豪雨所造成的糧荒危機，使得北韓陷入缺糧窘境。慈濟進行蒸穀米、奶粉等發放，以緩解缺糧之苦。

越南自 1998 年起，舉辦大型義診活動，嘉惠貧苦病患。近年來因越南經常遭逢水患，慈濟與當地政府合作，

提供淨水設備與物資援助計畫,讓當地災民度過艱困階段。加上平常的慈善關懷、定期發放,越南慈濟的慈善行動,已經獲得當地政府認同與肯定。

新加坡之慈善志業推動,起於 1991 年,志工走入當地醫院進行醫療志工服務,而後 1993 年據點成立,更加落實慈善「在地化」的關懷,積極走入社區,近年來更推動社區關懷機構、醫療服務機構、教育社區化、青年活動中心等多元化慈善發展;同時,亦積極參與斯里蘭卡、柬埔寨義診等跨國慈善援助之工作。

慈濟於 1992 年即在香港設立據點,初期除了為推展在地志業外,也因兩岸關係,為大陸賑災能更加順遂進展而成立。以元朗盲人安老院的機構關懷,為志業起步,之後與沙田醫院建立密切的合作互動關係,亦成為慈濟在香港推動社區志工的最大助力。爾後,伴隨環保意識的提升,慈濟環保理念大獲認同,環保據點也如雨後春筍般,在各社區成立並發揮其功能。

馬來西亞自 1989 年開始在當地推動,1991 年開始有首例個案,並分別於檳城和馬六甲正式成立據點,致力

於慈善之推展，也由於馬來西亞慈濟人的用心推動，目前從慈善救助、設立醫療義診中心與洗腎中心、建立國際學校與幼兒園、推廣平面與網路傳播等人文志業，再加上全馬各地的環保站設立，可謂四大志業同步啟動，慈善全面開展。從急難救助、個案關懷等等，其慈善深度化的程度，可為慈濟在海外的學校典範。同時，馬來西亞慈濟亦積極參與跨國援助之工作，包含印尼和尼泊爾地震援助、南亞海嘯的大力支援等等。馬來西亞的慈善能量，成為慈濟在全球非常重要的一股支柱力量。

汶萊之慈善志業推動，自 1992 年據點成立以後，落實慈善工作「社區化」，積極走入各地社區，關懷低收入階層之貧病者、遭逢意外災害者。

1991 年在日本成立分會，關懷旅日個案之急難或翻譯工作。於華航空難和阪神地震等大型災難時，多次投入急難賑災工作。尤其在 2011 年的大地震海嘯，慈濟結合全球愛心力量，在日本災區進行大型急難救助計畫，志工分批進入災區協助物資發放、烹煮熱食，膚慰災民不安的心。3 月 11 日下午 2 點 46 分（臺灣時間 1 點 46 分），

日本宮城縣 130 公里外海發生芮氏規模 9.0 的地震，隨即引發大規模海嘯，影響範圍包括東北、北海道、關東等日本東部地區，其中以岩手、宮城、福島等東北諸縣為甚，造成屋毀、核電廠受損、煉油廠起火，許多城市形同大型廢棄物回收場。慈濟基金會從 3 月 14 至 23 日陸續空運了 1 萬 7,000 條環保毛毯、1 萬條披肩、5,000 公斤香積飯，以及其他相關物資。慈濟同時發放見舞金（急難慰問金），發放戶數：自 6 月 9 日至 12 月 4 日（10 梯次），共發放 9 萬 6,974 戶住宅被害見舞金（慰問金），嘉惠對象：岩手縣（陸前高田市、大船渡市、釜石市、大槌町、山田町、宮古市、岩泉町、田野畑町、野田村、久慈市、洋野町）宮城縣（氣仙沼市、南三陸町、女川町、東松島市、石卷市、松島町、利府町、名取市、多賀城市、塩竈市、七ヶ浜町、亘理町、山元町）福島縣（相馬市，以及避難至山梨縣與群馬縣的福島核災災民）。並一直關懷受災戶至今！

自 1995 年 4 月起，慈濟人即在菲律賓定期舉辦大型義診活動，嘉惠貧苦病患。2009 年凱莎娜颱風肆虐、首

都馬尼拉重創。慈濟展開垃圾清除、消毒、發放、義診等救援行動，同時策劃「以工代賑」計畫。開啟慈濟賑災史上的新篇章。2013 年海燕風災，慈濟為獨魯萬、奧莫克等進行急難賑災、以工代賑清理家園、援建簡易型的大愛村超過 2,000 戶，並後續提供職訓計畫、與當地政府簽訂環保推動合作備忘錄、帶動當地志工推動永續慈善等，為世紀性的災難，帶來煥然一新的城市風貌，也為宗教合作、族群融合寫下感人肺腑的篇章！菲律賓慈濟以醫療為起頭、以慈善賑災為主軸、以建立義診醫療中心為重點，在全菲律賓同步開展慈善志業，希望為充滿地震、颱風、水災、土石流、人禍衝突等複合性災難的菲律賓，注入源源不絕的慈悲愛心能量，作為受災受苦民眾最佳的後盾與支持！

印尼屬於千島之國，鄉下醫療資源缺乏，加上經濟動盪，民眾普遍貧困。1998 年排華暴動驚動全球，許多在地經商華人飽受傷害與驚嚇。上人叮囑當地志工應「取之當地、用之當地」，並與黃奕聰老先生見面殷殷勉勵回歸當地社會。此外，許多華人企業家用心投入，齊心推動

志業。多年付出下來，從被排斥轉而被接受，「臺灣慈濟」更深受當地政府與民眾之肯定，並打破宗教信仰之藩籬，慈濟成為當地社會之主流。2002年雅加達紅溪河水患，兩岸貧民生活更陷困境；慈濟推動「五管齊下」紅溪河整治與援助行動，包括抽水、消毒、跨國大型義診及大愛村、教育援建。2003年慈濟與臺灣農委會合作，在印尼發起大米發放援助計畫，縮短貧富差距並解決當地貧困糧食短缺問題。2004年底南亞海嘯則重創蘇門答臘亞齊地區。慈濟發起全球「大愛進南亞，真情膚苦難」援助行動，進行民生物資發放、義診及大愛村、教育援建。之後印尼陸續發生的大型地震、土石流等重大災難，慈濟都立即推動短中長期援助計畫。印尼慈濟在當地陸續推動建立醫療志業、國際學校、人文志業大愛電視臺等，四大志業同步推動，為慈善發展奠定穩定基礎。

約旦位處中東，鄰國長年因戰爭、內亂等，爆發難民潮，流亡約旦邊界地帶。1997年慈濟約旦成立後，即致力慈善工作「在地化」，並與約旦皇室合作，關懷當地貧困與沙漠貝都因人。並於美伊戰爭期間，援助難民，發

放物資，並關懷多家孤兒殘障機構。行有餘力，約旦慈濟人也前往支援中東鄰近國家的援助工作，例如伊朗地震賑災等。

阿富汗內戰連年，人民死傷甚重。1998 年北部發生強烈地震，四千多人喪生，3 萬戶災民無家可歸。慈濟與洛杉磯騎士橋國際救援組織合作，提供抗生素等醫療藥品，二度冒險送到巴米揚省。

1999 年 8 月至 11 月間，土耳其陸續發生強震，造成上萬人死亡。慈濟立即展開救援行動。援助毛毯、防水床墊等物資，並援建 300 戶大愛屋、德沙那小學 4 間簡易教室。此次賑災機緣，促成 2000 年 1 月 15 日在當地正式成立聯絡處。2011 年敘利亞爆發內戰，難民潮湧向歐洲，土耳其提供庇護，截至 2014 年間境內約收容近百萬難民。土耳其慈濟人開啟境內敘利亞難民援助的第一步。針對童工家庭、特困戶家庭提供生活補助，以及一般貧困家庭每月發放購物卡，也提供急難救助、冬季燃料費補助；2015 年成立滿納海學校、2016 年成立義診中心。從生活急難、醫療幫助到教育脫貧，以慈濟人文慰問難民

家庭，展開身心靈全方位的關懷行動至今。

1999 年 9 月東帝汶發生動亂，陷入無政府狀態，民眾流離失所。澳洲分會購買 70 噸大米及醫療用品，襄助澳洲達爾文機構援助東帝汶「愛心船計畫」，並援助大米、醫療用品。

2001 年元月印度古茶拉底省發生強震，二萬餘人死亡，災情慘重。慈濟與法國關懷基金會（Care France）合作，簽訂「印度古茶拉底省整合性重建計畫」方案，兩年內針對重災區可達村，興建 227 戶房屋，並提供飲水、教育、職業訓練等整體復建計畫。由馬來西亞慈濟人承擔此次國際援助計畫。此方案亦是慈濟基金會與法國關懷基金會首次合作。2020 年新型冠狀病毒疫情，則與印度靈醫會、仁愛修女會、藏傳佛教等多個跨宗教組織合作，提供口罩等防疫物資以及進行紓困扶貧計畫。

九一一事件引爆美伊戰爭，造成伊拉克嚴重的難民潮。由臺灣、美國、約旦三地慈濟人合作，展開國際援助計畫，援助醫療用品、民生用品及食品。

2003 年 12 月底伊朗古城巴姆發生強震，全市逾半

數人口傷亡。由臺灣慈濟本會統籌，結合約旦、土耳其慈濟人進行救援行動。援助毛毯、罐頭及 2,500 噸大米等物資，並進行急難醫療援助，義診逾 600 人次。隨後並展開巴姆慈濟希望工程，援助當地 5 所受災學校重建。

2004 年底南亞海嘯，災情波及多國，斯里蘭卡亦為受災國家。慈濟發起全球「大愛進南亞，真情膚苦難」援助行動，進行民生物資發放、義診及大愛村、教育援建。總計援建近 700 戶大愛村，其中包含中小學、義診中心、活動中心等，是一個完整的社區規劃。同時也在當地落實社區志工，由新加坡慈濟人一起協助在當地推動慈善工作。

2005 年 10 月巴基斯坦發生強震，災情波及巴國、印度和阿富汗。由臺灣本會統籌，結合約旦、土耳其慈濟人進行救援行動，而後，東南亞各國慈濟人群起響應，援助食品、毛毯等民生物資及進行義診。2010 年 7 月底爆發嚴重洪澇，造成該國近 80 年來最嚴重的大洪災；受災地區之廣大，占巴國約五分之一，面積超過 10 個臺灣島，民生嚴重受創。經多方審慎評估、充足物資準備後，慈濟

10 月派遣賑災團入災區勘災，擇定重災區信德省為定點、重點的救災對象，展開一連串物資發放、災民關懷等人道救援行動，並評估長期援助之可行方案。

　　2008 年 5 月 2 日緬甸受納吉斯熱帶氣旋重創，傷亡慘重；又因政治局勢，該國政府婉拒他國伸援。慈濟發起全球「慈濟川緬膚苦難，大愛善行聚福緣」募款、援助行動，進行急難物資暨義診之急難援助、中期則發放稻穀與肥料、並展開 3 所學校希望工程之長期援助。其後數年間，緬甸連年發生大水患，慈濟推動「福種計畫」，捐贈品質優良稻種，幫助農民耕作，提高收成。而多年互動，發現農村學校普遍破舊，於是啟動「2014 年緬甸丹茵農村學校新建工程計畫」，援建 12 所農村學校，幫助約 4,000 名學生安心就學。志工賑災時不忘分享慈濟竹筒歲月的故事，緬甸貧農烏閔壽率先以日存一把米響應，而後烏丁屯、烏善丁等人也起而效法，並在村落挨家挨戶推廣，如今慈濟在緬甸有許許多多的「米會員」，上人讚歎他們是「貧中之富」的人生，而米撲滿的故事也成為慈濟世界的一大佳話。

2011 年伴隨敘利亞難民逃至各國，該國有慈濟志工者，即展開相關的關懷與協助行動。各國志工關懷難民行動不停，因應各國政府收容難民機制不同，慈濟也隨時調整作法，以配合政府法令。在約旦，志工發放物資。而慈濟基金會更在 2012 年發起「約旦札塔里難民營援助專案計畫」，募舊衣、送環保毛毯，並採買生活物資、全新內衣褲等，由約旦哈希米組織協助免稅通關、提供倉儲，及人力支援。在土耳其，志工自 2014 年起，開始關懷境內的難民，提供米、油、糖等生活物資，並自 2015 年起擴大慈善項目，援助敘利亞兒童助學。在德國與奧地利，志工則前往難民收容所關懷，烹煮熱食、致贈物資。在塞爾維亞，慈濟啟動關懷機制，派遣歐洲各國志工，前往塞國關懷，至今一路關懷從未間斷。

　　2009 年韓國慈濟志工開始以急難個案關懷方式，進行災難之急難關懷，包含渡輪「世越號」沉船事件、大型水災、2020 年新型冠狀病毒的防疫支援等。

　　慈濟寮國慈善足跡，始於 1996 年，以首都永珍為中心，主要以貧困個案開案濟助、村落小型義診等為主；並

在 2014 年間，慈濟志工前往龍坡邦關懷一所孤兒學校，並進行小型發放。2018 年寮國阿速坡省一處水壩，7 月 23 日因連日豪雨潰堤，大水吞沒山下 16 個村落，其中 6 村重災，逾 6,000 人受災、1,000 人失蹤。寮國慈濟志工才正開始萌芽發展，由臺灣本會與泰國慈濟志工一起組成賑災團隊，運送香積飯、淨水器、福慧床、環保毛毯及環保餐具組前往災區。

2019 年 1 月慈濟前往俄羅斯進行慈善勘察與評估工作，到卡魯加市的瑪麗娜私立學校以及聾盲啞的組織等勘察，並將帶去的大愛感恩科技產品，如圍巾等，致贈予各組織。當地華人志工也開始推動慈善助人志業。

二、美洲

1985 年慈濟在美國成立慈善據點。1989 年舊金山大地震，造成數百人死亡、數千人受傷，災情慘重。慈濟首次參與舊金山大地震援助行動；1990 年首次街友發放，並為車禍臺灣留學生募款援助，成為美國首例個案。2001 年九一一恐怖攻擊事件，慈濟人立即前往災區提供

急難救助。2005 年 8 月間，卡崔娜颶風重創美國南部，紐奧良災情最為慘重，一度宣布「棄城」。發起全球「凝聚全球慈濟愛、合心力援紐奧良」援助行動，籌募善款援助慰問金、民生物資等發放，以及進行義診、心理諮詢等服務。包含近年來森林大火等嚴重災情，美國急難與當地慈善一路推動至今。美國當地災難，均為當地慈濟人自行援助，並多次跨國援助其他國家，如孟加拉、玻利維亞、海地等。

加拿大之慈善志業推動，自 1992 年據點成立以後，落實慈善工作「社區化」，長年參與食物銀行發放，並關懷街頭遊民、多家機構，積極走入各地社區，確實投入地方上的服務工作，募得款項也能儘量用於社區。同時，亦積極參與斯里蘭卡、海地等跨國援助之工作。

巴西之慈善、醫療志業推動，自 1992 年據點成立以後，落實慈善工作「社區化」，關懷多家老人安養機構，並於聯絡處成立醫療服務點，定期舉行義診服務，同時多次前往印第安保留區關懷。

阿根廷之慈善、醫療志業推動，自 1992 年據點成立

以後，落實慈善工作「社區化」，關懷多家孤兒、老人安養機構，並多次與當地醫療機構合作舉行義診。

巴拉圭慈濟於 1996 年成立後 1 個月即舉辦首次大型發放；當地慈濟志工不僅落實慈善工作「社區化」，關懷街頭遊民、多家機構，亦致力原住民區之慈善工作，除定期物資發放外，並援建 7 所希望小學。更在有餘力之際，多次參與跨國援助工作。

1997 年底至 1998 年初，聖嬰現象引起秘魯發生連續水患。慈濟發放醫療物資、日常民生用品，嘉惠 2,000 戶災民，並捐助 100 間土磚屋；另外，美國洛杉磯慈濟義診中心 3 位醫師隨行，於災區舉辦義診活動。

海地，世界最貧窮的國家之一。1998 年 10 月底密契颶風重創中南美洲，災情慘重。慈濟發起「賑濟中美洲，衣靠有情人」募衣專案，捐助 4 大貨櫃衣物。2008 年遭全球糧荒影響，傳出人民食泥餅；8 月中旬到 9 月初，又連遭受 4 個風災侵襲。美國慈濟總會於 2008 年 11 月入海地賑災；並策劃「海地人道援助與賑災計畫」，於 2009 年 1 月 14 日至 18 日展開毛毯、餅乾等大型物資發

放，嘉惠 3,343 戶。2010 年遭逢百年強震，對於生活困頓的海地人民而言，更是雪上加霜。慈濟馳援海地強震，由臺灣、美國、多明尼加 3 國慈濟人連袂展開馳援行動，包括長期援建、孩童助學、在地志工培訓。同時發動全球「善念齊聚，送愛到海地」行動。至今，慈濟與當地教會合作，進行長期慈善扶貧濟困計畫，並帶動海地本土志工，推動永續慈善。

1998 年 10 月底密契颶風重創中南美洲，宏都拉斯災情慘重，慈濟在臺發起「賑濟中美洲，衣靠有情人」募衣專案，由美國慈濟人親往發放，計 1,485 戶受惠，並義診服務 902 人次。援助衣物 23 貨櫃、食物 3 貨櫃、急救包 2,000 份。之後宏都拉斯慈濟人開始展開定期慈善以及援助水災、地震等大型急難方案，包含援建住房等。

1998 年 10 月底密契颶風重創中南美洲，多明尼加災情慘重。慈濟在臺發起「賑濟中美洲，衣靠有情人」募衣專案。慈濟在 12 月及隔年 2 月，持續援助 2,541 戶次受災貧困家庭，義診服務 2,189 人次。因風災賑濟因緣，慈濟人在拉羅馬那社區援建學校，也因此帶動社區發展，

該地區原本是垃圾集散地，民眾、孩童在垃圾山求生，而今成了一個有街道規劃、有學校的新興社區。慈濟援建的拉羅馬那學校，一開始規模是小學，之後隨著學生人數增加，小學生面臨畢業升學現況，而改制為中小學。此外，還為成人開設夜間班。多明尼加慈濟人也在當地發展社區志工，為永續慈善而努力。

1998 年 10 月底密契颶風重創中南美洲，尼加拉瓜災情慘重，慈濟在臺發起「賑濟中美洲，衣靠有情人」募衣專案。援助衣物 12 貨櫃，及物資（含縫紉機、鞋子、罐頭）1 貨櫃。美國慈濟人於 12 月陸續援助 800 匹布。

1998 年 10 月底密契颶風重創中南美洲，瓜地馬拉災情慘重，慈濟在臺發起「賑濟中美洲，衣靠有情人」募衣專案，援助衣物 8 貨櫃。

1998 年 10 月底密契颶風重創中南美洲，薩爾瓦多災情慘重。慈濟在臺發起「賑濟中美洲，衣靠有情人」募衣專案。援助衣物 8 貨櫃。2001 年 1 月間，發生芮氏規模 7.4 強震，造成嚴重傷亡。慈濟進行急難賑災，約 1 個月時間內，賑災團展開四波急難發放，幫助約 2 萬 7,000

人，義診服務近 4,000 人。此外，慈濟在薩卡哥友、鄉米可援建兩座慈濟村，共 1,175 間大愛屋，村內也規劃活動中心、學校、診所等。

1999 年 1 月哥倫比亞發生大地震，傷亡嚴重。由美國慈濟人組成賑災團，災後立即入災區勘災，1 個月內援建簡易屋，發放近 9,000 份糧食。援助急救藥包、發放食物及物資，進行義診，並援建 154 戶簡易屋。

1999 年 10 月墨西哥連續豪雨，引發土石流，逾 400 人死亡，20 萬人無家可歸。由美國慈濟人組成賑災團，12 月入災區發放物資 3,272 份，義診 217 人次，並發放慰問金、床墊、毛毯、食物及義診。2017 年 9 月 19 日發生芮氏規模 7.1 強震，首都墨西哥市、中部各州傳出嚴重災情。慈濟結合跨國力量馳援墨西哥。展開勘災、複查造冊、研議發放等工作。12 月舉行大型發放義診活動，逾 1 萬戶家庭受惠，此次特與索迪斯公司合作，發放「物資卡」，另有慈濟環保毛毯等物資，助災民度過災後的第一個年關。並進行學校援建等長期復原工作。

2000 年初委內瑞拉連日豪雨，造成土石流災情，逾

5 萬人死亡，五十多萬人無家可歸。由美國慈濟人進行實地勘災發放；臺灣本會首次針對災區需求開發「貨櫃型緊急給水設備」並援助醫藥用品。之後，更有移居當地的慈濟志工，克難在地濟貧發放，即使面對嚴重社會內亂、通貨膨脹，助人行動仍未停歇。

荷屬聖馬丁聯絡點於 2005 年正式成立，然慈濟志業之推動自 2002 年即展開，平時關懷老人院、孤兒院，做急難救助，另受邀到監獄擔任講師。並在當地推展社區志工，建立永續慈善的愛心能量。

2007 年 2 月起玻利維亞連續大雨，重創貝尼省，逾 7 萬個家庭無家可歸。由美國、巴拉圭及阿根廷 3 國慈濟志工跨國合援。援助消毒物資、禦寒衣物及奶粉等民生物資，另援助二百多磅醫藥用品，進行義診活動。2020 年新冠肺炎疫情爆發，自智利遷居返鄉的慈濟志工，人雖少、願力大，捐贈防疫物資予政府醫療機構，更展開安貧紓困發放，幫助因疫情面臨斷炊的弱勢族群。

2010 年 2 月智利南部康塞普松安發生芮氏規模 8.8 地震，造成至少 750 人死亡，兩百多萬人受災，災區交

通中斷，房屋倒塌嚴重。由阿根廷慈濟聯絡處負責統籌賑災救援行動，並由鄰近他國，如：巴拉圭、巴西等地慈濟人跨國援助。親手為災民送上毛毯、油糖等生活物資，攜手膚慰災民悲傷無助之苦。

2014 年 8 月間，美國總會因參與聯合國非政府組織年會，為多米尼克募得 20 部電腦，並委請聖馬丁志工代為捐贈。

2016 年 4 月 16 日厄瓜多發生芮氏規模 7.8 強震，造成嚴重傷亡。災區房屋倒塌無數，缺乏飲水及食物。慈濟在厄國沒有據點，亦沒有志工。故在與當地臺商牽上線後，委請美國、智利志工組團勘災、發放、義診，急難救助期間，以工代賑 3 萬 4,030 人次清掃家園，並發放祝福金、慰問金、福慧床與毛毯等；中長期援助，以卡諾亞教堂援建為主，工程已完成啟用。2017 年 4 月間，受到聖嬰現象影響，厄瓜多曼納比省連日豪雨成災，慈濟災後推動以工代賑，逾 1 萬 7,909 人次災民參與清理家園，另發放祝福金，嘉惠逾 2,100 戶家庭；其中卡諾亞本土志工也前往支援付出。

美屬波多黎各於 2017 年 9 月 20 日遭瑪莉亞颶風重創。在美國政府的安排下，部分災民遷居至美國紐約州、佛羅里達州等地定居；而當地災後，物資缺乏，重建步伐緩慢。2018 年 1 月 22 至 24 日，受到美國聯邦緊急事務管理署（FEMA）邀約，美國慈濟志工首次前往當地勘災，並發放現值卡予 10 戶受災嚴重家庭。爾後，於同年 9 月、11 月間相繼展開賑災發放工作，除了發放現值卡、環保毛毯、太陽能燈組外，亦與當地政府單位討論寶特瓶回收事宜。

哥斯大黎加慈濟人以個案方式推展慈善，以捐款或募款支持慈濟國際賑災。

三、非洲

1993 年衣索比亞嚴重飢荒、乾旱與內戰，慈濟與 M.D.M. 合作緊急醫療援助方案，救助受旱災及戰爭影響最嚴重的曼斯基斯區所需醫療衛生，為期 3 年，設置 2 個醫療中心、15 所醫療站，提供基本醫療儀器設備及藥品，開發潔淨水源，宣導預防醫學工作，調查社區衛生健

康情況，追蹤調查社區兒童營養健康，訓練當地醫藥衛生人員，提供當地三十四萬七千餘居民醫療服務。1998 年慈濟與 M.D.M. 再度簽約，計畫 2 年內資助岱柏柏罕鎮公立醫院擴建，提升當地醫療品質。

1994 年盧安達內戰開始。上百萬人遭屠殺，3、400 萬人倉皇逃離家園，進入鄰國，形成世紀末最大一波難民潮。慈濟與 M.D.M. 合作，針對盧國西北方最大難民潮聚集地——薩伊邊境的戈馬地區，進行醫療救助。M.D.M. 提供醫療人力，慈濟則提供 34 噸醫療物資，是首批來自東方的直接救援團體。

1994 年起，慈濟為南非陸續發起募集大量衣物，經處理分類，以貨櫃運至當地，進行援助。2003 年，臺灣援助大米與毛毯，濟助當地貧困人民。南非慈濟在當地帶動本土黑人志工，至今已經有超過上萬位投入慈濟志工行列，從貧困鄉村的彼此互助，到跨國急難救援與社區志工帶動的經驗分享，他們可以說是「貧中之富」的最佳例證！

1995 年慈濟募集衣物，援助賴索托、史瓦帝尼等南

部非洲國家，並透過大米發放行動，帶動當地黑人志工加入志工行列。

1996 年象牙海岸因經濟問題，大量該國及鄰近國家兒童，湧入首府阿比尚，造成嚴重社會問題。慈濟與 M.D.M. 合作，匯款 59 萬 9,024 元美金，對街頭遊童展開援助方案。

甘比亞民生物資匱乏，人民普遍貧困，慈濟於 1997 年募集大量衣物援助亞塞拜然時，另分部份衣物援助甘國。2000 年再次發起募衣活動，進行援助。

賴比瑞亞長年內戰，導致人民生活困頓、建設遭破壞殆盡。1997 年慈濟募衣馳援亞塞拜然之際，賴國駐華大使獲訊來函請求援助賴國人民，為此慈濟濟助禦寒衣物，並於 1998 年援助資金協助修建當地醫療設施。

塞內加爾醫療匱乏、內戰不斷，人民亟需醫療援助。1998 年 8 月，由美國慈濟人發起藥品援助行動，11 月 10 日由臺灣駐塞國大使館代表捐贈。援助抗生素等 52 種、價值 1 萬 8,500 美元之藥品，補給 18 個偏遠衛生站。

幾內亞比索內戰動亂，大批難民湧入塞內加爾，由美

國慈濟人執行跨國援助計畫，1998 年在援助塞內加爾之際，一併進行幾內亞比索難民營之發放並援助醫藥用品。

聖多美普林西比當地生活貧窮，孩童多半無法就學。1999 年慈濟援助 200 箱衣服、粉蠟筆、原子筆、鉛筆、橡皮擦、筆記本、空白紙張等文具的 20 呎貨櫃。

坦尚尼亞人民生活貧窮，首都常有數千名流浪兒童，亦不少人感染愛滋病。慈濟募集民生物資，致贈非洲坦尚尼亞的 Dogodogo 遊童庇護中心。

辛巴威連年乾旱、貨幣貶值，人民生活普遍貧困。2007 年起，新增成為慈濟國際援助的國家之一，11 月 17 日至 18 日進行首次慈善發放，由南非慈濟人跨國援助，發放玉米粉、白糖、油等民生物資。辛巴威已有上千位本地志工投入慈濟慈善工作，讓愛心慈善能量永續發展。

2012 年莫三比克慈濟人開始前往殘障院關懷，下鄉訪視，甚至在 2013 年舉辦首場浴佛活動。由慈濟南非分會組成關懷團跨越邊界，與莫三比克慈濟人經驗分享並協助帶動當地志工。2019 年，莫三比克貝拉、雅瑪郡、瓜地瓜拉一帶受到伊代氣旋重創，除了馬普托志工團隊前往

災區勘災後，本會啟動國際賑災，結合莫國、南非等志工資源，展開急難物資、建材農具、文具用品等發放，並舉行大型義診活動。爾後，慈濟基金會鎖定重災區展開永久屋（大愛村）、學校、醫院等援建行動，期能匯聚全球愛心資源，翻轉非洲！

2015 年伊波拉病毒疫情影響，導致獅子山共和國農作人口不足，糧食短缺。慈濟與「明愛天主教基金會」、「希利國際救濟基金會」合作，為病患及家屬提供香積飯、環保餐具等物資援助。2015 年 1 月 14 日首批物資 15 噸香積飯及 3,000 份環保餐具，由臺灣運往獅子山共和國。2016 年 4 月 10 日起展開為期 10 天的生活物資發放，包括臺灣募集的舊衣，以及鞋子、大米等。由美國志工負責主導、傳承發放工作。其後有大型水災急難工作，跨組織的合作模式已為當地災民帶來可以依靠的慈悲力量。

2014 年在南非慈濟志工的跨國關懷下，波札那當地開始有本土志工推動慈善工作。

2015 年繼波扎那後，非洲慈濟跨國關懷小組，來到納米比亞關懷，除進行慈善服務外，也結合臺商，召募志

工，期在當地培育慈濟種子。

2018 年慈濟開始在馬拉威推動慈善工作，由南非慈濟人進行跨國關懷支援，走入社區、直接關懷貧病個案。

2019 年 4 月慈濟南非分會志工團展開尚比亞第一次慈善關懷行動。7 月，受到氣候變遷影響，非洲乾旱嚴重，尚比亞也是受災國之一。慈濟志工第三次跨國關懷，首至西部省勘災，並於 11 月中旬發放玉米粉，辦理扶困計畫，輔導居民種植印加果。

2020 年因應新型冠狀病毒 COVID-19，透過美國轉介，慈濟與肯亞紅十字會合作，捐助口罩等防疫物資。

2020 年慈濟與世界醫師聯盟（M.D.M.）合作，因應新型冠狀病毒 COVID-19，捐助尼日、馬達加斯加、貝南、布吉納法索、突尼西亞、南蘇丹、馬利等國家口罩等防疫物資。

四、歐洲

1986 年烏克蘭車諾比發生核能輻射意外，1998 年經濟蕭條後，受害病童面臨物資匱乏窘境。澳洲慈濟人捐款

援助烏克蘭車諾比核災兒童醫院，提供遭受核能輻射傷害的病童醫療藥品、毛毯。

1995 年慈濟與 M.D.M. 合作，提供車臣戰亂後之受災民眾，43 萬 5,000 美元緊急醫療援助，包括疾病治療、精神復健、疾病預防等。

1997 年慈濟援助亞塞拜然境內的戰後難民營，100 張輪椅、1,500 頂帳篷，以及分裝 10 只 40 尺貨櫃的 15 萬 6,000 件禦寒冬衣與毛毯。

英國之慈善志業推動，自 1990 年據點成立以後，均屬「在地化」關懷。落實慈善工作「社區化」，長期關懷當地遊民、越南難僑、老人院等機構。

法國社會福利制度良好，法國慈濟人協助處理旅客緊急關懷案件，關懷留學生生活、心理關懷等輔導工作，並於水災期間提供急難慰問。行有餘力，前往支援塞爾維亞難民關懷以及葡萄牙森林大火等跨國性援助行動。

因瑞典福利制度完善，鮮少出現災害急難等事件，故當地慈濟工作，主要以臺灣旅人因意外救助、或在當地召會員、募善款為主。

比利時福利制度好，當地慈濟的工作，主要以臺灣旅人因意外救助為主。

　　丹麥社會福利制度健全，當地慈濟人以跨國骨髓捐贈以及急難個案關懷為主，並以捐款與募款行動響應慈濟國際賑災。

　　德國社會福利制度良好，慈濟志工自 2015 年起，開始著手跨國性的難民關懷與其他國際賑災行動，包含塞爾維亞難民營關懷、義大利地震援助、波士尼亞水患援助等，提供災民與難民所需要的關懷與人道援助。

　　2016 年塞爾維亞是難民逃往歐洲的必經之路，所以長期收容伊拉克、敘利亞等中東難民。慈濟接獲求援後，派遣德國慈濟志工，於 2016 年 1 月前往實地勘查現況。同年 3 月，動員 15 國、88 位志工，展開為期 34 天的關懷與發放，包括：冬衣、香積飯等。此外，也關懷當地水患災民，發放購物券，嘉惠 246 人。2017 年 2 月，展開難民營中長期援助，在歐普難民營提供早晚餐麵包、茶水，並以麵包以工代賑方式，請難民協助發放麵包。此外，歐洲志工不定期前往關懷，也視季節現況發放夏衣、

冬衣，以及難民營所需要之物資。

　　由於荷蘭社會福利健全，荷蘭自 1998 年成立據點後，即致力落實慈善「社區化」之推動。平日以探訪老人院和個案關懷為主，並不定期舉辦義賣，參與跨國援助募款。

　　2012 年義大利東北部 5 月連續兩場地震，造成建築物毀損、多人無家可歸。義大利因沒有慈濟志工，當災情傳出後，鄰國慈濟志工即密切關心災況，並與花蓮本會商議後，決定由鄰近國家慈濟人主導賑災行動。德國、荷蘭慈濟志工攜手跨國勘災，並於 12 月舉辦冬令發放。2013 年 10 月，慈濟接獲當局請求助學援助，經評估研議，決定給予短期助學援助。10 月 25 日舉行助學金發放，翌日舉行兩場感恩祝福會。

　　2012 年 2 月愛爾蘭慈濟人開始推動慈濟善行，展開都柏林（Dublin）街友關懷活動，沿路探訪了解生活狀況並送上毛毯、牙膏、牙刷、刮鬍刀、環保袋及巧克力等物資。

　　2002 年 8 月間捷克發生百年罕見水患，重創人民家

園。由約旦、土耳其慈濟人跨國進行勘災關懷，捐贈一部
9 人座交通車。

奧地利 1992 年成立據點，因當地福利健全，除了進
行急難個案關懷之外，並前往塞爾維亞進行難民關懷。

1999 年 3 月巴爾幹半島烽火再起，科索沃阿爾巴尼
亞裔人民被迫流亡。慈濟分別與 3 個國際慈善團體合作，
援助抗生素、提供醫療、心理輔導服務，協助修復醫療院
所，檢測水資源及援助肥料。慈濟與洛杉磯騎士橋國際救
援組織合作，運送首批 4,600 磅抗生素至阿爾巴尼亞難民
營。慈濟與 M.D.M. 合作，展開為期 5 個月的「合作復健
計畫」。慈濟與國際慈悲會合作，購買二千餘噸肥料，援
助難民復耕。

2014 年 5 月 13 日起，波士尼亞連日暴雨及山區融
雪，引發百年來最嚴重水災。波士尼亞政府尋求慈濟基金
會協助，波士尼亞無慈濟據點，也沒有志工，此次救援由
歐洲、亞洲 8 國慈濟志工集結，跨國馳援。歷經兩個月籌
備，採購物資、安排行程，慈濟波士尼亞賑災團，結合德、
英、法、愛爾蘭、義大利、奧地利、馬來西亞、臺灣等 8

個國家地區，前往波國賽伯尼克舉行發放活動，致贈購物券、環保毛毯、慈濟簡介及靜思語等，嘉惠 332 戶家庭，計 1,170 人。後有波士尼亞志工協助前往塞爾維亞協助投入關懷難民行動。

2017 年葡萄牙中部自 6 月 17 日起，發生一系列山林野火，係因氣溫飆高、長期乾旱，導致火勢一發不可收拾，即便撲滅不久又再起火。致命野火從中部蔓延到北部，長達 4 個月間，多處森林大火不斷，造成嚴重傷亡。慈濟在 10、11 月間兩度接獲來函，請求慈濟評估馳援。2018 年 2 月慈濟葡萄牙林火賑災發放團相續在瓦澤拉市（Vouzela）、唐迪拉市（Tondela）發放，每戶林火受災居民可領得 500 歐元物資券、環保圍巾及一封上人慰問信，一共濟助 491 戶家庭。賑災發放團來自美國、法國、德國、英國、盧森堡、荷蘭、葡萄牙等 7 個國家，共 68 位志工參與。

阿爾巴尼亞於 2019 年 11 月 26 日發生芮氏規模 6.4 強震，逾 50 人死亡、2,000 人受傷，為該國 40 年來最大地震。慈濟於 12 月中旬分別接獲該國地拉那市（Tirane）

社會局、駐義大利臺北代表處來函請求援助，由歐洲地區志工籌劃行動，於 2020 年 1 月 16 日由德國、奧地利、塞爾維亞、臺灣、新加坡及馬來西亞等地慈濟志工先行前往進行首次勘災行動。

2020 年因應新型冠狀病毒 COVID-19，慈濟捐助梵蒂岡、克羅埃西亞、希臘等國家口罩等防疫物資。

五、大洋洲

澳洲社會福利佳，是故慈濟角度以補社會之不足，以關懷心靈為重。1990 年慈濟種子落地澳洲，即以醫院志工為主展開慈濟善行；而後，1992 年正式成立據點，其志業更延伸至慈善急難、跨國援助等。因當地福利完善，慈濟於當地的志業推展總是默默耕耘，2011 年水患因緣，全澳慈濟人齊心投入救援，不僅與政府機關單位有良好互動，更深受當地紅十字會等慈善團體，以及災民們的肯定與認同，並跨國援助巴布亞紐幾內亞、東帝汶等國。

由於紐西蘭物產豐富、社會福利制度健全，自 1990 年第一顆慈濟種子落地、1992 年首次茶會以來，慈善工

作均以老人院關懷、華裔移民或旅客慰問、機構補助為主。直到 2011 年強震，方使紐國慈濟志工面臨大型急難救助之動員；幸而曾於年初參與澳洲水患救助行動，是以在災後將其經驗移植本地，加上澳洲志工跨國協助，使行動圓滿進行。此外，志工難行能行之毅力與勇氣，獲得當地政府、其他民間救難組織之肯定，進一步開啟當地慈善志業之發展。

1998 年 7 月大海嘯，造成巴布亞新幾內亞二千一百多人死亡，上千人輕重傷。澳洲慈濟人捐贈一部移動式 X 光放大掃描機，價值 10 萬美元。慈濟捐贈 15 萬美元予受災區做重建基金，致贈伯崙醫院醫藥用品，支援醫療人力。並於 6 個照護中心發放 1,900 個工具袋與 12 把電鋸。

馬紹爾共和國居民以海維生，醫療並不發達。1998 年美國慈濟人跨國進行義診活動。

2000 年索羅門群島爆發種族衝突，經濟凋蔽，人民生活普遍貧苦。慈濟進行物資捐贈援助，包括衣物、文具、玩具等。分別於 2000 年 5 月、2004 年 3 月兩度展開援助行動。

2002 年 7 月密克羅尼西亞遭颱風襲擊，造成 47 人往生、千餘人受傷。慈濟針對醫療資源缺乏的地區致贈 850 盒以常備藥為主的家庭醫藥箱。美國夏威夷慈濟人跨國發放，並進行義診活動。

　　2009 年，薩摩亞群島外海發生芮氏規模 8.0 的強震，並引發海嘯，造成美屬薩摩亞上百人死亡，數百戶房屋毀損。慈濟美國夏威夷分會組成勘災團隊，進入美屬薩摩亞災區勘災；並於 10 月 10 日在 3 個重災區進行發放關懷，共 481 戶、1,968 人受惠。

　　美屬北馬利安納群島邦（塞班島），有位慈濟志工因家庭關係，遷居此地，也把慈善行為落實當地，前往老人院等機構關懷。2020 年因應新型冠狀病毒 COVID-19，該名志工居中協助，將基金會送抵的口罩等防疫物資，分別捐贈予老人院等，同時也落實安貧紓困發放，幫助貧苦弱勢。

陸、結語

　　慈濟投入國際賑災三十多年來，慈濟人看見了天災的無情、人禍的可怕，更看見了苦難的生命正奄奄一息，也感受了災民嗷嗷待援的困境。「落地為兄弟，何必骨肉親」，這就是慈濟人的胸襟。

　　而慈濟人的救援行動，從緊急階段的物資發放、醫療義診服務、文具發放、溫馨互動等「安身」、「安心」階段，到中長期的大愛村援建、設立義診所、興建學校等「安生」計畫，不僅是幫助貧困急難者紓解物質上的匱乏；更重要的，是讓受苦受難者感受到人類平等且真誠的關懷，因為那一份「尊重生命，肯定人性」的尊重，能開啟災民心中的愛；更期待有朝一日災民能走出悲苦，從受惠者變成施予者，這就是「善的循環」。

　　遍布在全球五大洲近六十多個國家、超過數百萬的慈濟志工和會員，將社區慈善工作的理念運用到全球每一個有因緣的土地上，所以每當有國家地區發生災難時，當地及鄰旁的慈濟人，或是結合全球愛心的力量，立即就近展開救援行動，使慈濟的國際賑災工作，由點而面，織成

一張縱橫綿密的大愛志工網，為天下苦難眾生作依怙。

縱使如此，我們也不敢奢望能救盡天下苦難，但我們誓願盡一切努力，在全球救援這條道路上繼續前進。災難不止，慈濟人的大愛足跡永不止息，而這一份恆持付出大愛的勇氣，不但來自於對慈悲的信仰與大愛的堅貞，更來自於「眾生度盡，方證菩提」的菩薩本願。

「無緣大慈，同體大悲」是一種悲天憫人的偉大志向，而慈濟人在這一部充滿愛恨情仇、悲歡離合與天災人禍的歷史中，用具體的行動展現了這一份大愛情懷，希望在漆黑的漫漫長夜裡，開引一線光明；為悲苦煎熬的天下蒼生，照亮永恆幸福的道路。

第二篇

慈濟慈善特色專題

（慈濟美國總會提供）

第四章
慈濟參與聯合國相關組織發展概述

美國慈濟總會副執行長　**曾慈慧**
佛教慈濟基金會執行長辦公室專員　**黃靜恩**

壹、參與聯合國簡史

　　慈濟從臺灣本土的慈善機構逐步發展成為國際型的 NGO 組織，如何將以佛法為核心價值的人道援助精神，躍上國際舞臺，發揮全球影響力，走入全球化的格局，參與聯合國相關人道援助平臺以及國際性會議就顯得至為關鍵。

　　因為國際政治的因素，臺灣的慈善機構參與聯合國平臺機制有其限制，感恩美國慈濟人非常積極用心，在臺灣本會以及各界的支持下，運用地緣因素，就近在美國紐約及其他城市積極參與各項聯合國的相關活動與會議，開展慈濟參與聯合國平臺的歷史足跡。

　　在 1998 年美國慈濟開始以民間非營利組織，申請加

入聯合國平臺，美國慈濟團隊開始學習聯合國的組織架構、評估加入的機制、範疇、領域、管道、規定、要求等，提出申請作業。

聯合國（United Nations）目前共有 193 個會員國。然國家政府體制不同（有極權制、民主制、君主制等），為完整地反映問題內容，得到確定的解決方案，聯合國很重視與非政府組織（Non Government Organization，NGO）的溝通，在全球傳播部門（前稱 Department of Public Information，DPI，現改名稱為 Department of Global Communication，DGC）之下，設立專門與 NGO 聯繫的單位，佈達聯合國大會或各理事會的訊息，必須是對全球事務有相關性的 NGO 才被列入訊息布達清單。

因此慈濟在 1998 年提出申請加入聯合國新聞部非政府組織會員，美國慈濟人分工合作主動和聯合國新聞部現有非政府組織成員互動，了解運作模式、權責義務，並且受邀參加年會旁聽學習。到 2003 年始獲通過，正式成為 UNDPI-NGO 的一員，每年得以參與年會。

緊緊跟隨慈濟志業脈動，同時掌握國際局勢的進度。

因此在 2003 年加入聯合國新聞部非政府組織（UNDPI-
NGO）成為諮詢委員後，聯結志業推動，接著 2006 年在
美國加入全美志工急難救助組織（NVOAD）[1]，緊接著馬
來西亞慈濟人在 2007 年和聯合國難民署（UNHCR）建立
合作備忘錄。美國慈濟在 2008 年申請加入國際志工組織
（InterAction）[2]，在志業推動過程，本著飲水思源的原
則，30 位家庭主婦的草耕足跡分享，爭取在聯合國婦女
署（UN WOMEN）中的聯合國婦女會（CSW）的每年年
會中，先從 2008 年受邀講師及觀察員的身份參加，更進
一步在 2010 年以申請主辦周邊專題講座及申請設立宣導
攤位，年年以慈濟志業推動成果，結合年會主題，寸寸
足跡步步鋪路。於 2010 年成為聯合國經濟暨社會理事會
（ECOSOC）成員，奠定基石及有跡可循的脈動。

在一系列的志業及全球會務推動需求下，為更瞭解藉

1.NVOAD：是美國急難救助組織（National Volunteers Organization Active
In Disaster），服務面以美國天災人禍等為主。
2.InterAction：是國際志工組織，屬性及會務推動和聯合國初期會務發展
有密切關聯！

力使力、資源網絡建立的重要性，美國慈濟分別在 2005 年主動申請 Dun & Bradstreet 全球識別證號（D-U-N-S，鄧白氏環球編碼）[3]，為日後申請美國政府暨聯合國系統各項基金做準備。更在 2011 年申請加入官辦非政府組織（GONGO）[4]，期盼經由此平臺能擴大及深入全球七大洲網絡，更重要是藉此因緣將慈濟宗門暨靜思法脈的軟實力，帶入各項政策制定。同時 2011 年也在聯合國新聞部非政府組織在德國波昂舉行的第六十四屆年會「可持續社會與負責任的公民」閉幕會中，呼籲聯合國會員國主辦年會重現環保行動，禁用保麗龍杯子，改用可重複性環保杯，寫下民間社團組織倡議足跡。

慈濟基金會美國總會向聯合國環境署（The United Nations Evironment programme，UNEP）申請觀察員身份，

3.D-U-N-S 可視為企業獨一無二的識別指紋，也就是「即時企業身分證」（Live Business Identity）。貸方和潛在業務合作夥伴通常會參考 D-U-N-S 編號，以幫助預測相關公司的可靠性和／或財務穩定性。D-U-N-S 代表數據通用編號系統，用於維護有關 3.3 億多家全球企業的最新信息。D-U-N-S 編號還可以識別公司實體（層次結構和鏈接）之間的關係，這是實體業務標識和商業風險評估實踐的另一個關鍵要素。

於 2019 年 1 月 9 日核可。慈濟基金會因此將取得聯合國環境署會議（United Nations Environment Assembly，UNEA）訊息，並且以觀察員身份出席相關重要及公共會議。另外，慈濟基金會也將依照聯合國環境署條約，於每年提供會務報告。

聯合國環境署會議觀察員責任及工作事項包括：

（一）以非政府組織角度，提供有效的環境保護落實方案，並且邀約政府或非政府組織互相合作及進行環境保護計畫。

（二）於大會時，提出環保相關之政策影響並且呼籲聯合國採取對於環保的有效行動。

慈濟基金會指出，因地球受四大不調之影響，環境逐漸被破壞，故慈濟於 1990 年，證嚴上人以「鼓掌的雙手」做環保，開啟了臺灣及海內外慈濟人落實環保生活化、與

4.GONGO：官辦非政府組織（Government organized non-governmental organization, GONGO）是一種由政府設立的非政府組織。其或是以非政府組織的形式運行，以便獲取外部援助；或是解決與國內工作或國際關係有關的具體問題。

地球共生息之推動。

　　慈濟推動至今已將近30年，慈濟環保志工遍佈全球，共有 16 個國家在當地已有環保站、回收中心，環保志工超過 10 萬人。另外，透過大愛感恩環保科技研發，將回收的物資再次循環使用，後續製成環保毛毯、衣物及日常生活用品，從中促進綠色環保企業。

　　上人不僅僅呼籲「將垃圾變黃金，黃金變愛心」，更提倡茹素環保救地球，人人簡樸生活、清淨在源頭，愛惜環境及地球，讓世界除了對環境保護有「共知、共識，更要落實在共行」。

　　為此，聯合國環境保護署在眾多申請中，認可慈濟成立 53 年來，不只是落實環保行動，更是力行佛法生活化，菩薩人間化之精神。故特核予「觀察員」之身份，讓慈濟可以於大會、重要會議中為環境保護發聲，同時鼓勵與政府、非政府及信仰組織合作，目前已有 514 個社會民間組織被認證，而慈濟是其中之一。

貳、參與聯合國會議與國際交流

證嚴法師於 1990 年，提出「用鼓掌的雙手做環保」後，慈濟人便開始以積極的行動，實行垃圾分類、資源回收的環保工作。經過 13 年來社區耕耘的力行法門，慈濟體悟到民間社團組織努力是草耕性，必須結合企業組織的參與及政府政策制定，才能有更進一步的帶動。

一、聯合國氣候變遷綱要公約組織

因此於 2013 年向聯合國氣候變遷綱要公約組織（United Nations Framework Convention on Climate Change，UNFCCC）申請，參加每年年會的會員資歷。「聯合國氣候變遷綱要公約第十九次締約國大會暨京都議定書第九次締約國會議（UNFCCC COP19/CMP9）」11 月在波蘭華沙舉行，慈濟首次以會議觀察員身分參加。為何慈濟要加入 UNFCCC ？因為，災難不分國界，一方有難十方馳援，靠宗教的力量尋求全球同心，提升慈濟面對氣候變遷議題的專業能力，當災害發生時要預判、部署、預警、應變、減災、避災外，還要創新是非常重要的，更藉機讓慈

濟青年國際化，災害管理可以分為「減災，整備，應變與復原」四個階段。能夠共知、共識、共行有更大的影響力。

　　慈濟人每次國際會議的參與，就是一場取經法會，一方面聽取全球各會員國的年度報告，學習各項與會學者、科學家、民間組織暨政府等立法單位在推動氣候變遷與節能減碳上所面臨的考驗，另一方面，向內評估慈濟人可以結合志業推動，提出參與的契機，因此在聯合國氣候變遷綱要公約第二十次會議在秘魯舉行時，提出「111 全球茹素不殺生」運動。

　　當時也面臨全球難民[5]危機的考驗，在馬來西亞慈濟雪隆分會守護難民的健康醫療義診活動，受到美國國務院難民組的認同，於 2014 年 3 月 31 日，美國駐泰國大使館首次參訪慈濟分會，分享 2013 年開始，大批難民湧入曼谷，邀請泰國慈濟在曼谷境內，對難民提供守護健康醫療服務。因為這筆專案基金直接由美國國務院提撥，專

---

5. 根據聯合國難民署就難民的界定，包括難民、回國人士、無國籍人士、境內流離失所者及尋求庇護者，提供保護、庇護所、醫療及教育支持至關重要，能療治他們充滿傷痛的過去，以及幫助他們建立更美好的未來。

案基金申請者必須已具有審核認證資歷，而美國慈濟已經有申請美國政府其他專案基金紀錄，因此在天時地利人和之下，美國與泰國慈濟互相簽署合作備忘錄，由美國慈濟取得美國國務院難民專案基金，泰國慈濟在曼谷執行守護難民健康醫療服務。泰國曼谷境內的守護難民健康醫療服務，由慈濟、聯合國難民署及美國國務院難民組，直接互動，展開慈濟在難民醫療照顧的另一個領域。

　　慈濟對難民的扶困，從馬來西亞開始，到泰國曼谷，再延伸到土耳其、約旦，進而到塞爾維亞等，多年來的投入，其過程的區域性、複雜性及全面性，除了必須要有跨國安頓計畫、接受國家的支持與認同、難民在難民營的職訓及學童教育、生計、文化、種族性及特殊醫療需求照顧連結等，更重要是必須留下歷史足跡及經驗，例如，以現階段的實務推動考驗，將數據會整、各非政府組織專案實例進行探討分析等，以做為後續援救作業之規範。

　　因此需求，美國慈濟於 2016 年申請加入國際志願機構理事會（International Council of Voluntary Agencies，ICVA）。ICVA 是一個由非政府組織組成的全球網絡，其

使命是通過集體和獨立地影響政策和實踐，使人道主義行動更具原則性和有效性，期盼經由此管道能和聯合國難民署等網絡做實務聯結。

二、世界人道高峰會

2016 年 5 月 23 日、24 日，聯合國首次舉辦世界人道主義高峰會（World Humanitarian Summit）。慈濟基金會受邀與會，是唯一的佛教團體。這對慈濟在難民扶困的投入及成長，是歷史性的一刻而且是非常重要的時刻。在土耳其舉辦的世界人道高峰會議，慈濟也分享佛教在世界人道主義上的努力方向分別如下：

（一）向所有需要的人提供援助

（二）對和平與和解的貢獻付出

（三）從鄰里社區擴展到州、全國

（四）提供直接、重點、尊重、務實及即時的人道主義捐助

（五）精神援助和社會心理的身心靈支持

上人表示，大家都相互了解共知、並達成以感恩、

尊重和愛的共識，必須再加上共行，方能證菩提。

三、2016 聯合國人口基金會

　　UNFPA（United Nations Population Fund，聯合國人口基金）就是人口基金會的代表，慈濟雖然是一個宗教團體，但跨足領域包括難民援助、氣候變遷，又包括很多婦女議題，應該成為一個很重要的新聞評議會的主要委員，所以慈濟在 2018 年才正式進去。

　　因為慈濟宗門的成立，我們必須要以宗教的身分去參加聯合國的相關組織會務的推動，跨宗教組織新聞評議會是直屬於聯合國秘書長下面的一個跨宗教組織團隊，由聯合國 17 個單位組成的一個平臺，成立新聞評議會最重要的原因是希望相關重要議題，包括：教育、健康、衛生、婦女賦權、人權宣言等公平公正議題的推動策略，先由宗教評議會的成員提出他們的看法、實際上的參與經驗，再正式提出策略、方綱或宣言。

　　因為 2016 年在土耳其舉辦世界人權宣言會議之後，聯合國相關單位肯定必須就此議題繼續發揮它的功能，因

此慈濟以佛教徒的身分應邀參與兩年一任的重要評議委員！

在會議中各項的政策、策略、宣言，都有機會把上人的法及慈濟的軟實力經由不同的案例來做分享，用此方式才有辦法與機會把慈濟宗門的一些論述放到主流平臺。

四、2018 聯合國信仰組織評議會

聯合國信仰組織評議會（United Nations Faith Advisory Council）9 月 21 日在美國紐約正式成立，並宣布由聯合國各部門推薦的 17 個聯合國信仰組織代表，其中來自臺灣的慈濟基金會因人道救援不分國家、宗教，更與其他宗教團體「大愛共伴」進行慈善關懷，由慈濟美國總會副執行長曾慈慧代表出席，從國際關注焦點包含氣候變遷問題、環保，以及人口老化問題，慈濟用實際投入印證所述倡議，獲得與會宗教信仰組織肯定。

9 月 21 日上午，聯合國信仰組織代表在紐約首次舉辦評議會議。此平臺將承擔前線訊息整合，提供給聯合國相關單位研議，信仰組織代表的發言更受到肯定與重視。

能成為聯合國信仰組織代表必須是聯合國經濟和社會理事會（ECOSOC）會員，並且持續積極參與包含促進和平與安全、支持遷移和境內流離失所者（Internal displaced person，IDP）、建立性別公正（反對虐待兒童、性別暴力）、支持融資透明度、關注氣候變化、成為領導者並追蹤記錄等；根據以上標準，由一個聯合國機構提名並獲得 17 個聯合國附屬機構的投票和批准。

　　超過 500 名 INGO（國際非政府組織中心宗教交流平臺）和 FBO（Faith-Based Organization，以信仰為基礎的組織）中，佛教代表慈濟基金會源自臺灣，從 2010 年成為「聯合國經濟及社會理事會非政府組織的特殊諮詢委員」（NGO in Special Consultative Status with ECOSOC），開始參與國際會議包含 2016 年世界人道主義峰會（World Humanitarian Summit）等，並繼續與聯合國難民署（UNHCR）一起努力，為難民、境內流離失所者尋求庇護和救濟。針對氣候變遷問題，近年更推動素食，慈濟分享這是在日常就能做到、能延緩地球暖化，是讓身體與環境一起共好的最快、最便利之生活方式。

針對人口高齡化問題，慈濟人分享上人鼓勵年長的志工應持續投入人群，並帶動更多年長者傳承智慧，並以慈濟投入長照據點為例，帶動鄰里長者共餐、參與社會、延緩老化運動、預防遲緩及失能等。

　　約旦哈希米慈善組織（JHCO）秘書長艾曼‧穆夫利（Mr.Ayman Al-Muflih）分享與約旦慈濟志工共同為當地貧民、難民提供援助與輔導，創造自力更生、自給自足之機會。艾曼‧穆夫利表示，佛教徒和穆斯林在約旦合作，以支持當地的難民需求，這是最好的 FBO 合作，共同協助聯合國難民署照顧難民的需求，這是最成功的結果！

　　慈濟在大會中表示，氣候變遷與人口高齡化等是國際共同需要面對的問題，期盼未來透過聯合國信仰組織代表身份，持續宣揚宗教情懷的大愛精神及行動，帶動共知、共識與共行。

　　在整個社會動盪不安的時刻大家要以宗教的精神來穩定社區的需求！天主教、基督教、猶太教、摩門教、錫克教、印度教、及日本東正教等不同的團體，大家都有不同的方向針對整個氣候危急提出各種因應方式，包含平常

性的活動及改變人性身心靈的地方。

慈濟宗門靜思法脈的綱要之模式與方向，對現有的宗教團體而言是一個很新奇的人間佛教，用入世的精神來帶動出世的理念，對一般宗教而言需要一點時間去消化！可是大愛無國界，大家都願意彼此傾聽了解各個宗教教派的教義以及對人性尊嚴的尊重！

這些互動必須靠常態性的參加各種會議，了解針對聯合國所提出來的各項討論提案，提出看法及建議性的軟實力來配合！這項互動生根的平臺必須有固定的窗口，專門的全時間的投入，才能夠獲得其他組織的肯定及了解，同時願意參與慈濟宗門法脈的各項活動及支持提案通過或是遵守規定，建立默契！

由於慈濟人每個月固定參加各種的會議，慈濟人的建議開始獲得其他組織的認同及了解，此外如果慈濟在大愛人文中心辦理相關座談討論會，需要其他不同宗教組織來參與討論分享，都獲得很多的肯定及鼓勵與支持，這項合作成果，是我們社區深耕的另一項肯定成果指標！

五、2018 年世界宗教議會

　　慈濟基金會參與在加拿大舉辦的 2018 年世界宗教議會（The 2018 Parliament of the World's Religions），並於 11 月 4 日在慈濟分論壇進行發表，論述慈濟是以實質的環保行動回應氣候變遷問題，以實例印證理念獲與會者肯定。

　　2018 年世界宗教議會於 11 月 1 日至 11 月 7 日在加拿大多倫多市會議中心舉辦，來自 80 個國家、超過 200 個組織團體代表、約 1 萬人參加。慈濟基金會自 2015 年就參與其中，2018 年由靜思精舍師父帶領慈濟基金會花蓮本會、慈濟美國總會、慈濟加拿大分會等代表出席。

　　（一）宗教共融　眾善共行

　　加拿大多倫多時間 11 月 1 日晚上開幕典禮，由聯合國新聞理事會主席布魯斯・諾茨（Bruce Knotts）介紹慈濟與證嚴上人，並播放上人開示影片，內容傳達「宗教共融・眾善共行」的精神。11 月 4 日到 11 月 6 日各宗教團體發表論壇，慈濟分論壇主題為「基於信仰的角度針對氣候變遷採取具有道德觀念的行動（The Faith-based Perspective on the Moral Imperative to Take Action on Climate Change）」。

精舍師父在會場中介紹來自臺灣花蓮的靜思精舍，表示在上人以身作則領導下，儘管在小小的修行地自力耕生卻關心全世界。並以佛法說明現今因氣候變遷造成自然災害加劇、飲水資源不均，上人依循佛陀教義教導弟子「對的事，做就對了」，從自身愛護物命、綠建築做起。並指出素食在佛教是培養慈悲心，但也是為了保護地球。慈濟在 28 年前開始帶動回收，志工不畏惡臭與誤解做回收的過程，也反省自己是否浪費。

慈濟分論壇以實例印證理念獲得與會者肯定，另外在跨宗教點燈祈福儀式中，精舍師父帶動為地球祈福，將愛轉化為包容性行動。

（二）天主教與佛教千里因緣一線牽

慈濟與梵蒂岡教廷附設愛心基金會在羅馬聖彼得堡大教堂簽訂合作備忘錄，於人道救援等領域共同合作。

慈濟與梵蒂岡有許多連結因緣，從醫療健康、學術互動、宗教連結、慈善互助、難民教育以及環境保護等！

慈濟與梵蒂岡教廷附設愛心基金會歷年來之慈善互助如下：

1993 年，慈濟與梵蒂岡教廷附設愛心基金會在羅馬聖彼得堡大教堂簽訂合作備忘錄。

2013 年 4 月，慈濟基金會與梵蒂岡教廷附設愛心基金會在聖彼得堡大教堂簽訂合作備忘錄，雙方將在人道救援、濟貧救苦等領域共同合作。2012 年 5 月，義大利北部發生兩次強震，歐洲慈濟志工即時勘災、發放，結下合作因緣。

2014 年 12 月 10 日，義大利主教團宗教部、梵蒂岡宗教對話委員會，義大利佛教聯合會等合辦「第二屆佛教、天主教對話研討會」。

2016 年，天主教教宗方濟各訂為「慈悲聖年」，積極與各宗教代表對談。臺灣慈濟基金會受教廷邀請，3 日在梵蒂岡與教宗會晤。慈濟對國際苦難的援助，各國有目共睹，梵蒂岡於 2016 年 12 月舉辦的國際學生宗教論壇，也邀請慈青一同參與，他們用幽默的影片，將慈濟慈悲喜捨和愛的精神，傳遞出去。

2018 年，慈濟針對街友慈善訪貧扶困及安身規劃，天主教與佛教再度在梵蒂岡相會，同時就難民教育暨氣候變遷、全球茹素運動交換意見。

2019 年 5 月，慈濟應邀參加國際明愛會在梵蒂岡舉行的年會，佛教和天主教的互動再度以雙方簽署合作信函來允諾與互勉。

六、慈濟宗門入主流

2019 年世界貨幣基金會與世界銀行就民間社會政策論壇的民間社會組織政策對話會議方案，於 2019 年 4 月 9 日至 4 月 12 日春季會議之前舉行，美國慈濟首次受邀參加。慈濟宗門靜思法脈在聯合國的系統網絡中更加寬廣，尤其在專案推動深度化、寬度化、廣度化的宏觀性。

七、2020 年世界環境日的參與足跡

聯合國環境署的「地球信仰」[6] 倡議正在團結世界各地的宗教，專注於環境問題。美國慈濟於 2019 年加入成為成員之一後，在環保永續的努力足跡，更能將慈濟宗門

和靜思法脈與聯合國各項倡議接軌。

　　而 2020 年 6 月 5 日世界環境日，慈濟受邀以「佛教與生物多樣性」（Buddhism & Biodiversity）主題，在聯合國環境署網頁中的地球信仰單元，正式將花蓮靜思精舍與地球共生息的生活模式，及朝山共修抬頭懺悔低頭感恩的修行提出論述。更透過多場跨國視訊連線會議，分享慈濟環保一條龍兩循環的經濟循環，包括：垃圾回收、分類、製成紡織原料，最後成為環保產品；在精神循環中結合愛心累積，繞行全球來帶動清流的論述理念。

---

6. 聯合國於 2017 年發起了「地球信仰倡議」。其目標是建立一個基於信仰的組織網絡，以實現《2030 年議程》中概述的環境目標。這項議程由 193 個國家簽署，包括消除貧困、促進教育和保護環境。「地球信仰」的目標是與信仰組織進行策略擬定，大家一起合作，共同實現可持續發展目標（SDG），並推動執行 2030 年議程的目標。信仰組織成員來自地球上第四大經濟強國。成員們擁有地球上 10% 的可居住土地、50%-60% 的教育機構、50% 的醫院和 5% 的商業森林。

參、國際肯定與認證

一、慈濟論述獲國際肯定

2017 年 2 月慈濟參加聯合國社會發展委員會第五十五屆社會發展高峰會議後，把握機緣在聯合國大會第二十四屆特別會議的後續行動優先主題——「消除貧困以實現所有人的可持續發展的策略」，提出書面宣言聲明。佛教慈濟基金會以具有經濟及社會理事會諮商地位的非政府組織的提交人提出，「全球教育的推動者，全球愛與和平家庭，巴爾幹相互關係研究所和平服務，社會主義國際和統一宗教倡議。」慈濟感恩尊重愛的宗教宣言被列為正式文件廣為流傳。

2018 年 3 月聯合國婦女大會第六十二屆年會，慈濟以具有經濟及社會理事會諮商地位的非政府組織的提交人提出，「2000 年的女性：21 世紀的性別平等發展與和平，運用宗教力量重新增強農村婦女的正規和非正規教育能力方面的推動，強調農村婦女在減少災害風險中的重要作用，加強性別分類的數據收集。」慈濟居安思危，慈悲喜捨，四無量心的宗教宣言被列為正式文件廣為流傳。

2019 年 3 月的聯合國婦女大會第六十三屆年會，慈濟在參加第四次世界婦女大會和聯合國大會第二十三屆特別會議，題為「2000 年的女性：21 世紀的性別平等發展與和平」的會議上，佛教慈濟基金會、巴爾幹關係研究所、聖母瑪利亞研究所、柯斯摩協會、羅瑞塔社區和天主教醫學傳教士協會共同提交「全球公民，社會保護以及男女平等」的聲明，慈濟眾生平等、全球蔬省暨參與聯合國永續發展的宗教宣言被列為正式文件廣為流傳。

　　2004 年南亞海嘯全球非政府組織投入救災。聯合國首次進行「海嘯民意測驗」，加上機構間和學術界的共識，使人們一致認可在南澳地區建立多學科和一項名為 "KAKHTAH" 的獎學金，以便供博士班學生進行災後研究（Disaster Risk Reduction）。KAKHTAH 具有革命性意義的獎章以四個社區堅定者的名字命名，分別是：Kofi Annan（前聯合國常務副秘書長），Hellen Keller Int'l（美國非政府組織），Tzu Chi（慈濟，來自臺灣的國際NGO）和 Aurangzeb Hafi（來自巴基斯坦的多學科綜合研究者）。這項具有歷史意義的、新創的，且具有 270 萬

英鎊獎學金的 KAKHTAH 多用途獎章，宣布每兩年授予 1,900 個全球學術領域，用於災害管理領域的博士後研究工作，以對災難性的政策奠定基礎的預報和預防方法。

二、美國肯定與白宮代表拜訪慈濟

（一）美國總統頒贈「改變社區的領袖」成就獎

美國桑迪颶風時，有機會跟白宮的宗教團體開會，曾分享慈濟經由上人的悲心，跨海跨洲陪伴並發動，讓全球愛心動起來，援助桑迪感恩戶，在紐約及新澤西的第一線慈濟藍天白雲菩薩們，親手佈施雪中送愛心。

曾經和慈濟互動的多位友人就當場表示，美國聯邦救災指揮總署暨白宮正好宣佈一個新專案，有關桑迪颶風救災及家園重建——誰改變了世界，誰改變了社區；他們當下主動推薦慈濟及證嚴上人，將慈濟人的愛的足跡，報告到白宮。肯定慈濟在社區的帶動是社區楷模，將上人的人傷我痛、人苦我悲的慈悲濟世宗教情懷和主流分享。

2013 年 3 月 21 日正式接獲白宮通知，將邀約 2 至 3 位慈濟代表，參加 4 月 24 日在白宮舉行的「改變社區

的領袖」表揚大會。當天的表揚大會中將宣佈這項專案中的個人得獎者、社區領袖得獎單位、績優社區團體、商家業者社心公益獎及學術界績優服務獎。

（二）白宮代表訪臺參加慈濟50周年慶

「慈濟經由全球志工的動員，在眾生受苦難的時候，給予他們最亟需的幫助。像慈濟這樣的團體，正在為全人類打造共同的目標與理想的未來。」慈濟50周年慶，美國國土安全部宗教司（Center for Faith-based & Neighborhood Partnerships at the U.S. DHS）主任大衛·麥爾斯（David Myers）代表白宮訪臺參加，並在「慈濟五十無量義」慶祝活動中，宣讀歐巴馬總統的祝賀函。

慈濟在美國深耕逾25年，慈善的足跡遍布全美，2012年10月，桑迪颱風重創紐約和新澤西地區，慈濟在災後立即主動伸出援手，化愛心為善行；隔年4月24日，6位來自美國慈濟各分會的慈濟志工進入白宮，代表慈濟接受「傑出領袖」的表揚，感恩無私付出的行動，而在慈濟50周年之際，美國總統也捎來祝福。

大衛·麥爾斯致詞全文如下：

「各位嘉賓午安，我是白宮宗教司主任大衛·麥爾斯（David Myers），很榮幸能夠參加慈濟50周年慶，也由衷感恩證嚴上人誠摯的接待。本週三我抵達臺灣，非常感恩曾慈慧師姊、尤慧文師姊、王明萌師姊、陳文館師兄一路對我盛情招待，也感恩協助開車的每一位師兄。這次我特別帶來美國歐巴馬總統的祝賀信，但在讀信之前，我想要先分享個人對美國慈濟，以及臺灣慈濟的一點感想。

在美國，慈濟對受災鄉親的援助是眾所周知的。慈濟志工們以令人信賴的誠摯關懷，自發性地給予受災個人或家庭協助，例如發放食物、提供住所、衣物、給予情感與精神上的支持，以及經濟上的援助等等。

過去20年來，慈濟用愛與同理心幫助許多人度過災難與緊急事件，至今仍然持續不斷。甚至在今天，慈濟志工仍與其他組織一起協助美國墨西哥灣沿岸洪水災後的倖存者。感恩慈濟這麼多年來一直用同理心及一顆美善的心，陪伴著我們。

在臺灣，我也看到這群5歲到90歲的慈濟志工，如何將心力投注在醫療、教育、環保、人文以及傳播志業。

不管投入資源回收的環保志工，或是專業的大醫王，你們有錢出錢，有力出力，在奉獻上的價值與精神是沒有區別的。所有的人，都用屬於自己的方式，為這個社會、我們的地球盡一份心力。也讓其他團體與志工因為看到你們將愛化為行動，願與你們共同努力，讓這個世界變得更好。

現在，就讓我為大家恭讀歐巴馬總統的祝賀信。美國總統歐巴馬祝賀信函全文：

我僅藉此機會，由衷地祝福慈濟歡度 50 周年慶。

慈濟經由全球志工的動員，在眾生受苦難的時候，給予他們最亟需的幫助。像慈濟這樣的團體，正在為全人類打造共同的目標與理想的未來。身為世界公民，如果每一個人都能朝此使命努力邁進，一定可以為我們這個世代及未來世代的子孫們，帶來永續性的進步和發展。再次獻上我對慈濟最誠摯的祝福，並感恩慈濟在過去半個世紀及未來持續的付出。」

麥爾斯（David Myers）代表白宮訪臺期間，也參訪慈濟志業體，體驗慈濟人文之美，並表示，「慈濟志業參訪裡，看見臺灣慈濟無私奉獻的愛的源頭 …… 希望自己

能將這份愛帶回美國，讓慈濟精神在美國發揚光大。」麥爾斯於 4 月 28 日抵臺，先後參訪慈濟醫院、環保教育站、大愛感恩科技、大愛臺等慈濟志業；29 日抵達花蓮後，陸續參觀慈濟大學、大體老師模擬手術講解導覽、靜思精舍等，巡禮慈濟人心靈的故鄉。

美國國土安全部宗教司主任大衛‧麥爾斯本身是一位牧師，2009 年上任後，與美國慈濟總會結緣。2013 年，白宮以「傑出領袖」來表揚慈濟，感謝志工在風災中的付出；2014 年，大衛‧麥爾斯拜訪慈濟美國總會，親自體驗「2014 年德國紅點設計大獎」的慈濟淨斯福慧床，福慧床在波士尼亞水患賑災的成果獲得「德國紅點設計」的肯定，麥爾斯體驗後印象深刻，驚訝賑災裝備也能如此舒適。

慈濟成立 50 周年，4 月 30 日在花蓮靜思堂舉行經藏演繹，呈現 50 年來慈濟人在全球愛的足跡，也為世界祈福，為世人祈安。

麥爾斯在聯合國認識美國慈濟人，特地在慈濟 50 周年慶的前一天抵達花蓮靜思精舍，代表美國白宮祝賀，同

時與上人會談宗教與人性的愛。

　　上人：「大衛・麥爾斯主任說這幾年來，在聯合國辦什麼會都少不了慈濟，都會通知慈濟去參加，但是他對慈濟的瞭解還是這次來臺灣才真正體會到，他也到臺北去，他在醫院裡看到我們好像享受音樂會一樣，有人在那裡彈琴，享受音樂，看到都是這樣的笑容；他也有看到我們的心蓮病房等等，很人性的醫與病的關係，他說這都是他真正看到人性的愛。」

　　麥爾斯主任本身也是一位牧師，與上人互談中，也彼此交流宗教對善、惡和習性等等的看法。上人：「他提起習性，聽我所說，一切都是打從內心的善良，甘願自己付出才是永恆的，沒有強迫他（慈濟人）做什麼，大家都是自動自發，這都是來自於打從內心的誠懇、自動的愛，他會認為說：『為什麼？會這樣自發性？』我就會說也許就是這樣薰陶過來的。」

三、在聯合國人道主義網站留史

　　全球慈濟防疫行動在 2020 年 3 月,世界衛生組織將新型冠狀病毒(COVID-19)疫情列為「全球大流行(Pandemic)」時的第一時間立即展開,疫情瞬息萬變,各國嚴正以待。全球慈濟志業體啟動防疫措施,花蓮慈濟迅速成立防疫協調總協調中心,每日統籌全球訊息,調度防疫資源,並施行各項紓困方案。

　　慈濟 COVID-19 的進度報告,適時主動送發於聯合國人道主義事務協調廳(United Nations Office for the Coordination of Humanitarian Affairs,OCHA)英文官網,而且同步原文轉載在新加坡慈濟官網,邀請中文網路代表點閱了解全球慈濟防疫工作。

　　截至 5 月 31 日為止,針對 COVID-19 的報導分別以美洲、歐洲、非洲、亞洲及太平洋等五大洲提出如下:

・全球慈濟防疫行動概述 1

・全球慈濟防疫行動進度匯報 1(截至 2020/4/16)

・南非、史瓦帝尼、辛巴威、塞拉利昂防疫行動進度匯報 1(2020/3/11 ~ 5/4)

· 莫三比克慈濟防疫行動進度匯報 2（2020/3/21 ~ 5/4）

· 菲律賓慈濟防疫行動進度匯報 2（2020/4/13 ~ 4/28）

· 印尼慈濟防疫行動進度匯報 3（截至 2020/4/29）

· 全球慈濟防疫行動進度匯報 4（截至 2020/5/12）

　　回顧 2002 年 6 月 22 日，查特安颱風造成菲律賓呂宋島傷亡慘重，這是慈濟在救濟網（Relief Web）[7] 的第一次報導。根據統計累積至 2020 年 5 月 22 日，共 456 篇報導。多數與慈濟人道救援相關，並就多元國際互動平臺，來探討及學習並提供各國人道援助就業機會，與聯合國人道救援合作機制，提供國際救災及人道救援線上教育訓練。更重要是增加慈濟在國際及跨宗教援助行動的能見度，提升全球合作夥伴運作，為重大災害，全球慈濟人行動足跡，製作成提供聯合國發表時的宣導手冊與論述。

---

7. 救濟網（Relief Web）為聯合國人道主義事務協調廳（United Nations Office for the Coordination of Humanitarian Affairs）英文官網，是世界上最大的人道主義信息門戶網站。該網站成立於 1996 年，目前擁有超過 72 萬份人道主義局勢報告、新聞稿、評估、指南、地圖和圖表。該門戶網站是一個獨立的信息載體，專門用於協助國際人道主義界有效提供緊急援助。

四、2020年國際衛塞節

因應新型冠狀病毒疫情,聯合國衛塞節(United Nations Day of Vesak)首次以線上連線舉辦,來自五大洲包含美國、法國、德國、臺灣、印度、新加坡、馬來西亞、泰國等,共434人一起上線,宗教代表除了佛教,還有基督教、天主教、伊斯蘭、猶太教等。今年討論的主題是「佛教慈悲行動,防疫新冠肺炎」,各國代表共同一致認為,慈悲心、互助互愛、齋戒素食是消弭疫情最好的方法。

對佛教徒而言,5月是感恩佛陀的月份,據記載,佛陀的誕生、成道、涅槃都在5月的某個月圓之日,故後世佛教徒訂下在每年5月的第一個月圓日為衛塞節。歷經多個世紀後,1950年國際佛教團體世界佛教聯誼會在斯里蘭卡的首屆會議上通過成為國際節日,1999年在聯合國大會上認可,訂每年5月的滿月日為「國際衛塞節」,以紀念佛陀八相成道、以及過去2,500年來對人類的貢獻。

2020年5月7日國際衛塞節由美國佛教協會主辦,由慈濟協辦擔任首次線上連線任務,透過連線的方式與聯合國、美國佛教界法師及社會大眾探討「佛教慈悲行動,

防疫新冠肺炎」。諸多佛教長老、上座代表、仁波切以傳統藏文、梵文等誦持佛經，回向給眾生。

　　靜思精舍師父也分享除了物資援助，帶動線上祈福，希望透過善與愛的行動，消弭疫情。對於這次的新型冠狀病毒，上人呼籲人類要覺醒，要向天懺悔，向地感恩。每一天有超過兩億多的生命進入人類的肚子，只為了滿足口慾。要改變地球危機，就是要從素食開始，自我做起。

　　聯合國文明聯盟（United Nations Alliance of Civilizations，UNAOC）高級代表米格爾‧莫拉蒂諾斯（Miguel Moratinos），代表秘書長念一段對佛教的信函：「在此我們紀念佛陀的和平、慈悲、謙卑和智慧的教義」。莫拉蒂諾斯表示，這些美德可以啟發我們，在聯合國文明聯盟中，我們每天都在努力建立一個包容、和平，相互尊重和諒解的世界。現在要用愛阻止病毒擴散。但願在這殊勝的一天，佛教徒團結一致，實踐佛陀慈悲的精神，祈願世界和平，停止戰火，讓受苦的人們早日離苦得樂。

肆、結語：只要找到路不怕路遙遠

　　慈濟宗門、靜思法脈走進了全球最高的行政平臺聯合國，這扇門已開，骨架已在，然而每一個單元包括大會、安全理事會、經濟及社會理事會、秘書處、國際法院、及托管理事會的募心募愛，都需要全球人，在不同時間、空間、人與人之間一起來成就。

　　而且已經投入的互動平臺包括：大會中的開發署、環境署、人口基金會、兒童基金會、糧食署、難民署、婦女署；在經濟及社會理事會中的職司委員會中的人口與發展、科學和技術促進發展、社會發展、婦女地位；在區域委員會的亞太經濟社會委員會；在專門機構中糧食組織、國際貨幣基金組織、教育科學及文化組織、世界衛生組織、世界銀行集團；在秘書處中的日內瓦辦事處、奈洛比辦事處、夥伴關係辦公室等；仍然必須加強各項專案的深耕，策略過程慈濟宗門的分享，扶困濟貧靜思法脈人文帶動。

　　2020 年因為新冠狀肺炎抗疫專案，社交距離、戴口罩的自律利己利他等個人行為調整，對聯合國的區域性、

國家性及全球性的運作方向、規劃、財務援助，未來執行，短、中、長期機制，都已經看到影響的層面，而且必須持續調整策略，藉由跨宗教多元文化的教育，以正能量的運作模式，在各個社區帶動。

2020 年也是慈濟環保 30，大猩猩可可基金會響應慈濟與地球共生息運動。上人殷殷叮嚀尊重生命茹素愛動物，帶動「感恩、尊重、生命、愛」，更受邀在 10 月 5 日聯合國會員國冰島主辦的「宗教與自然」專題研討會開幕式中以佛教領袖做分享，慈濟環保論述，由上人帶領步入聯合國環保署年會會議中獲得國際認證。此外，也準備和聯合國教科文組織及聯合國兒童基金會分享慈濟人文小麻雀取水滅森林大火的運動，持之以恆用愛來推動人心淨化、社會祥和及天下無災難的「化城」。

（攝影 / 黃世澤）

第五章
慈濟全球難民援助模式

慈濟科技大學全人教育中心副教授　**陳翰霖**
佛教慈濟基金會執行長辦公室主任　**王運敬**

壹、前言

　　慈濟基金會自 1966 年創辦以來，一直是以「慈悲為懷、濟世救人」為理念在從事社會救助事業。所行之處不但遍及整個臺灣，更推己及人至救濟全世界。以「菩薩所緣，緣苦眾生」之故，慈濟步履未曾停歇，救濟無數受苦難的人民。在這些難民裡約可分成政治難民，如盧安達、衣索比亞，因國內政局所致，無家可歸。也有因為天災地變所致的環境難民，不論旱澇、地震、海嘯，如印尼、斯里蘭卡等等。歸結起來，其中只是人禍天災。慈濟在世界最黑暗的角落裡，伸出援手、提供所需要的救援，膚慰難民有形、無形的傷痛，不只給予重新站起來的力量，還賦予難民所缺乏的自信與尊嚴，在「慈善」、「醫療」、「教

育」、「人文」的關懷下,更進一步地協助難民重新建立家園與昂首於世界的能力。

　　雖然世界的苦難仍持續不斷、政治氣候的難民猶然不停地發生,但在基金會以及全球志工的努力下,這世界也不斷地向善發展,讓世界充滿愛。

貳、全球難民

　　關於難民,歷史上有諸多記載,有因政治動盪而遷離家園者,也有因氣候變異,而離鄉背井者。但直到 1951 年,難民的現象才真正成為世界問題並被人們意識與關懷。聯合國 1951 年通過《關於難民地位的公約》第一條中規定,難民是「因有正當理由畏懼由於種族、宗教、國籍、屬於其一社會團體或具有某種政治見解的原因,留在其本國之外,並且由於此項畏懼而不能,或不願受該國保護的人;或者不具有國籍,並由於上述事情留在他以前經常居住國家以外,而現在不能或者由於上述畏懼,不願返

1.《聯合國公約》,頁 608。

回該國的人。」[1]由於該公約僅針對二次戰後的歐洲難民，但是難民的產生並未因此而消失，是以1966年新定了《關於難民地位的議定書》，提醒難民的狀況應當是世界共同面對，而不只限於地域與時間。但不論《公約》或《議定書》，兩者都只把難民歸結在「因人為因素」被迫遷離故國而已。

可是除了人為因素所致的難民以外，尚有因天然災害所造成的氣候難民。尤其近來溫室效應、全球暖化，各地洪荒不斷，風災、水災、震災、旱災以外，造成糧食危機者又有蝗禍、蟲害等，人民總在飢荒中浮沉，這些都是當時《公約》與《議定書》所未思及者，卻在現實世界中反覆發生。因此2002年，聯合國跨政府氣候變遷因應小組提出「氣候難民」的觀點。依年份的確立，可以得知在21世紀以前對於難民的認識只在人為因素所致，但隨著氣候的劇烈變化，緣於天災而被迫遷離家園的難民，亦漸漸發生，致使聯合國不得不重視氣候變化下所產生的遷徙情形。

一、人為因素

聯合國公約規定難民的定義是奠基於「種族、宗教、國籍、屬於其一社會團體或具有某種政治見解的原因」[2]，而這些乃是人類因為政治等心理立場不同而產生的衝突，輕者只是被迫遠離家園，然而真正的政治難民更多的是因為國內武裝暴力，使無辜的人民顛沛流離。依何日生所著《敘愛：雖然無法給予他們完整的救助，但我們給予他們的是完全的愛》書中，慈濟關懷的對象，更包括了「脫離武裝衝突、暴力等事件被迫害習慣離開習慣居住地，而未跨過國家邊境的境內流離失所者」[3]之類人為因素所致的難民，不論是在祖國或是移居他鄉，只要是被迫離開習慣的居住場域者，都是慈濟基金會所關懷的對象。

慈濟早在 1979 年就有援助越戰難民的紀錄，迄於 2020 年，慈濟已經幫助了此類政治難民計有 38 大項，

---

2. 同註 1，頁 608。
3. 何日生：《敘愛：雖然無法給予他們完整的救助，但我們給予他們的是完全的愛》（新北市：聯經出版事業股份有限公司，2018 年），頁 302。

尚不包含因氣候關係所造成的難民。而敘利亞的難民是近幾年內國際難民的代表地區，正是因為該國境內內亂自2011年起不斷地發生之故，導致人民不斷遷離家園，不論歐、美、亞都出現了大量的敘利亞難民。在知道這個狀況後，全世界的慈濟志工即投入糧食、醫療等帶有實質幫助的賑濟方式，至今仍不間斷。

因為大愛，所以超越種族、宗教，慈濟雖然是佛教的團體，但面對信仰伊斯蘭教的敘利亞、土耳其人民，慈濟依舊用同理的心在關懷著他們；依於慈悲，所以不限地域、政治，只要有人陷於水火，縱使相距十萬八千里，各地的人間菩薩便聞聲救苦，普濟受難的人民。不只是土耳其、敘利亞，慈濟為政治難民的服務，還擴及歐美等有大量的難民聚集之地，而各處的慈濟分會也都本於同樣的善心，進而給予需要的援助。發揮慈悲濟世的精神，只為眾生離苦得樂。

二、自然因素

21世紀以來，氣候變得更加怪異，尤其地球暖化、

溫室效應日益嚴重、聖嬰現象變得頻繁，這類的氣候變遷也越來越劇烈，逐步威脅了人類的生存。根據研究，要挽回暖化現象的剩餘時間已不到 10 年，甚至根據氣象紀錄，2019 年是臺灣史上年均溫最高的一年。逐步攀升的平均溫度，讓全球的氣候變化加劇，本來四季如春的臺灣寶島，也漸漸地難以感受四季變換的美麗景致。隨之而來的是長時間的旱與瞬時的澇，天氣不如以往來得均衡。在臺灣已經可以明顯感受到極端氣候所造成的影響，在廣大的世界裡，因為氣候的影響而遷離家園的現象更是屢見不鮮。難民的形成已經不僅止於政治、宗教上的迫害，而受到氣候變遷所致的難民也漸漸成為世界上的問題了。

《臺灣大百科全書》針對「氣候難民」也這樣解釋：「指因為氣候災害導致原有環境不適合居住，居民被迫離

4.《臺灣大百科全書》。按：聯合國跨政府氣候變遷因應小組 (Intergovernmental Panel on Climate Change，IPCC) 在 2002 年的報告中提出「氣候難民」一詞，並在 2007 年時解釋：「氣候變遷難民是指因受到氣候變遷影響，造成海平面上升、極端氣候事件、乾旱或水資源缺乏等原因，導致人類居住環境變化，被迫須立刻或即將離開居住地的人。」

開原居住地者，故被稱之為氣候難民。」[4] 這樣的現象在近幾年益發嚴重，即如 2013 年的菲律賓海燕風災，造成了菲律賓史上最大的颱風災害，受災民眾多達百萬人。而 2019 年 3 月發生於非洲的伊代氣旋，更是滯留在莫三比克、馬拉威、辛巴威十數日，因為強風、降雨而造成的風災、水患，摧毀了無數的村莊、家園，迫使百萬人遠離故鄉避難，難民因此而顛沛流離。大風、大水會使人民受難，長時間的不雨亦然，北韓 1994 年以來連年的乾旱，造成糧食缺乏；同年的柬埔寨亦是受到乾旱所影響，產生糧食危機，旱與澇都是氣候不可預測的災變，也同樣會造成生存的威脅。

　　除了洪荒，最為嚴重且不可預測的天然災害就屬地震，以及地震所引發的海嘯，近 2、30 年以來的幾個大地震，諸如臺灣九二一、2016 美濃大地震、2018 的花蓮地震，都造成了重大死傷。地球的另一端也不斷地受到地震威脅，其中最為嚴重的便是 2004 年南亞地震，其後引發的海嘯幾乎是毀滅性地將印尼、泰國、斯里蘭卡沿海地區破壞殆盡；同樣也是地震引發海嘯所造成的破壞有東日

本三一一地震，甚至引發了福島核電廠的外洩。同屬於地震帶上的土耳其和紐西蘭，也不時地受到地震的威脅，屢屢因此而遭受無情的破壞。由於地震不如風雨洪荒來得可測，是以每每發生重大地震便奪走無數寶貴的生靈。

　　不論是風害、水災、旱難、地震，慈濟基金會都會在第一時間聚集，投入援助工作，給予受災民眾最深的關懷，尤其在九二一後建立「安心」、「安生」、「安身」計畫，讓整個救難的過程中，有個可以依循的模式，更加深了救難的效率。

三、轉怨成願　自度度人

　　雖然，難民的產生可以按照發生的原因分成人為所致與氣候造成，但是兩者實際密不可分。由於氣候因素造成資源匱乏，進而使得政治動盪，政治難民發生的地方，往往都是資源不均的地方，不論是非洲各國的內戰，或如同敘利亞一般，雖曾是文明古國，但境內仍有浩瀚的沙漠，而非適人居，故人民難以在境內再謀發展機會，為求生存只得遠走他國。而政治因素造成的難民現象，也連帶著引

發天災，舉凡烏干達、衣索比亞等國家，因為國內政局不穩定，又因為連年的乾旱，糧食嚴重缺乏，依據徐祥明所著《前進非洲之角》所述，「無數的苦難、無數的悲情，日日夜夜在這塊土地上發生，衣索比亞人忍受著無以復加的痛苦，而這一切的災難，竟是導源於獨裁者的貪婪與私心。」[5] 可見如要根絕災難，不只是需要源源不絕的物質資源，更深層的是發菩提心，用慈悲喜捨的願，才能洗滌心靈、自度度人。

參、慈濟對全球難民的援助行動

一、援助概要

　　慈濟基金會關懷全球難民的行動，最早自 1979 年為安置在澎湖的 34 位越南難民發放急難救助金開始，1994 年慈濟與法國世界醫師聯盟合作，為盧安達難民提供醫療與糧食；1995 年慈濟啟動「泰北三年扶困計畫」，為中

---

5. 徐祥明：《前進非洲之角》（臺北市：慈濟文化志業中心，2000 年），頁 66。

泰邊境難民僑胞提供生活及醫療濟助、住屋重建、農業技術輔導及助學等多項援助，關懷至今不曾中斷。同年，慈濟與法國世界醫師聯盟（M.D.M.）合作，為車臣難民提供緊急醫療援助，一路至今，慈濟關懷全球難民國家，已經超過 22 個國家地區，關懷難民已逾 380 萬人次，提供現金濟助、生活物資、醫療援助、教育補助等。

二、援助策略

（一）以慈善援助為基礎

世界各國難民無論生活在難民營或城市邊緣，因為身份因素，無法就地取得正式合法的工作，因此在生活方面，大部分都需要慈善機構的援助，以保障最基本的生活需求。因此，慈濟先定期提供民生物資發放、經濟援助、改善住房等慈善關懷計畫，讓難民的生活獲得基本的保障。

（二）以健康照護為輔助

由於難民無法獲得當地良好的醫療照護系統，因此除了定期提供民生物資補助之外，慈濟更關心難民的醫療

健康，包含定期舉辦義診、衛生教育、重大疾病救助、醫療費用濟助，以及設立義診所長期為難民服務等。

（三）以教育支持為重點

孩子，永遠是戰爭最大的輸家！戰爭不只讓難民失去家園，也讓難民孩童失去受教育的權利，上人不捨也不忍：「從幼小的心態，去除掉仇恨的種子，讓他們化仇恨成為愛，讓他們知道世界上有許許多多人愛護著他們。」因此慈濟對難民的人道援助行動，教育支持被列為最關鍵的重點工作。一旦難民孩童有機會受到良好的教育，未來無論在他鄉或是幸運回到故鄉重啟生活，教育永遠是社會最重要的一股力量。因此慈濟提供了難民孩童的教育補助費用、設立難民學校、提供教育設備與文具用品等。

（四）以志工帶動為特色

「自信、尊嚴、與希望」是難民最需要的。這就是所謂的「人性價值」！如何提升難民的人性價值，慈濟透過「志工帶動」的模式，讓難民在困難的生活中，還能投入志工、彼此互助，有機會從手心向上的受助者，翻轉成為手心向下的助人者！

三、各國援助簡略

（一）盧安達

非洲國家盧安達（Republic of Rwanda），1994 年 4 月發生政變，根據聯合國統計，有逾百萬人在種族爭戰中遭到屠殺。民眾紛紛奔離家園，在兩週內，約有 120 萬人湧入鄰國薩伊（Zaire, 1971-1997）邊境的戈馬城（Goma），棲居在難民營中；由於生活環境惡劣，缺乏糧食、飲水與醫藥，霍亂、痢疾等傳染病肆虐，難民們每天面對著恐懼、飢饉、疾病以及死亡的威脅。

慈濟主動與世界醫師聯盟合作（Médecins Du Monde,M.D.M.），對盧安達難民展開人道援助。主要針對最大的難民集聚地——薩伊戈馬城進行醫療援助，以減緩霍亂、痢疾的傳染速度；並在盧安達首都吉佳利（Kigali）15 公里遠處設一醫療站，提供 24 小時全天候的醫療救護及營養補給，防止傳染病隨難民返鄉在全國蔓延。在此次救援盧安達行動中，慈濟是唯一的東方團體。

（二）車臣

車臣（Republic of Chechnya）與俄羅斯 （Russia）

間長期以來戰禍不斷，無辜百姓成為最大受害者，數以萬計的生命埋葬在炮火裡，50 萬的難民妻離子散。世界醫師聯盟（M.D.M.）於 1995 年向慈濟求援，慈濟決定對車臣難民伸出援手，雙方在 1995 年 10 月簽訂為期 5 個月的「車臣緊急醫療援助」方案，由慈濟基金會出資，M.D.M. 負責執行方案，聘用 60 位當地民眾參與，包括 23 位醫師，以及另從法國調派的 7 位醫生投入救人工作，針對佔領區的車臣居民提供精神復健，並對難民營提供疾病治療、身心復健與疾病預防等醫療援助，以改善居民的健康與衛生情況。

（三）亞塞拜然

亞塞拜然與鄰國亞美尼亞（Armenia）常年因納戈諾卡拉巴克（Nagorno-Karabakh）自治區的領土歸屬問題，紛爭不斷，百萬名亞塞拜然人被迫放棄家園，逃散在境內 49 個難民營區。

慈濟基金會在接獲雷諾徹希亞基金會（Leonard Cheshire Foundation）的合作邀請後，分別於 1996 年 3、6 月兩度派遣勘災團前往亞國勘查，以瞭解當地的現況與

需求。而後，慈濟於 12 月 9 日與英國倫敦大學、雷諾徹希亞基金會正式簽訂 3 年合作方案，由慈濟為難民提供帳棚、衣物、毛毯、輪椅、醫療器材等物資；另資助亞國莎雷（Saray）殘障兒童之家的援助行動。在薩里（Saatli）、薩伯里巴（Sabirabad）、阿札巴地（Aghjabadi）、巴達（Barda）等四地的難民營進行物資發放，總計嘉惠 6,154 戶難民。

（四）科索沃

科索沃是一個長年主權爭端紛擾的國家，境內的阿爾巴尼亞人與塞爾維亞人，矛盾衝突歷經數個世紀。1998 年 10 月，南斯拉夫軍隊協助塞爾維亞警察，進行大規模軍事行動，致使數十萬阿爾巴尼亞人淪為難民，紛逃至阿爾巴尼亞（Albania）、馬其頓（F.Y.R. of Macedonia）及蒙特尼哥羅（Montenegro）等鄰國，雖被暫置於難民營，卻嚴重缺乏糧食、衣物、毛毯、帳篷與醫藥。

慈濟美國分會接獲華府參議員羅拔克來電，請求參與人道救援科索沃難民。在安全等多方考量下，慈濟與美國騎士橋國際救援組織（Knightsbridge International, KBI）

合作，由慈濟提供運費，於 1999 年 4 月 10 日協助將一批價值 30 萬美元，約 4,600 磅包含成人及孩童抗生素的緊急藥品，送到阿爾巴尼亞難民中心。

4 月 13 日，慈濟隨臺灣外交單位前往馬其頓，深入科索沃難民營，了解難民醫療等民生需求。6 月與世界醫師聯盟（M.D.M.）合作，展開為期 5 個月的「關懷科索沃難民計畫」，由慈濟出資、M.D.M. 負責執行，「關懷科索沃難民計畫」以醫療復健為主，以首府普利斯提納（Pristina）、蘇瓦瑞卡（Suva Reka）、馬利雪夫（Malisevac）及米厝密卡（Mitrovica）為中心的廣大鄉村區居民為援助對象，執行項目主要為培訓當地醫護人員，提供薪水使其生活安定，成立醫療中心及移動性醫療隊，對當地醫療站提供藥品，穩定基層醫療體系，並選擇飲用水遭污染之村落興建供水設備，提供潔淨的飲用水；同時結合當地專業心理復健師、心理諮商專家與學校老師進行戰後心理輔導。

此外，農業重建亦是科索沃戰後復原的要點，慈濟也透過與國際慈悲會（Mercy Corps International）合作，

捐贈二千餘噸化學肥料，幫助農民復耕。在各方援助陸續湧入科索沃，使得科索沃在醫療、物資、民生各方面都獲得相當的支持；而在土耳其的兩次地震及臺灣九二一大地震相繼發生後，慈濟遂將援助的力量轉而投入土耳其及臺灣，幫助更急需救援的地震災民。

（五）阿富汗

2001 年「九一一事件」發生後，為了躲避戰火、遠離旱災，數百萬阿富汗平民被迫離開家園，攜家帶眷逃到鄰國邊境，老弱殘病者因行動不便仍大多留在阿富汗境內亟待救援。

慈濟基金會與美國騎士橋國際組織合作，於 2001 年針對阿國北部地區的薩曼干省艾巴克市（Aibak）多處難民營，以及高加巴丁醫院、艾巴克市省立醫院等，展開人道救援。

援助行動分成三波進行，執行期間自 2001 年 10 月底至 2002 年 1 月中旬，慈濟基金會除了出資贊助騎士橋採購醫療器材，以及小麥、食用油等物資外，也在臺灣發起物資募集活動，彙集冬衣、運動鞋、藥品、毛毯等賑濟

物品，裝滿 7 個 40 呎貨櫃，運往阿富汗，捐贈給阿富汗西南方馬凱基（Makaki）、四十六哩（Mile 46）兩處難民營，以及西北方大城赫拉特市（Herat）。

2001 年 12 月下旬，騎士橋先遣人員在等待與慈濟志工會合期間，於艾巴克市、哈茲拉地薩頓難民營及卡魁村（Qarqin）等地，發放了近 90 公噸小麥；2002 年 1 月 8 日雙方會合後，再度前往艾巴克市，捐贈醫藥及醫材予當地醫療單位，並赴薩頓難民營發放小麥、糖、食用油、煤油、鞋子及毛毯等，總計兩波發放共幫助逾 1,700 戶。

（六）伊拉克

伊拉克（Republic of Iraq）因兩伊戰爭、波斯灣戰爭等長年戰火紛飛、爭亂不斷，導致上百萬伊拉克人流離失所，淪為難民。慈濟對伊拉克難民的關懷，始於 1991 年波灣戰爭，當時僅由慈濟美國分會募款捐予美國紅十字會，期能為波灣戰火下的孩子們盡一分心力。直到 1997 年慈濟在約旦設立據點，才開始對邊境的伊拉克難民，有了較密集的幫助，包括發放食物、民生物資等。

2003 年伊拉克戰爭慈濟約旦聯絡處負責人陳秋華率

領志工，積極整備應急物資，以供應難民醫療及民生所需；臺灣同步募集包括毛毯與食物罐頭等賑災物資，於 3 月下旬運往約旦阿卡巴港（Aqaba），並多次前往邊境的難民營發放食物、礦泉水、糖、茶葉、文具等民生物資，也為小朋友搭設一個小型遊樂場，讓他們重拾歡樂。慈濟志工更隨著約旦救援車隊進入伊拉克境內，並在巴格達郊區的法路加綜合醫院（Al Falluja General Hospital），發放米、麵、糖、豆子、油、茶、蔬菜罐頭及藥品等物資，補充工作人員、病患及家屬所需。此外，也捐助巴格達地區的巴勒斯坦難民營約 6 噸食品。

在約旦與伊拉克邊界的三大難民營，戰爭結束後難民人數仍不斷增加，他們多數是伊拉克境內的巴勒斯坦人、伊朗人或是庫德人。難民營的生活條件極差，食物、醫療缺乏，水質不良造成孩童經常腹瀉與健康問題，約旦慈濟志工仍然長期前往關懷、發放生活物資。

（七）約旦

在約旦，2013 年志工到各創傷收容中心，深入關懷因逃難而受傷的敘利亞難民，每月評估補助救急金，讓他

們得以支付房租等生活相關支出，並提供購物券。另，提供孕婦生產、手術費用及嬰兒照護上的補助。為失學孩童提供助學補助。對於特殊關懷需求者，則以醫療補助、以工代賑等援助方式即時解難。2015 年起，維持關懷重傷中心難民與各地區難民感恩戶活動，並著重於帳棚區難民的關懷，以個案方式評估補助醫療、教育之補助。在約旦境內以難民醫療個案，尤其孩童醫療手術援助，並走入塔拉博特社區中心（Tarabot Community Center）、阿紮來卡難民營、馬夫拉克難民進修中心等地進行義診，陪伴他們健康長大。

（八）土耳其

敘利亞內戰至今導致數百萬人逃離家園，其中超過 300 萬人逃到鄰國土耳其。

2014 年，伊斯坦堡慈濟志工開始救援城市裡的難民，發放物資、成立義診中心、興辦滿納海學校。慈濟對敘利亞難民的援助計畫，從生活補助，到學童的教育，進而再到守護健康的義診中心。還有一群由敘利亞難民組成的背心志工協助發放流程，讓每月近 6,000 戶的發放工作能有

效率的完成，讓身處異鄉的他們有新生活。「滿納海國際學校」於 2018 年正式啟用，並獲美國教育認證機構及土耳其政府肯定。對敘利亞鄉親而言，這裡不是教育機構，而是學習原諒與愛的療癒園地，因為這是一所從小學到高中的完全教育，孩子們免費讀書，甚至還能領取生活補助金；這裡也不只是學堂，大人在這裡做禮拜，還可以舉辦發放跟義診，對許多敘利亞難民來說，滿納海，就是他們在土耳其的家。

（九）塞爾維亞

根據國際移民組織（International Organization for Migration, IOM）統計，2015 年約有 105 萬主要來自敘利亞、伊拉克與阿富汗的難民，走上「巴爾幹之路」，其中承接最多難民過境的塞爾維亞（Republic of Serbia）就將近 58 萬人，令塞國難以負荷難民過境或駐留期間的人道援助支出。

2015 年底，慈濟基金會接獲外交部來函，了解塞國與過境難民的困境，考量慈濟在當地無據點及志工人力，遂委任德國志工於 2016 年 1 月前往勘查，並得知聯

合國難民署、無國界醫師（Médecins Sans Frontières，MSF）、紅十字會、世界展望會等慈善組織進駐塞國，為難民提供餐食、醫療等服務；但難民因長途跋涉，衣服、鞋子多已破損，且每年 11 月到隔年 2 月時值寒冬，最需要禦寒物資的援助，遂確認發放冬衣的援助方向，向塞國難民及移民事務委員會申請發放准許文件，自此，應關懷需求，援助至今。

2017 年 2 月起，與歐盟慈善機構共同為歐普（Obrenovac）難民中心提供早、晚餐食物援助，並透過以工代賑方式招募難民協助餐時發放，同時也捐贈夏裝與拖鞋等生活用品。2018 年 1 月起，新增加克爾尼亞察難民中心供餐服務，提供早餐麵包。

2019 年，除了持續提供衣物、餐食之外，慈濟送來床墊、床套，讓客居他鄉的他們，可以有更乾淨衛生的生活，同時也為就學的孩子，送來一年份的練習簿與文具用品。每當志工到來，熟悉的人，溫馨的互動，無論是衛教、環保帶動等，都讓他們重展笑顏。

（十）印尼

印尼慈濟志工考量青年們未來發展性，於 2017 年提供援助資金設立希望之家，解決難民青年民生的問題，再提供語言（英文、印尼文）、電腦技術、機器、水電、烹飪及理髮等課程教學，再依興趣學習謀生技能後，規劃後續實習的機會；這樣的安排也獲得聯合國難民署的重視，亞洲區代表奧利弗（Oliver）親自拜訪「希望之家」表示，這群年輕人的生活比在自己國家更安穩，對他們非常有幫助；同時，印尼慈濟分會與聯合國難民署（UNHCR）於 2017 年起合作，為更貼近服務需求，讓慈濟人醫會更準確地提供醫療服務，由耶穌會提供的難民基本資料，每半年為阿富汗國際難民舉辦義診。

（十一）泰國

2014 年慈濟泰國分會、慈濟美國總會與美國國務院簽訂合作備忘錄，自 2015 年 1 月起於曼谷慈濟會所，每月為難民舉辦一次「社區醫療服務」活動。除了廣邀當地醫院參與義診，安排免費接駁車接送難民到義診現場，並結合 Thai Harvest-SOS 食物銀行，進行食物發放。

2017 年 9 月，慈濟泰國分會在會所內設立永久性診間，於每個月第一、三個週六提供預約制的常態性義診，讓難民就診不受限於一個月一次的大型義診。若發現需要轉診大醫院的個案，慈濟也會資助難民到醫院就診的部分費用，針對需要幫助的難民也會列入慈濟個案，安排志工家訪，也會每月給予補助。

（十二）馬來西亞

UNHCR（聯合國難民署）駐馬辦事處與慈濟吉隆坡分會於2005年簽署備忘錄，展開長期難民援助合作計畫，內容包括生活物資補助、醫療義診及醫療補助個案轉介等。

2007 年 9 月 19 日，UNHCR 和慈濟洽談，針對緬甸洛興雅族及伊斯蘭穆斯林難民籌辦「難民兒童基本學前教育計畫」，並自 2008 年 1 月起陸續在當地難民聚集的社區設立「UNHCR 暨慈濟教育中心」。此項計畫最終目的是希望失學孩童能掌握讀、寫、算及數種語言的基本知識。

另外，由 UNHCR 轉介的醫療補助或家庭經濟困頓個

案，多是洗腎患者或愛滋病友，慈濟自 2010 年 3 月執行
「難民特殊醫療援助專案」，接案後會派人家庭訪視，瞭
解難民需求後，視狀況每月撥款支付醫療費用、或短期經
濟補助。

（十三）美國、加拿大

近年來，許多國家的難民前往美洲其他國家尋求庇
護。位在北美洲的美國與加拿大，均是富饒的國家，也接
納來自許多國家的難民。兩國境內難民的關懷，慈濟雖未
有大規模的動員，仍秉持著哪裡有需要就往哪裡去，多以
落實社區的方式，與在地相關單位合作，關懷社區需要幫
助的難民家庭。

在加拿大，許多社區會依現有資源及容納能力來安
置難民，而慈濟加拿大分會自 1995 年開始，便以贊助物
資或經費的方式，先後經由移民服務協會、食物銀行等單
位，關懷安置在各社區的難民家庭。此外，亦與溫哥華、
本拿比、多倫多等地眾多學區合作，透過提供免費早餐、
捐助學用品及課外活動費用等多元的助學方式，援助數千
名的清寒學童，其中不少來自難民家庭。

2015 年，加拿大政府開始大量接納敘利亞難民。慈濟志工除持續經由參與助學計畫的學校，關懷各社區安置的敘利亞難民家庭，亦與多倫多阿拉伯社區中心（Arab Community Centre of Toronto）、愛靜閣社區服務協會（Agincourt Community Services Association）等機構連結，為敘利亞等中東國家的難民家庭發放生活物資，關心他們在異鄉生活的狀況。

　　與加拿大同樣為移民國家的美國，向來是世界上接納到第三國定居難民人數最多的國家。美國各地慈濟志工在接獲難民安置所或援助機構的求援訊息，經過探訪、評估之後，依難民所需提供包括民生物資發放、醫療義診等不同的援助項目，同時也透過長期陪伴、關懷，給予精神上支持，如：慈濟德州分會自 1998 年起，與超宗教聖使團（Interfaith Ministries, IM）展開長達數年的合作，進行難民居家訪視。

　　另外，美國慈濟志工也藉由推動「幸福校園計畫」，建立教育與慈善的關懷網絡，進而能在 2013 年將計畫擴展至北卡羅來納州綠堡市（Greensboro）的「多麗絲韓德

森新移民學校（Doris Henderson Newcomers School）」，該校學生大多因天災或戰亂而被迫離開家園，經過顛沛流離的日子輾轉來到美國。慈濟志工除了為學子們送上書包、文具用品等學用品外，也不吝於給予擁抱，讓他們知道自己並不孤單。

美、加兩國慈濟志工除關懷境內難民之外，亦積極護持國際賑災，從 1991 年波斯灣戰爭、盧安達內戰、科索沃以至於近期的敘利亞內戰等等國際間重大災難事故，所引發的難民危機，動員募心募款，或經由紅十字會或支持慈濟臺灣本會的援助方案，為流離失所的人們付出。

（十四）紐西蘭

位於大洋洲的紐西蘭及澳洲為難民公約簽署國，每年均會開放固定員額接納難民。

在紐西蘭，難民入境後會先暫居難民營，待適應環境後，由政府安排住所生活，至於生活用品、家電、家具等，則是靠社會大眾捐助。2002 年，紐西蘭漢彌頓慈濟志工開始透過市政府的難民服務中心，關懷初到紐西蘭的難民，除提供衣物、寢具及炊具等物資外，並配合難民中

心不定期進行居家訪視。

2005 年慈濟關懷難民的行動受到難民服務單位主管及紐西蘭移民局官員肯定，自 8 月起獲准在難民服務單位人員陪同下，進入難民營發放；而當難民搬入政府提供的住所後，慈濟志工可在通曉各國語言的社工陪同下前往關懷。

2009 年，慈濟志工將難民關懷範圍從北島奧克蘭擴大到全國。此外，為了及時幫助有困難、有迫切需要的難民，經與難民服務單位達成共識後，自 2012 年起，慈濟將原本捐贈物資給全部難民的方式，改成針對有緊急需要的難民個案關懷，給予更貼切的援助。

（十五）澳洲

當地慈濟志工透過紅十字會、多元文化發展協會（Multicultural Development Association）及亞瑟斯社區服務組織（ACCESS Community Services）等單位轉介，關懷有生活或醫療需求的難民。

2004 年，慈濟墨爾本聯絡處於取得食品安全法規證書後，7 月開始為難民等弱勢族群發放食物。醫療方面，

布里斯本慈濟志工自同年 9 月起與難民中心合作，每年固定舉辦牙科義診；而後，雪梨、墨爾本、柏斯等地慈濟據點，亦相繼展開難民牙科義診服務，至 2016 年止，澳洲慈濟志工協助難民個案數為 538 戶，食物發放 1 萬 6,516 戶次，牙科義診服務 2,813 人次。

2017 年，慈濟獲昆士蘭省政府邀請參與難民健康網絡（The Refugee Health Network）的「難民口腔健康工作小組（Refugee Oral Health Working Group）」，與政府、醫療單位及非營利組織，共同為難民的健康而努力。

難民最常遇到的兩大問題，就是語言溝通跟社區融入。尤其初來乍到的難民，對新環境人生地不熟，缺乏安全感。志工舉辦義診時，除協助接送難民之外，也會鼓勵他們參與志工活動，從社區服務開始與當地社會連結。

（十六）歐洲

近年的中東與北非十分不平靜，或因戰事衝突、或因國家經濟狀況不佳，大量難民冒著生命危險逃離家園，遠渡他鄉，尋找安身立命之處，其中絕大多數都湧入歐盟國家。慈濟在歐洲的志工雖為數不多，對於難民關懷仍本著

腳能走得到、手可伸得到的地方，就把握因緣，用心付出。

在歐盟國家中，德國收容難民人數最多，根據統計 2013 年約 12 萬人向德國政府申請庇護，2014 年達 20 萬人，到了 2015 年更逼近百萬，國際媒體形容每小時就有 100 位難民抵達德國。根據德國政府規定，難民取得庇護前，必須在指定的難民中心生活，往往面臨身心壓力及不安全感；而無法就業、無處可居的難民就在公園、空地搭帳篷，也為當地居民帶來龐大負擔。

德國慈濟志工秉持回饋社會的理念，期能在難民關懷工作上盡一份心力，於是前往北萊茵・威斯特法倫州的左斯特市（Soest）難民中心探訪，瞭解到難民最擔心的是取得庇護後仍找不到工作，而從事工作首先面臨的第一難題即是語言。因此，慈濟志工以瓦爾斯泰因（Warstein）3 個難民中心的難民為援助對象，2015 年陸續開設 4 個班級，聘請老師授課，每次兩小時教授德語課程；也邀請難民至家中小聚，假日帶他們戶外踏青，並邀請德國友人同行，讓難民有機會練習德語，結交德國朋友。

德國慈濟志工也不定期舉辦餐會與關懷活動，包

含左斯特市 4 所難民中心（Warstein、Eilmser Wald、Niederbergheim、Belecke），韋爾費爾市（Welveraner）難民中心、格拉紹市（Grassau）難民中心，不管是準備中、西式料理、帶動他們與當地居民共同表演、提供保暖衣物或生活用品包等，都是希望身在異鄉的他們能感受到如家人般的溫暖與祝福。

鄰近德國的奧地利，同樣有大批難民停留，維也納慈濟志工在當地華僑的協助下，自 2015 年 9 月底開始，每週二、五為難民提供熱食。而對於穿越地中海冒險渡海到義大利的北非難民，慈濟志工最先於 2015 年在佩魯賈（Perugia）難民中心發放毛毯與球鞋，2016 年起更結合羅馬、威尼斯及德國等地慈濟志工舉辦愛灑祈福會，邀約難民、當地居民及政府人員參與，為難民送上貼身衣物等物資，透過活動增進當地民眾對難民的認識，消弭彼此間的疑慮，也幫助難民安心。

慈濟於歐洲最早啟動難民關懷，緣自 1991 年英國倫敦慈濟志工每月平均兩次到肯迪郡添士密區關懷越南難民，並提供急難援助，近幾年則啟動陪伴關懷機場拘留中

心要被遣返的難民。相較於不斷增加的難民人數，歐洲各國慈濟志工總人數不到百人，但他們仍盡其所能為難民付出，不僅提供物資上的援助，更重要的是持續且不間斷地陪伴，期盼難民在戰亂烽火下受傷的心靈能獲得些許撫慰。

肆、結語：重啟人文　尊天敬人

在馬斯洛的需求層次理論中，說明人類心靈的發展與社會之關係，其中五項分別為：

（一）生理需求：這是人類維持自身生存的最基本要求，包括食衣住行的要求；

（二）安全需求：保障自身安全、避免威脅的需求；

（三）社交需求：來自於友情與愛情的需求，以及團體歸屬的需求；

（四）尊重需求：來自自我與他人的尊重、信賴和肯定；

（五）自我實現需求：實現自己的潛力，使自己成為所期望的形象。

不論是人為所致或是氣候影響所產生的難民，慈濟都是一視同仁地給予最適切的幫助，採取的措施不只是治標也治本。面對難民時，第一個要解決的便是糧食與醫療問題，「聖人為腹不為目」，完善「生理需求」是慈濟救助的第一步驟。在救援的過程中，難民受創的心靈經常需要無微不至的膚慰，是以在完成基本的生理需求後，從慈善的角度為之建立「安全需求」。

　　在慈善、醫療之外，更進一步地教育人民、賦予人文精神，讓他們擺脫被遺棄的哀怨心靈，而授予惜福、敬天、茹素的推己及人思想，從對自身生命的尊重，進一步推展至對世界萬物生靈的尊重、友善環境，以成就「社交需求」與「尊重需求」。此外發展教育也是慈濟賑濟過程中從不缺席的工作，在給他們菜吃以外，還教他們種菜，這與儒家「庶之」、「富之」、「教之」[6]的進程是一貫的，而教育正是「自我實現」最重要的一環，通過教育、工作，

6.按：《論語・子路》：「子適衛，冉有僕。子曰：「庶矣哉！」冉有曰：「既庶矣，又何加焉？」曰：「富之。」曰：「既富矣，又何加焉？」曰：「教之。」

可以達成理想，成就自我。慈濟四大志業之「慈善」、「醫療」、「教育」、「人文」正是最根本的需求發展，也是自我實現的過程。

面對無止盡的氣候變遷與政治動盪，我們似乎束手無策。在日常生活中，我們唯一能做的只有降低物質慾望，和諧地與自然共處，祈求這樣的方式可以使氣候變遷來得緩慢一點，對世界的損害變減少一點。或許一個人的力量很薄弱，但是人人咸發此心，積沙可以成塔，散發無量光明。

政治上，雖然我們難以介入，但是通過普及教育、培養品德，待人謙恭有禮，執事以敬[7]，以公心代替私利。人人都能以同理相待，為政者基於此，而體察民情、歸化民心，則政治難民不再發生，以大愛包容相互的差異，使地球為一村，天涯共比鄰，難民安在哉？

---

7. 按：慈濟的教育重視生活化，而重點在於使人成為「有禮、有德」之人，是以上接《論語‧子路》中：「居處恭，執事敬，與人忠：雖之夷狄，不可棄也。」證明慈濟的教育理念同於儒家，是真正的入世救苦精神。

（攝影 / 簡宗隆）

第六章

慈濟防災、減災、備災策略與模式

佛教慈濟基金會執行長辦公室主任 **王運敬**

> 人類對地球的破壞已超乎大自然所能承受，惟有人
> 類的深刻反省、疼惜萬物大自然、降低自己的物欲，地球
> 才能永續，人類也才能免於氣候災難所苦。

——證嚴法師

壹、前言：氣候變遷帶來的衝擊與危機

全球暖化加劇，造成極端天氣的出現頻率及機率不斷提高；根據世界經濟論壇（World Economic Forum，WEF）於 2020 年 1 月所發佈的全球風險報告，2020 年不論以風險發生可能性或是風險產生的衝擊程度而言，前 10 大風險中就有 5 項屬於環境風險，分別是「極端氣候」、「氣候行動失敗」、「天然災害」、「人為環境災害」以及「生物多樣性損失」；尤其是「極端天氣事件」

已連續 4 年在風險發生的可能性列為首位。

　　環顧全球暖化加劇，極端天氣的出現頻率及機率不斷提高，如同前述所提，人類無法忽視氣候變遷帶來的災害。臺灣位處西太平洋亞熱帶颱風路徑要衝所在，每年遭受颱風、西南氣流、梅雨鋒面、東北季風及夏季熱對流豪雨等易致災的天氣系統侵襲頻繁，加上氣候變遷因素，導致災害的破壞力與傷害也遽增。此外，臺灣位處歐亞大陸板塊與菲律賓海板塊的碰撞點上，地震頻繁；根據中央氣象局的觀測資料統計顯示，平均每年逾 2 萬 2,000 次地震，其中約有 500 次有感地震，造成房屋倒塌、橋毀路斷、坡地崩塌等災情。每年面臨這些常態性的災害衝擊，造成許多生命與財產損失，若能讓人民了解這些災害的特性，並學習基本的備災、應災知識，就能降低災害的風險以及損失。

　　因此，慈濟在過去超過半世紀致力於全球慈善援助工作，現在上人更期待能把「災難發生後」的應災援助工作，以「預防勝於治療」的理念，往前進行「災難發生前」的預防災難工作！期待透過防災、減災、備災等三大面向，

降低災難發生的機率、降低災難傷害的風險！

　　由於相關應災援助工作，已在其他慈善章節詳細描述，是以，此章節專以預防性的「慈濟防備災模式：防災、減災、備災」為主要論述內容。

貳、整合性的慈濟防救災慈善模式

　　慈濟作為一個國際性的慈善機構，尤其面對全球多面向的災難屬性，每年、每月、每日都為了全球的災難救援而奔忙。除了如何能有系統地進行全球賑災，更重要的是如何進行災難的預防和減災備災等工作，更是刻不容緩。

　　因此，慈濟從災難前的「防災、減災、備災」預防三階段策略，加上災難後的「應變、復原、重建」援助三階段策略等總計六大階段，連結聯合國運作機制，開展出全面性、整合性、系統性的慈濟慈善模式！

一、防災策略

　　慈濟結合高端專業防災機構，簽訂合作備忘錄，共同建立防災跨界合作系統，包含氣象單位、地震工程研究

單位、水利整治單位、防災科技網路單位等，以超前預測的方式，掌握災前訊息，做好防災準備。並以防災教育推廣，在臺灣先設立「防災教育中心」，將災難相關科普知識，普及社會大眾，以全民之力共同防災。並在全球進行慈善人道援助團隊的教育訓練，將慈濟援助模式以及策略系統，進行模擬演練，強化全球各地的應災能力。

二、減災策略

除了過去災難發生過後，慈濟協助災區學校硬體重建之外，慈濟更首先在臺灣推動「減災希望工程」，為結構脆弱可能導致地震造成傾倒或傷亡的學校，先進行拆除重建工作，以避免傷亡，保護師生安全。至今慈濟已在臺灣援建 26 所減災希望工程。

三、備災策略

針對全球各地災難頻傳，慈濟在臺灣以及全球各地，以航運交通等各方面因素為考量，設立慈善援助物資倉儲以及民生所需的慈悲科技品項，將援助物資事先籌備，包

含淨水設備、行動廚房、環保毛毯、香積飯、環保碗筷、
多功能摺疊床、衣被等各類救援物資等。

四、應變策略

依據災難屬性和災區需求，慈濟在災難發生後的第
一時間，提供糧食、民生物資、醫療義診等短期應急援助，
讓災民能安頓身心。

五、復原策略

慈濟為災區民眾提供生計輔導、就業方案、以工代
賑等安生計畫，並為災區學子提供教育補助等安學計畫，
協助災區在最短時間內進行復原，重拾幸福生活。

六、重建策略

通過「軟、硬兼施」，慈濟以提升當地生活所需為
考量，從人才的培育及各類建設的重建，內容包括為災民
進行援建永久性大愛屋、提供援建及各類醫療設施、為教
育援建學校、增加各項教學設備等，為社區興建活動中心

與宗教信仰中心等，希望為災區重新建立災後嶄新的社區風貌。

參、慈濟的防災策略

全球大小災難頻仍，身處在災難四起的環境中，我們必須做好「與災難的安全距離」！

慈濟從各大小災中不斷救災，不忍因無常而看見人間的悲苦，透過減災達到防災與避災之際，也積極從經驗中找到更好的預防動力。

慈濟透過防賑災業務專責組織建立，持續穩定推動防賑災會務；於全臺四大區建立社區防備災教育中心，將防備災教育推廣深入社區，不僅讓社區居民對災害有更進一步的瞭解，進而能依據社區災害風險屬性，推動相對應的防備災工作。

從歷史重大災害的反思中，進一步強化公部門與專業防災機構的能量整合，建立更密切的交流與資源共享機制。進行防災種子及志工的教育訓練，共同推動社區防災教育以及社區防備災工作之規劃與推展，建立具有減緩調

適的韌性社區。

慈濟在每一次的賑災行動中專注於受災民眾的需求，運用科技的創新，從第一線的賑災現場發掘需求，秉持「慈悲」人道精神，持續加強「慈悲科技」發展與運用推廣，應用於災害援助工作，透過科技尋求問題的解決，因應災害來臨時的不時之需。全臺慈濟會所設置「賑災熱食供應中心」、「備災物資庫房」建構完整備災後勤系統，以利災害發生時之賑災需求。

一、建立防災專責單位

災害援助是世人對慈濟最深刻的印象，也是慈濟重要之慈善業務之一。於 2019 年設立防賑災專責單位，讓執行防賑災相關事宜更系統化，災防組的業務內容包含研擬制度與執行計畫外、建構與協調運作平臺、培養防賑災人才、執行災害管理業務，以及研發、應用慈悲科技產品與建立知識庫。

二、建立專業性防災機制

　　為推動本會各項防賑災工作，提升防救災專業，特與中央與國家級的專業防災機構簽訂防災合作備忘錄，建立防災機制。在印尼，慈濟更與國家軍隊合作，簽訂慈善防救災協議，在災難時，軍方提供各項運輸工作與人力，與慈濟搭配進行救災與義診等事項。

　　截至 2021 年 1 月共與 11 個單位簽署備忘錄：

　　（一）國家災害防救科技中心　2019/04/16

　　（二）臺北市立大學市政學院　2019/04/30

　　（三）交通部中央氣象局　2019/07/12

　　（四）國研院國震中心　2019/09/16

　　（五）高雄國立科學工藝博物館　2019/12/05

　　（六）臺北科技大學　2020/03/11

　　（七）行政院環保署　2020/03/18

　　（八）經濟部水利署　2020/04/17

　　（九）國家實驗研究院　2020/05/26

　　（十）農委會水保局 2020/12/22

　　（十一）海巡署中部分署 2021/01/19

三、建立地方性防災與救災合作

因中小型災難救助與防災教育和演練，以縣市地方政府為主責，因此如何結合地方政府和民間力量，共同發揮慈善防災的能量，將可促進效率與效能。為此，慈濟陸續與各縣市政府簽署合作共善備忘錄，共同為促進防災教育與救災應災合作機制而努力。截至 2021 年 3 月共簽訂 18 縣市，其他縣市陸續簽約中。

　　（一）苗栗縣　2019/09/04

　　（二）臺南市　2020/01/12

　　（三）嘉義縣　2020/02/25

　　（四）彰化縣　2020/03/12

　　（五）嘉義市　2020/03/25

　　（六）臺北市　2020/04/09

　　（七）新竹縣　2020/06/03

　　（八）新北市　2020/06/17

　　（九）花蓮縣　2020/07/02

　　（十）雲林縣　2020/07/22

　　（十一）屏東縣　2020/08/26

（十二）桃園市　2020/09/15

（十三）南投縣　2020/10/21

（十四）臺東縣　2020/11/04

（十五）宜蘭縣　2020/12/01

（十六）台中市　2020/12/22

（十七）高雄市　2021/01/05

（十八）基隆市　2021/03/09

四、申設防災士培訓機構　培育社區防災士

自然災害頻傳，加以社會結構變遷導致災害類型複雜化，世界各國均朝深化自助、互助及公助機制努力，其中首重自助、互助。自主防災措施均需有核心參與者來落實自主防災經營能力，建立由下而上的永續運作機制。配合政府希望藉由培育眾多防災士，成為民間自主防救災工作的種子，協助推廣災防工作。

防災士角色任務：

（一）平時：受過防災士培訓後，具備防災基本知識技能，可自主協助家庭、社區及工作場所推動防災活動。

（二）災時：在政府救援到達前，進行避難疏散、災情查通報等災害應變措施。

（三）災後：參與避難收容及災民照顧，並協助地方政府組織復原重建。

2019年起，政府在各縣市辦理防災士推廣培訓課程，同時輔導民間機構團體開班培訓，務期韌性社區、民間企業、工廠、長照機構、身心障礙友善服務場所、高層建築物等均設置防災士，讓自主防災機制逐步深耕茁壯。慈濟為加強社區防災觀念、居家防災安全教育宣導，於2020年7月成為內政部消防署認證的防災士培訓機構，以期提升慈濟人對災害的防備及應變能力。

五、建立系統性防災教育訓練機制

除成立專責組織外，慈濟更有鑒於氣候災難的複雜與多元性，必須有效將過去慈濟救災相關知識與經驗傳承，強化災防人員的人才培育，針對本會總指揮中心成員、分會同仁辦理定期教育訓練課程。教育訓練之內容包含 NCDR 圖資平臺、Ragic 行政操作、跨處室防災協調會

議等；此外，針對各區合心協調中心的行政和志工成員、和氣防災協調中心成員等，辦理教育訓練課程，強調由慈濟行政到第一線的防災志工，都能提升防災意識，落實執行。

六、建立防賑災資訊系統

為整合氣象等防賑災情資，感恩國家災害防救科技中心（NCDR）協助，開發「慈濟防災情資網」，運用 NCDR 已整合政府十餘單位之氣象、水力、交通等情資，協助本會規劃各項防備災與賑災工作。另為提升防賑災行政管理能量，本會運用 Ragic（Excel 式企業雲端資料庫）開發「防賑災協調系統」。

七、研發防賑災慈悲科技

慈濟研發的志工團隊，秉持著環保理念研發各式利於救災之物資，以協助提高慈濟賑災效率；以「食、衣、住、行、資訊及研發」為架構，設立食品、衣著、住屋、運輸、資通訊及綠能 6 組，因應緊急災難災區的物資供應及環保

意識，結合慈善與環保，體現人道精神與創新觀念。

　　慈濟以科技研發具環保、節能的賑災物資，就「食、衣、住、行及資訊通訊」等方面概述如下：

　　（一）食：考量氣候變遷的趨勢和災後各項民生問題及基礎建設恢復的進度，以及災民對於熱量、營養、安全性及飽足感等實際的需求，因此研發出冷熱水均可泡食的「香積飯、香積麵」，還有具備多功能、移動性佳的「行動廚房」、居家與社區型的淨水設備等。

　　（二）衣：環保志工回收寶特瓶，經過細心分揀，由人援會研發成紡織原料，製成環保毛毯及環保衣物，已運用在賑災救濟上；其質料輕且兼顧排汗保暖，對人體也沒有化學汙染之虞，十分健康實用。

　　（三）住：因應救災需求，設想到帳棚悶熱、鐵皮屋運送不便等缺點，所研發的簡易屋，除了組合方便並兼顧運送便利性、民生基本用水與用電的全方位考量，讓慈濟賑災住屋更能符合環保與人性化的訴求。目前正積極努力嘗試各種不同材質、形式的組合屋，期許在災難發生的第一時間內，能讓災民可以立即地安身、安心、安生過生

活。慈濟也同步將靜思人文所研發設計的「淨斯多功能福慧床」應用在救援工作，集合輕巧、可摺疊、易組裝及易搬運等特點，此福慧床也在 2014 年獲德國紅點設計大獎（Red Dot Design Award）「最高品質獎」肯定。同時也研發了「淨斯福慧環保隔屏」，除做空間區隔外，材質為回收塑料，並具有阻燃效果，提升災民在收容安置期間隱私，2020 年採購並於全省配製，納入賑災物資管理。

（四）行：整合慈濟賑災倉儲物流以及運輸之海陸空運輸航線，讓災難發生時，能在最短時間將物資送抵災區。

（五）資訊通訊：因應災區通訊不易，已將龐大繁瑣的通訊器材濃縮成 3 個手提箱型的通訊設備，便於攜帶，可以讓分散各定點的小隊彼此聯繫，在遠距離的通訊時，則採衛星電話。另外，也著手整合賑災倉儲資訊系統，配合各項賑災業務朝電子化發展，讓未來物資調度和食品保存期限，都能快速、便捷地掌控，並減少紙張需求，更加環保。

八、參與防救災演練與慈悲科技展演

定期參與中央及地方政府之防救災演練，防災聯繫會報等，與相關單位增強平時運作默契，有助於實際災難發生時的總體救災效能。例如每年九二一國家防災日均會舉辦國家防災日大規模震災消防演練，本會由 2017 年起應邀參加，展演慈悲科技。並於防災演練時，協助後勤支援，提供福慧床、福慧桌椅、太陽能 LED 燈、茶水、熱食，以及傷病患與家屬心靈膚慰工作。

九、設置「防備災教育中心」

2019 年 7 月 12 日於苗栗園區設置全臺首座「慈濟防備災教育中心」，設施包含：防備災科普知識館、互動體驗區、防災協調運作研習教室、安置中心運作模擬教室，與戶外的慈悲科技展示區。「防備災教育中心」扮演防災備災教育，及慈悲科技展演與災害管理演訓等功能之重要基地，對內培植、對外接引。防備災教育中心的設置，更將防救災教育向下扎根，樹立官方與民間合作典範。慈濟成立全國首座防救災教育中心，共設置 4 個館區，以強調

防救災教育工作的重要性，期許在官方和民間密切合作下，未來的防救災工作更到位，可大幅減輕災損和人員傷亡。

十、推廣防災科普教育

（一）防災教育特展與體驗活動

定期與相關防災專業合作，於慈濟各地靜思堂或外部展館、戶外公共空間等，舉辦防災教育科普展覽、防災體驗活動等，促進社會大眾對於防災觀念的提升與深化。例如：2019 年 5 月 12 日起於花蓮靜思堂首場，展出「莫忘那一年」防災教育特展，回顧 20 年前九二一大地震，當年全臺、全球愛心動起來，彼此互助、細膩感人的人性之美，並喚起社會大眾從災難體悟人生無常，對身處地震島的認知，以及啟發人與環境的省思、對災難的省思與積極正面的作為。

「喚醒防災 DNA 特展」為行政院九二一震災 20 週年暨莫拉克風災 10 週年紀念之主題特展之一，由國立科學工藝博物館策劃，於花蓮靜思堂展出。本會首次與公部門合作的兼具災防科技教育與防災應變作為學習之綜合型

國家級防災教育展覽，透過「防災觀念建構、災防科技學習、防災作為行動」為宗旨進行設計規劃，運用科技並以寓教於樂方式，引領民眾獲得全面性之災防新知，且提醒大眾對災害之敏感度與激起大災害來臨前之工作準備。

（二）校園防災教育巡迴展

定期將「防災教育特展」相關資料，結合學校推廣「防災教育」，以行動方式進入校園，讓學子得以直接經驗與學習，讓防災觀念從小扎根，有助於防災觀念與行動的落實。

肆、慈濟的減災策略

除了上述防災策略之外，對於無可避免的災難風險，仍必須採取實際的「減災」策略和行動，以減少受到災難的傷害與影響，並做好調適與減緩的韌性社區機制。

一、援建減災希望工程

臺灣校舍老舊問題由來已久，甚至被列為危險建築也依舊使用；政府積極推動「加速國中小老舊校舍及相關設

備補強整建計畫」，檢核全臺國中小學建物，並每年提撥經費，補強或改建耐震係數不足的校舍。但因數量龐大，特別是偏鄉或資源不足的縣市鄉鎮，尤為迫切。

除了過去災難發生過後，慈濟協助災區學校硬體重建之外，例如九二一大地震過後，慈濟在臺灣援建 51 所學校的希望工程。慈濟以多年救災經驗考量，更期待能在災害發生前，將災情減到最低，保護師生安全。自 2014 年起慈濟首先在臺灣推動「減災希望工程」，為結構脆弱可能因為地震造成傾倒或傷亡的學校，先進行拆除重建工作，以避免傷亡。至今慈濟已在屏東、高雄、臺東、花蓮、苗栗等縣市援建 26 所減災希望工程。

結構安全的嶄新校舍，除了能保護師生安全之外，更能在災難發生時，成為社區居民的收容或庇護所。

二、推動減災遷村計畫

為易受災害影響之潛勢區之弱勢族群，與當地政府合作，經居民同意，由政府提供安全無虞、交通良好、生活便利之土地，慈濟無償援建減災避災之永久性大愛屋，

避免受到災難影響，危及生命財產安全。例如臺中之自強新村等。

三、建立國際減災合作機制

　　參與聯合國在日內瓦舉辦的防災減災大會，與世界各國相關單位建立防災與減災的國際合作機制，並將慈濟的慈善模式與論述，展現在國際聯合國的平臺上，促進討論與交流，增益成長與經驗學習。

伍、慈濟的備災策略

一、建立全球備災物資倉庫

　　為因應災害發生時之賑災物資緊急需求，於臺灣北、中、南、東四區之合宜靜思堂規劃設置「備災物資庫房」，備存賑災物資。在全球分別於亞洲之大陸、馬來西亞、印尼、菲律賓，以及美洲之美國等地，依慈濟空間、運輸便利等因素，設置海外「備災物資庫房」。

二、建立備災安全庫存機制

依災難需求之物資品項，進行安全庫存機制。品項包含環保毛毯、福慧床、物資發放袋等。有關食用物資，包含香積飯、香積麵等，則以「先進先出」方式進行有效期限的物資管理。

三、建立備災全球運輸連結

災難發生時如何即時、有效地運輸救災物資前往災區，則必須連結海運、空運、陸運和報關與通關等政府與民間相關單位，建立密切合作夥伴關係，才能在緊急時間內，將大量的援助物資送抵災區，成為災民身心安頓的慈悲後盾。例如，在南亞海嘯、大陸川震、日本海嘯、COVID-19 疫情期間，慈濟連結許多航空公司、政府專機、船運公司等，在第一時間將援助物資送到災區。在馬來西亞，慈濟更與聯合國救援單位合作，將慈濟賑災物資先備放到「通關倉庫」，救災需要時，聯合國會協助進行運輸與通關，方便慈濟和其他慈善機構進行人道援助。

四、建立備災物資異地備存

　　為了有效即時提供物資援助，慈濟在近年開展援助物資的「異地備存」模式。例如，慈濟與臺灣縣市政府合作，提供災民安置的福慧床，捐贈給縣市政府，預先放置於災害潛勢區的鄉鎮區公所，以備預防性撤離或災後安置之使用，同時亦可彈性統一調度，支援其他受災區域。

五、建立備災物資合作系統

　　為有效提供災後所需之民生物資，除了慈濟自存之安全物資之外，慈濟更與大型販賣超市建立合作關係，慈濟可依災區需求，連結當區之大型超市統一取貨，事後統一結清款項，大幅降低採購相關民生物資之時間與人力成本。合作的超市集團公司，多以發揮「企業社會責任」之大愛精神，以捐贈物資方式與慈濟共善共行。

六、建立熱食供應中心

　　為因應災害發生時，救難人員與災民之餐食、茶水緊急需求，慈濟於全省北、中、南、東 4 區，以及全球海外

分支機構之合宜靜思堂規劃設置「賑災熱食供應中心」。

陸、結語

「預防勝於治療」是慈濟在投入防災、減災與備災時的重要理念。除了上述有形的各項防災、減災和備災策略與計畫行動之外，上人更提醒世人，所有的災難，都從一念心起！

溫室效應、氣候急難、大水、暴風、土石流等天然災害，均肇因於人類破壞大自然，不珍惜自然山水，無盡的欲望與貪求享受而暴取天然資源所致！

人道危機、戰爭衝突等人為災難，均肇因於人類缺乏知足、感恩、善解、包容的心念，以至於對立衝突、人心難安！

所以除了有形的防災、減災和備災的策略行動之外，「防災在源頭」的「心靈防災」教育工作，更是根本。

而心靈防災教育，就必須從下列開始做起：

去除貪欲少消費

疼惜物命多循環

尊重生命勿殺生

　　健康蔬食護地球

　　人類互愛共同體

　　包容感恩致祥和

　　也唯有從心靈防災教育著手，致力於預防性的防災、減災與備災策略，才是人類健康、地球平安的永續發展之道！

第三篇

慈濟思想論述

（攝影／阮義忠）

第七章
慈濟宗門長情與大愛：
證嚴上人「大愛」思想系論

慈濟大學通識教育中心兼任助理教授　釋德傅

摘要

　　「大愛」一詞，於宗教文獻，基督教或佛教都曾使用。從實踐佛教精神而言，慈濟視為主要精神，於援助苦難時不刻意宣揚，只為了讓受助者得到安慰；從信仰層面而言，僅以身體語言詮釋何謂「大愛」，此「無聲的說法」與證嚴上人思想息息相關。上人「大愛」思想，融會佛教「無緣大慈，同體大悲」的胸懷，界定「大愛」是：不分宗教、不分國界、不分種族；人類需要宗教，宗教就是要啟發人人的愛心，不論佛教、基督教、天主教，伊斯蘭教，宗教與宗教之間能和諧、共處，互相尊重，也是大愛精神的表現。上人認為，儒家之「仁愛」，乃至基督教、天主教之「博愛」的意涵，雖有字義之別，從精神上而言卻是

共通的。教導慈濟人實踐大愛精神乃是行菩薩道；面對苦難眾生，懷抱「人傷我痛，人苦我悲」之心。佛教以救度一切眾生為理想，不談「情」與「愛」，上人則擴大「情」與「愛」的範疇，並融合佛教「慈悲喜捨」精神，將之普及一切眾生，故云：「拉長情，擴大愛」、「慈悲是大愛的家」；慈濟人廣泛體現於個己生活，乃至於急難援助時，更特別被彰顯出「大愛」符碼。本文試從上人「大愛」思想，分析作為慈濟精神，如何形塑與體現，並探討對現代佛教所產生的意義。

關鍵字：佛教、慈濟、大愛、慈悲。

1966年證嚴上人於花蓮創立「佛教克難慈濟功德會」（即「佛教慈濟慈善事業基金會」簡稱「慈濟」，以下同），迄今已逾半世紀；慈濟從初始之慈善工作，為因應社會環境需要而逐漸推展「四大志業，八大法印」[1]， 並成立慈

---

1. 詳見「慈濟全球資訊網」http://www.tzuchi.org.tw/about-us/2017-11-20-01-15-13/%E6%85%88%E5%96%84/item/959

濟宗門。

　　證嚴上人的思想乃深繫於慈濟發展脈絡，同時也是慈濟人於行善中體現上人的教導將佛法融合於生活中的精神所在；慈濟人美善的行誼，流露佛教「無緣大慈，同體大悲」之具體實證，也是來自上人之「大愛」思想。佛教教義中不言「情」與「愛」，而慈濟乃是談「長情」與「大愛」。什麼是「大愛」？上人之「大愛」思想脈絡為何？

壹、「大愛」之義蘊

　　「愛」（巴利語意譯 piya），佛教中意指貪戀執著於一切事物，具對象性與執於所喜好愉悅感；貪戀與執著皆是造就種種惡業之源。從字義上，「愛」有別於世間法具有負面作用，況亦屬十二因緣之一，含有對外境所生起的貪執染著，如：貪愛、恩愛、愛欲等，不離五欲範疇，且都是以個體所產生的一種直觀現象，據南傳《法句經》卷一〈喜愛品〉云：

　　從愛生憂患，從愛生怖畏；離愛無憂患，何處有怖畏？從親愛生憂・從親愛生怖・離親愛無憂・何處有恐怖？從

貪欲生憂，從貪欲生怖，離貪欲無憂，何處有恐怖？從欲樂生憂，從欲樂生怖，離欲樂無憂，何處有恐怖？從愛欲生憂，從愛欲生怖，離愛欲無憂，何處有恐怖？

佛教將「愛」分為有染污與無染污二種。有染污，即是貪愛，指貪染五欲之境而不捨離者，如愛妻小等，為欲愛。貪與愛，雖異名卻屬一體兩面；無染污，即信愛，如愛師長等。《大毘婆沙論》卷二十九云：

愛有二種。一染污謂貪。二不染污謂信問諸貪皆愛耶。答應作順前句謂貪皆愛。有愛非貪此即是信問諸信皆愛耶。有作是說諸信皆愛。有愛非信謂染污愛。應作是說信有二種。一者於境唯信不求。二者於境亦信亦求。[2]

南傳增支部經典第四卷云：

愛可生愛，亦可生憎；憎能生愛，亦能生憎。

又《成唯識論》卷四云：

我愛者，謂我貪。於所執我深生耽著，故名我愛。[3]

2.《大毘婆沙論》卷二十九，大正藏第二十七冊第一五四五號。

3.《成唯識論》卷四，大正藏第三十一冊第一五八五號。

另《長阿含經》卷一，亦云：

娑婆世界猶如監獄，人人為恩愛所束縛，不能解脫自在。[4]

從佛典中可見「愛」所帶來的諸多負面影響，故佛教認為「愛」應摒棄，以「慈悲」取代。《說文解字》：「慈，愛也。」意為「愛念眾生，常求樂事以饒益之」，又「悲，痛也。」意為「愍念眾生受六道中種種身苦、心苦，拔除眾生苦」。「慈悲」乃是指能給予眾生樂，並能拔除眾生苦，亦即「予樂拔苦」。「慈」與「悲」都是以無瞋之善根為本性，並提升至以無量之眾生為對象，且能愛念憐愍無量的眾生，進而根本救拔與度化；這種無上的慈悲，乃是佛菩薩所獨具的德行，是為「大慈悲」。《法華經》卷四〈法師品〉云：

如來室者，一切眾生中大慈悲是也。[5]

「如來室」即是佛心，是懷抱對一切眾生的大慈悲；

4.《長阿含經》卷一，大正藏第一卷〇〇一號。

5.《妙法蓮華經》，大正藏第九卷二六二號。

慈（梵 maitreya）乃是不僅感受個己的痛苦之餘，也能以同理心感受他人的憂惱，以親切之情對待；「慈」是從「友」（梵 mitra）所演變而來的，故蘊含有友情之意。因此，「慈悲」可謂為「愛」之代名詞。此處的「愛」，並非如前文所述，以個己利益為出發的一種貪著執欲，而是擴及對象無有親疏之別的「愛」，也就是「大愛」。

倡導「人生佛教」的太虛大師（A.D.1890-1947）於回應李姓學者所提出「基督之大愛主義」一文[6]，即指出「愛」字的含義甚廣，能力尤大，宇宙萬有皆生於愛。太虛大師並進一步說明：

依佛教而言，愛亦由於萬有因緣和合而生，非由執我而生。此在佛教則不名愛，而名之曰大悲心。佛之大悲，乃依觀察眾生之苦惱而發起大悲救濟之心。非由謀自我發展所引起之貪愛可比，故為純善而無惡之大愛，為一切諸佛產生之母，為一切佛法發源之地。

---

6. 慈忍室主人編（1930），〈愛之研究〉，太虛法師審定《海潮音文庫》，上海：佛學書局。

太虛大師認為「愛」是來自因緣和合而生，佛教則不稱作「愛」而稱之為「大悲心」，是一種純善而無惡的「大愛」；證嚴上人於《真實之路》一書中，提及對於「大愛」一詞的定義與範疇：

　　什麼是「大愛」？簡言之就是「無緣大慈、同體大悲」。「無緣大慈」是給人快樂，人人的快樂正是自己的快樂；「同體大悲」即他人受苦難，如同自己受苦難。生活在人間，大家都是生命共同體，沒有人能單獨生存，既是群居生活，就要彼此和氣互愛才能幸福。這分大愛也是慈濟人所說的「尊重生命」，發揮本具的愛心，普愛一切生命，進而愛惜物命。我們就是投入疼惜生命的工作，疼惜眾生、萬物與大地。[7]

　　佛教中「慈悲」的極致，是為「無緣大慈，同體大悲」，是毫無條件、無親疏與敵我之分別心，亦即能感同身受與同情他人所受苦痛，並設法讓受苦者能夠脫離苦

---

7. 釋證嚴（2011），《真實之路》，靜思文化志業有限公司、天下遠見出版股份有限公司，頁 63-64。

受，以及解決痛苦的「因」，進而獲得真正的喜樂，此可謂佛教待人態度的至高展現，也是致力於真正離苦得樂。

因此上人常言：「能做，就是福」，「付出，就是要感恩」；「做」乃是付出，而「付出」的基礎，乃是來自一分愛心，即「大愛」行為的表現，也是佛教精神的表徵。

貳、證嚴上人之「大愛」思想

證嚴上人認為，「大愛」即是無私、無我的人間至愛，也等同於西方宗教如天主教、基督教之「博愛」，以及儒家之「仁愛」。故曾云：

無論何種宗教，都說「愛」，有仁愛、博愛，我們是大愛。人人心中有愛，這分愛不是癡傻的愛，是覺有情的愛。曾有人問我：「倘若大愛是無保留地為他人付出，那麼如何平衡自我的小愛？」我告訴他：「小愛無法含納大愛，大愛卻可以包容小愛。有大愛的心，不但不會忽視小愛，而且還能自愛；人人自愛，才能發揮大愛。」[8]

大愛的意涵，上人認為與博愛、仁愛並無二致。韓

愈於〈原道〉中，也提到「博愛」：

博愛之謂仁，行而宜之之謂義，由是而之焉之謂道，足乎己而無待於外之謂德。

韓愈認為，「博愛」經過行為體現，則可稱為「仁」；完滿實證於仁，即是「義」，行仁義即是「道」，不靠外力而讓自己具備完滿的修養，即是「德」。博愛，即是視所有人一律平等，平等普及大眾廣施愛心，而非對特定對象有親慕的情緒或感情，表現出不同的喜好態度。

儒家之「仁愛」，乃寬惠善良的德行。《論語》〈陽貨〉云：「子張問仁於孔子。孔子曰：『能行五者於天下為仁矣。』請問之，曰：『恭、寬、信、敏、惠。』」有仁德的人。如：「泛愛眾而親仁。」此即說明「仁」之根本意涵；泛愛眾，則是一種無私的愛遍及大眾，此已是很貼近「仁」。如《孟子》云：「惻隱之心，仁之端也；羞惡之心，義之端也；辭讓之心，禮之端也；是非之心，智之端也。」其中「仁、義、禮、智」乃作為人之德行涵養。

---

8. 同註 7，頁 62-63。

儒家以「仁」為思想核心，子曰：「愛人」即是對「仁」最簡潔的詮釋；墨子主張「兼愛」，於《墨子》卷四云：

> 若使天下兼相愛，愛人若愛其身，猶有不孝者乎？視父兄與君若其身，惡施不孝？猶有不慈者乎？

說明人與人之間若能無私己的慈愛他人如愛己，就不會有圖己利之惡行出現。佛陀愛一切眾生，故「慈悲一切」；此「慈悲一切」，正是「大愛」的展現。證嚴上人將「大愛」、「博愛」、「仁愛」的意涵劃上等號，除了強調體現「大愛」的真實義，並作為慈濟精神之外，也具有跨越宗教、種族、無有敵我、親疏分別的象徵義，故言：

> 大愛就是不分宗教、不分國界、不分種族。人類需要宗教；宗教，就是要啟發人人的愛心。不論佛教、基督教、天主教，伊斯蘭教也好，都能彼此容納。[9]

又言：

> 世上正信的宗教，無不強調博愛、大愛，佛教講「慈悲」

---

9. 釋德傅（2014），《慈濟學初探》，花蓮：慈濟學校財團法人慈濟大學，頁288。

是愛的真諦，慈悲的愛無微不至，「無緣大慈，同體大悲」，尊重一切生命，期待眾生都能離苦得樂，這就是我們的大愛；有大愛就無障礙、無分別，佛經說「普度眾生」，所以唯有無國界、種族之分別，才能真正普救眾生。[10]

無國界、種族之分別，並能普救眾生，正是朗現佛教「慈悲喜捨」的精神；「慈悲喜捨」又名四無量心、四等心，或名四等；於《阿含經》中，又名之為四梵行、四梵室、四梵堂、四等心；此外，《大智度論》卷二十中亦有云：

四無量心者，慈、悲、喜、捨。慈名愛念眾生，常求安隱樂事以饒益之。悲名愍念眾生受五道中種種身苦、心苦。喜名欲令眾生從樂得歡喜。捨名捨三種心，但念眾生不憎不愛。[11]

作為佛教之根本精神，四無量心也被視為世間善法；上人之大愛思想，即是立足於佛教精神，所顯揚出「無緣

---

10. 同註 6，頁 74。
11. 《大智度論》卷二十，大正藏第二十五卷一五〇九號。

大慈，同體大悲」的菩薩道。從早年看到臺灣社會被稱為貪婪之島，洞悉是患了「缺愛症」，意識到需要大眾發揮愛的力量，提出了「臺灣無以為寶，以愛以善為寶」[12] 將大愛思想化為具體行動，形塑了慈濟宗門特有的「行經」[13] 之道。

參、以「大愛為梁」用「大愛鋪路」

　　證嚴上人之悲願與信念，歷經半世紀餘始終如一勤行推展慈濟志業，即是以「大愛為梁」，用「大愛鋪路」，引領慈濟人「放長情，擴大愛」將佛法融會於生活，身體力行實踐、修證，體現慈濟宗門「以出世的精神，做入世的事業」，期許「大愛讓世界亮起來」。因此，大愛的精神則是含融「感恩」、「尊重」、「愛」，此三項要素乃環環相扣，缺一不可（如圖示）：

---

12. 證嚴法師（1992），《回歸心靈的故鄉》，臺北：慈濟文化出版社，頁 18。
13.「行經」一詞，乃證嚴法師之創見，即「經者，道也；道者，路也」。

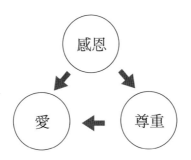

　　證嚴上人認為，日常生活中無不受用於百工的付出，乃至山河大地，故需常懷感恩心；強調有感恩心必然具有愛心。曾言：

　　感恩，不是口頭上說的，所以慈濟人很少說謝謝，我們大部分都要說感恩，因為謝了，就過去了，所以我們要說的是感恩。那一種感恩，是真正的宏恩注入心裡。[14]

　　又言：

　　我們的人生，能夠彼此之間感恩，才能啟發真誠的愛心。沒有感恩心，就無法啟發那個真誠的感恩心。所以說，我們慈濟人常常說：「感恩喔！感恩啊！」這就是我們很

---

14. 證嚴上人於 2004 年 10 月 29 日對泰國清邁慈濟學校泰文教師二期培訓的開示。

親切的。（…中略…）因為世間有苦難人，我們才能體會到我們很有福。就是因為世間有需要，我們去付出，我們才知道我們是有被需要的人，所以我們應該都要感恩。所以慈濟人付出無所求，還要感恩。這種的感恩，就是很甘願，我們在付出，很甘願。[15]

「感恩」即是對受恩惠的感懷，慈濟人廣泛在人我間作為語彙，也體現於慈濟的志業，由慈善、醫療、教育、人文志業，擴及到國際賑災、骨髓捐贈、社區志工、環保；從實踐「佛法生活化，菩薩人間化」中，與智慧相結合，以愛心相扶持，發揮「一眼觀時千眼觀，一手動時千手動」的功能。[16] 如《六祖壇經・般若品第二》云：「佛法在世間，不離世間覺。」足見佛法融會於生活的重要性，在於解決眾生苦難、予樂拔苦。[17]

慈濟體現大愛精神，除了在臺灣本土長期援助貧戶之外，自 1991 年孟加拉颶風重災，開啟了國際賑災工作，

---

15. 證嚴上人於 2012 年 7 月 8 日對屏東慈濟人溫馨座談。
16. 同註 1。
17. 同註 9，頁 43。

1993 年尼泊爾因豪雨成災，殃及 33 個縣逾千人傷亡，四十多萬居民無家可歸。當年慈濟接受蒙藏委員會的請託，深入尼泊爾勘災，並與當地政府協調，在三縣四村等重災區，歷經 16 個月援建 1,800 戶的大愛屋。2015 年 4 月尼泊爾發生芮氏規模 7.8 強震，全臺援助尼泊爾的行動不斷湧現；強震造成三萬多間教室被摧毀或損壞，為了不讓教育出現斷層，慈濟援建 158 間簡易教室。

此外，除了對尼泊爾援助，1998 年印尼排華暴動後，慈濟展開的大型發放；2003 年對伊朗強震後的賑災；2004 年南亞大海嘯，於斯里蘭卡的援輸；2008 年緬甸發生納吉斯風災，慈濟的急難援助。另有 1993 年至 2002 年慈濟與世界醫師聯盟（M.D.M.）合作，展開為期 3 年在衣索匹亞遭受旱災與戰爭影響最嚴重的地方，設置供水站與醫療援助。

1992 年大陸華中、華東發生洪澇受災嚴重，即便大陸賑災不免觸動兩岸政治敏感關係，甚至引發不少臺灣本土人士的抨擊聲浪，但證嚴上人仍以大愛的胸懷，佛教慈悲一切的精神播灑愛的種子，進行勘災、勸募、援助，迄

今已逾 20 年，足跡遍廣東、福建、浙江、安徽、湖南、湖北、河北、江西、四川、河南，甘肅貴州、遼寧、青海等，28 個省市自治區，含括物資援助、援建學校敬老院等。慈濟已獲大陸正式登記境外慈善組織。

而今慈濟已援助逾百個國家地區，始終秉持「直接、重點、尊重、務實、及時」的原則，對於受災國家，除了提供糧食、衣被、穀種、藥品的緊急援助之外，並依所需援建房屋、協助開發水源、提供義診；儘管關懷項目有別，但是「尊重生命」的理念卻是始終如一。[18]

從宗教實踐而言，不宣揚慈濟理念，單純的只是為了救人，因此災民或官方人員，並未感受到傳教的氣氛，受災戶或是前往義診的傷患，也可能從「受助者」的角色成為「助人者」，慈濟國際援助的工作，讓受助者得到安慰；從信念層面而言，不必透過語言在當地向民眾詮釋何謂「大愛」，卻無形中「說明」大愛已跨越了國界。[19]慈

---

18. 同註 1。
19. 同註 9，頁 285。

濟成立宗門之後，上人提起這樣的理念：

　　慈濟法門，這個道場不只是僅在我們的修行，精舍
裡面，行遍天下，這就已經是慈濟的宗門了。不過，精舍
是我們這個宗門精神的重心，所以，慈悲是大愛的家，我
們也是有一首歌不是這麼說嗎？慈悲是源頭，大愛就是普
遍行動出去，所以我們要時時感恩，慈濟宗門有天下這麼
多大愛心的慈濟人，為人間菩薩，到處去付出。[20]

　　無論海內外，全球的慈濟人都是秉持大愛的精神，落
實於當地與社區作助人的工作。盧蕙馨於《人情化大愛》
專書中，則提到：

　　對慈濟成員而言，「慈濟人」的身分同時也定義了
其是從「小愛」進入了「大愛」情感載體。證嚴法師常以
發揮「長情大愛」來形容其濟世服務。[21]

20. 證嚴上人講於 2008 年 3 月 20 日，對象為慈濟人。
21. 盧蕙馨（2011），《人情化大愛：多面向的慈濟共同體》，臺北：南天書
局，頁 285。

證嚴上人曾云：

慈濟的名稱雖然是個慈善機構，其實它完全要撥開自私，而成為大愛。[22]

此即說明，不但要從小愛轉化為大愛，也是將小我走向大我，如此才能從凡夫轉聖，故上人勉勵全球慈濟人：

我們修行就是在平常中，要修出了不平常事，別人做不到，我們都做到了，做到了如常。平常就是菩薩道，這才是真正地「如常菩薩道」。[23]

證嚴上人大愛思想乃是深植於菩薩道，這條菩薩道則是全球慈濟人心手相連，步步踏實做所走出來的，亦即「大愛鋪路」不受限於時空，從「做中學」進而「做中覺」。

肆、結論

慈濟宗門在時勢因緣而成立，證嚴上人於近55年來，抱持「為佛教，為眾生」的志願，帶領慈濟人續行慈悲濟

---

22. 證嚴法師（1992），《回歸心靈的故鄉》，臺北：慈濟文化出版社，頁68。
23. 證嚴上人講於2020年6月6日，對象為全球慈誠委員。

世的志業，多元性朗現出佛法與生活結合的樣貌；慈濟的場域，更提供慈濟志工們行菩薩道，於流動性的場域，形成一套修行系統與慣習，同時也跨足國際，進入不同宗教信仰的國家，而將佛教教義落實為大愛行動，不再局限於臺灣本土，也融和異文化以及族群。

此中，最核心的精神表徵，即是證嚴上人的「大愛」思想的具體展現；上人常言：「自愛是報恩，付出是感恩」；體現「大愛」必有「感恩」。因此，「大愛」與「感恩」實是密不可分，更是形塑成慈濟的人文特質，並致力「大愛讓世界亮起來」。

上人的「大愛」思想，根源於佛教精神「慈悲喜捨」，以及「無緣大慈，同體大悲」的胸懷，曾言：「大慈無悔，大悲無怨，大喜無憂，大捨無求」，此為力行實踐於內外的觀照，而對內於己則是「誠正信實」；「誠正信實」則需以「四弘誓願」作為立願基礎。[24] 足見其廣擴性乃是普

24.佛教「四弘誓願」亦即四項弘願：眾生無邊誓願度，煩惱無盡誓願斷，法門無量誓願學，佛道無上誓願成。

及一切，不只對於一切眾生，也含括生態之動物、植物甚至大地，在大愛精神理念下，同樣要護生、護生態、護大地，一如自 2020 年初，全球爆發新冠肺炎，迄今仍未停歇，上人仍勉勵慈濟人除了做好防疫之外，也倡導茹素，以齋戒化解災難，把握付出的因緣：

　　普天之下，不分人種、不分宗教：我們「尊重生命」、「愛」——發揮大愛的精神。這不是做作，這是真誠，我們想到的正是我們該發揮做的事。做菩薩要及時，救人要及時，付出也要及時，你沒有把握因緣，也許這一波因緣過後，你想要去做，都沒有機會。所以跟大家說：「付出無所求，還要感恩」，我們當然要虔誠地祈求天下平安，一旦有事，我們要及時去付出。[25]

　　從宗教視域，宗教史學家伊利亞德（Mircea Eliade，A.D.1907~1986）曾提到：「所有真實的宗教經驗都是反映一種（宗教人）不懈的努力，去揭示萬物的根源、終極

25.證嚴上人於 2020 年 6 月 7 日，於靜思精舍主堂透過雲端網路對全球慈濟人的開示。

的實體（的顯現）。」[26] 在慈濟志業，所秉持上人之「大愛」思想，並非哲學思想的論述，而是身體力行落實於菩薩道，做真正的「人間菩薩」，完滿於上人所言：「人格成，佛格就成」。

對現代佛教而言，也因「大愛」跨越國界、宗教，而彰顯出「慈悲一切」的大愛地球村。

---

26. Eliade, Mircea (1959). "Methodological Remarks on the Study of Religious Symbolism" in *The History of Religious：Essays in Methodology*, Chicago：University of Chicago Press.

參考書目

古籍

《大智度論》卷二十，大正藏第二十五卷一五〇九號。

《大毘婆沙論》卷二十九，大正藏第 27 冊第一五四五號。

《成唯識論》卷四，大正藏第 31 冊第一五八五號。

《長阿含經》卷一，大正藏第一卷〇〇一號。

《妙法蓮華經》，大正藏第九卷二六二號。

專書

盧蕙馨（2011）。《人情化大愛：多面向的慈濟共同體》，臺北：南天書局。

釋證嚴（1992）。《回歸心靈的故鄉》，臺北：慈濟文化出版社。

釋證嚴（2011）。《真實之路》，臺北：靜思文化志業有限公司、天下遠見出版股份有限公司。

釋德傅（2014）。《慈濟學初探》，花蓮：慈濟學校財團法人慈濟大學。

英文專書

Eliade, Mircea (1959)． "Methodological Remarks on the Study of Religious Symbolism" in *The History of Religious：Essays in Methodology*, Chicago：University of Chicago Press.

其他

慈忍室主人編（1930）。〈愛之研究〉，《海潮音文庫》，上海：佛學書局。

（攝影 / 林鳳琪）

第八章
從慈善經濟到善經濟
——「善經濟」芻議

佛教慈濟基金會副執行長、
哈佛大學文理學院 CAMLab 特聘學者　**何日生**

摘要

　　本文論證在經濟活動中，利他才能利己，利眾才能利潤。利他不是為己，利他無損自己，利他是更好的利己。18 世紀亞當・史密斯（Adam Smith）告訴我們「自利，就能利他」。亞當・史密斯讓原本就有自私面向的人類深信，只要我們為著自己的利益努力，就會有一隻看不見的手，分配這些利益到社會中的每一個人手上，因而最終促進社會整體的均富與幸福。但是我們知道，亞當・史密斯的預言從來沒有發生過。資本社會中的貧富差距從來沒有弭平過，甚至還有愈趨加深的危機。「善經濟」就是從利他的角度從事經濟活動。經濟的主體就應該是利

他。善是利他與和合。西方哲學的始祖柏拉圖講「至善」（Summum Bonum），強調真理，追求最高的真理。但中國人的善不是去追求、認知最高的真理，然後用這真理來衡量世間的一切。中國的善是各人「善其所善，美其所美」，才是善。如孟子言：「可欲之謂善」，「充實之謂美」，滿足人民所需要的就是善，每個百姓都擁有幸福才是美。所以說「充實之謂美」。所以善，就是利他。利益萬民，利益萬物。其哲學的最高理想是，與萬物合一、與萬法合一，是為共善。其實踐方式是，與一切的人事物都建立愛的關係，是為共善。

善，是以利他為動機，以和合為手段。中國的和具備三個層次，一是「中和」。允執厥中，從不同的極端見解與利益，找到共容之道，是為中和。二是「保和」，每個人都能各安其位，各享其利，各正其命，是為保和。三是「太和」，這樣的和合境界能持之以恆至萬代，是為太和。「利他為本，和合共善」，是善經濟所追求的最終理想與目標。善經濟包括「動機的善、過程的善、結果的善」，三者缺一不可。本文將分別論述其中的內涵與實踐

模式。善經濟是從動機、方法及目的三者並備的一種經濟新思維。

關鍵字：善、經濟、利他、和合、均富、信念、愛、幸福、珍惜物命、共善。

壹、前言

在人類文明發展歷史中，每一個強大的經濟體背後，都有一個支撐它的堅實哲學思想與價值體系。

對於猶太文明，猶太人的信仰使他們深信，上帝給予他們的榮耀都在現世，不在來生，也不在天堂。每一個猶太人的先知都是富有的人，亞伯拉罕牛羊數萬、壽命極長；大衛王是一代明君；雅各是大貴族；約瑟夫貴為埃及宰相；摩西是王子。猶太先知非富即貴。猶太人經歷十多個世紀的物質繁榮與巨大財富，來自於他們遵循上帝給他們的允諾——享受現世間的昌盛與富足。但他們同時必須謹守上帝的律法，節儉、勤奮、規律的工作。包括謹守安息日，這天上帝都休息，何況人類？安息日也告訴猶太人

必須在有限制的資源底下，創造最大的財富。

希臘理性主義是近代科學文明的源頭。從蘇格拉底強調人的理性，到柏拉圖提出理型的永恆，重視理念而忽視物質，一直到亞里斯多德修正他的老師柏拉圖的哲學，主張「理與事兼備」、「心與物結合」的思想。他說蘋果的理念只有在蘋果中實現。亞里斯多德重視理念、也重視現實的哲學思想，造就了希臘最偉大、最繁榮的時代。亞里斯多德的學生亞歷山大大帝，建立了橫跨歐、亞、非繁榮昌盛的大帝國，將希臘文明帶到歐洲、亞洲和非洲。

基督文明的「新教倫理」，相信個人在現世間的功業就是彰顯上帝給予個人的榮耀。基督新教徒認為，個人是否為上帝的選民，不是由天主教的教會來決定，而是由個人的事功與謹守律法來決定。新教徒認為，只要建立現實的事功，並遵守紀律與勤儉的美德，則足以證明自己是上帝的選民。

這種思想造就近代西方無數偉大的資本家，如約翰‧洛克斐勒、亨利‧福特、比爾‧蓋茲、華倫‧巴菲特等，他們創立了跨國際的企業成就，以事功彰顯上帝的榮耀，

同時堅守簡樸生活，遵循極有紀律的工作倫理。

在人類經濟史上，沒有一個世代如近代資本主義一樣，無止盡地追逐事業版圖之擴張。顯然因為以事功成就來彰顯上帝的榮耀永遠是不足的，這種內在的動力，促使受新教精神影響的資本家，不斷地在世界的格局下擴張資本的版圖，造就富可敵國的企業，也造成國與國、人與人之間極大的貧富差距。

儒家文明的商者，在重農抑商、重仕不重術的文化底蘊影響下，傳統中國的企業家離不開家族的榮耀，與對鄉里的照護。家族的範疇是傳統中國商者的範疇。

雖然許多儒商在中國各地經營事業，但其理念仍然回到對於家族的延續，與對於鄉里的社會責任。使得中國社會即便出現過在世界格局之下最繁榮昌盛的經濟景象，但始終沒有形成如近代西方的全球資本市場。因為榮耀家、環繞著家的概念，始終是中國傳統商者最大的心願。

佛教在原初佛陀的教導下，強調苦、集、滅、道，引導弟子在斷欲清淨的修持下，離世間苦，得究竟解脫。對於世間的種種追逐，自然並不熱衷。

雖然佛陀的教法也主張行菩薩道，要入世間利他行，但是在漫長的佛教歷史中，離世間苦仍是佛法所強調的根本思想。在印度、尼泊爾等佛教的原始發源地，大量人口的貧窮、困苦，仍是社會的一大問題。佛陀出生的地方位於如今尼泊爾的藍毗尼，許多農民至今仍是住著 2,600 年前的居民一樣的牛糞屋。

　　大乘佛教在移入漢地，於漢地興起之後，對於世間關注的幅度大大地增加。但其關注僅僅止於佛法的給予與寺廟的慈善行為，佛教的經濟思想在佛教歷史發展中始終未被重視與強調。這使得佛教始終帶著出世與現實苦空無常的印記。對於積極追逐現世間財富與成功，不是佛教的基本思維。

　　在彼岸，非在此世，在西方彼國，非在人間，是傳統佛教徒追逐的理想。

　　歷史上，在佛教的國度一直沒有產生強大、持續的經濟體，與其根本思想有關。

　　本文分析人類文明歷史中，不同經濟體系背後的哲學思想與價值體系。歸結出強大的經濟體系背後，必有堅

實的哲學與價值體系。同樣地,合理有序的經濟社會,必須從建立哲學與價值體系著眼。

在當今人類普遍追求物質繁榮、經濟秩序的公平合理,以及社會均富的理想下,經濟背後的哲學與價值之探討,益發變成刻不容緩。

本文試著提出經濟活動背後的利他思想與善的價值體系,如何影響一個經濟體的繁榮、公平與合理。並以利他思想為出發,探索如何以善經濟為核心,建立一個富庶、公平與合理的理想世界。

貳、善經濟思想的源頭

「善經濟」這個概念發軔於吾人在慈濟 18 年的慈善工作經驗。在有幸長年跟隨創辦人證嚴上人左右,親臨並見證了許多企業家在加入慈濟慈善工作之後,生命產生很大的蛻變。

吾人看到企業家們在投入慈善之後,從以自我利益為中心,到以關懷他人為中心。從自利到利他;從追逐事業的不斷擴張,到領悟對人群付出的重要性。

企業家們的投入慈善，不是為著虛名，而是他們真正感受到付出的喜悅，從無所求的付出中，感受到生命的價值與喜悅。這是驅使他們不斷地、長期地投入慈善的關鍵。

　　企業家們的改變不只是投入慈善，更在經營事業的方針有了很大的轉變。他們開始將慈濟的人文價值運用到事業裡。特別是感恩的文化，他們對員工感恩，對家人感恩，對朋友夥伴感恩。感恩心是證嚴上人所強調的核心理念，企業家們運用到事業中，成為人際和睦的重要關鍵。

　　老闆與員工，員工與員工，有如家人之間的感恩心，讓彼此成為一個有愛的大家庭。這是慈濟所強調的，以愛為管理。

　　所以，企業家不是只有做慈善是善，從事企業也可以是善，企業創造員工與社會的福祉，創造環境的永續，這就是善。

　　企業力行利他精神是善。不管從事任何一種領域的事業，能利益萬物、利益萬民亦是善，這是我從慈善工作到善經濟的心路歷程與思想發展的線索。

叁、經濟活動以信念為核心

吾人決心開始研究善經濟的理論與實證，也要追溯 2011 年在哈佛大學商學院的專題演講。哈佛大學李奧納教授於 2009 年專訪慈濟與創辦人證嚴上人，他得出的結論是，證嚴上人是以信念、以價值作領導。

2010 年他完成了慈濟個案研究，請吾人審閱，2011 年他正式邀請我到哈佛大學商學院課堂講授慈濟的價值領導與愛的管理，這是證嚴上人成功地將慈濟擴展到全球 98 個國家的重要核心精神。那一場演講獲得哈佛師生的熱烈回饋。他們不禁思考，這樣 NGO 組織精神，是否能運用到企業之中？

李奧納教授課後跟吾人說，哈佛大學商學院的學生從來沒有聽過價值領導、信念核心、愛為管理的核心理念，這些學生都是未來企業的重要棟梁，吾人就是要他們學習不同於以競爭、利益為體系的價值觀。李奧納教授全程錄下吾人的演講，作為每一學期慈濟個案研究的教材，讓哈佛大學商學院的學生——未來的企業領袖，學習價值、愛與信念對企業發展的重要性。

肆、善經濟的理論發軔

2013 年吾人正式提出「善經濟」這一概念，並完成一萬多字的論文。[1] 這論文並在「第三屆慈濟論壇」中發表。該論文以西方資本主義思想的發軔，從亞當 ‧ 史密斯的《國富論》，到馬克斯的共產主義之提出，論及韋伯的新教倫理，熊彼得的科層官僚，海耶克的自由經濟，以及凱因斯的計畫經濟，一直到當代丹尼斯 ‧ 貝爾所倡議並預言社會企業之到來，闡述人類經濟社會如何逐漸地從利己的經濟思想轉化到以利他為主的經濟思想。

2016 年慈濟舉辦的「第四屆慈濟論壇」，吾人邀請哈佛大學李奧納教授來臺灣發表專題演說，題目就是〈慈濟，組織管理與領導的典範〉。[2] 李奧納教授在演講中說明慈濟慈善賑災工作的成功，就是以信念為核心。慈濟在

---

1. 何日生（2016），〈試論市場經濟中的善性與道德〉，《山東師範大學學報》，2016 年第 3 期，頁 130-140。
2. 赫曼 ‧ 李奧納（2017），〈慈濟，組織管理與領導的典範〉，收在樓宇烈、赫曼 ‧ 李奧納等著，《慈濟宗門的普世價值》，臺北：財團法人慈濟傳播人文志業基金會，頁 86-108。

全球賑災面對諸多的不確定性——災難的地點、模式、規模、損害、災難之後災區的救災體系之效能如何，凡此等等，一切的一切都無法估計，無法預先計畫，慈濟人所秉持的就是「信念」——慈濟人允諾在任何災難發生之際，他們都願意前往救援。這是為什麼慈濟在全球能獲致巨大成功的原因。

李奧納教授指出，當今的企業所面對的經濟、政治、以及社會環境，其實和慈濟賑災所面對的是一樣的情境。全球性各種衝突無可預期，科技的發展無法預期，環境的變遷及其帶來的災害無法預先知道，這些不確定因素越來越多，企業再詳盡的預先計畫、策略，一旦面對極具變動的環境都會失能，唯一能憑恃的是信念與企業體現的核心價值。企業必須確立核心價值，並且接受變動，才能創造永續發展的榮景。

這就是哈佛大學李奧納教授所提出的價值信念為核心的企業，在當代社會的重要性。

善企業，就是以信念為核心，以價值為領導。

善經濟，就是以利他為核心，以善的動機，善的方

法，達到善的果實——利益萬民、利益萬物。

　　善經濟的目標，是以利他達到全體人類物質的均富與繁榮，以利他達到自我與群體社會的和諧與生命的圓滿。使人類社會達到人人「身體健康、物質豐饒、心靈潔淨、祥和圓滿」的理想世界。

　　善的動機、善的方法、達到善的結果，是善經濟的核心思想。

伍、關於善的理念之探討

　　那麼何謂善？善的定義為何？善與真理，善與美好的生活，與經濟的幸福之關聯為何？

　　在東西方文明中，善一直是各文明的核心議題。對於西方，善是真理。對於中國文化，善是利益萬民、利益萬物。

　　孔子聽到武樂說：「盡美矣，未盡善也。」聽到韶樂說：「盡美矣，又盡善也。」這兩段話的意思是達到美還不夠，還要善。所以，美不離善，美必須趨於善，才是圓滿。

孔子在《禮記》裡也說：「雖有至道，弗學，不知其善也。」這說明，真理必須是善。學，即實踐。真理必須實踐，才知道其益處。善有「受益」之意。善不是以一項真理框限每一個人，而是造福每一個人。雖有最高的真理，如果不能讓人獲益，這真理就不善。所以真理必須善，對於生命的完整性，善比真理還要究竟。

　　中國人眼中善的意涵，從造字中就可以看出。善，就是一人一口羊。每個人都有，每一個都享受幸福，每個人都生活在共容、共享、共榮的社會那才是善。

　　西方哲學的始祖柏拉圖講「至善」（Summum Bonum），強調真理，追求最高的真理。但中國人的善不是去追求、認知最高的真理，然後用這真理來衡量世間的一切。中國的善是各人「善其所善，美其所美」，才是善。如孟子言：「**可欲之謂善**」，「**充實之謂美**」，滿足人民所需要的就是善，每個百姓都擁有幸福才是美。所以說「**充實之謂美**」[3]。

---

3. 孫家琦編（2019），〈盡心下〉，《孟子》，新北：人人出版社，頁339。

連主張生命要復歸於「無」的老子都強調：「上善若水，水善利萬物而不爭，處眾人之所惡，故幾於道。」善利萬物，連惡都要去靠近、去幫助。所以不是打擊惡，而是教化惡。直到世間的一切的惡都轉化為善，才是善。

　　所以善，就是利他。利益萬民，利益萬物。

　　其哲學的最高理想是，與萬物合一、與萬法合一，是為共善。

　　其實踐方式是，與一切的人事物都建立愛的關係，是為共善。

　　善是利他。「善經濟」就是從利他的角度從事經濟活動。經濟的主體就應該是利他。

陸、利他才能得到幸福

　　本文論證在經濟活動中，利他才能利己，利眾才能利潤。[4] 利他不是為己，利他無損自己，利他是更好的利己。

---

4. 白岩松觀點。

然而我們常認為「自利，就能利他」。這是 18 世紀亞當 · 史密斯（Adam Smith）告訴我們的觀點。亞當 · 史密斯讓原本就有自私面向的人類深信，只要我們為著自己的利益努力，就會有一隻看不見的手，分配這些利益到社會中的每一個人手上，因而最終促進社會整體的均富與幸福。但是我們知道，亞當 · 史密斯的預言從來沒有發生過。資本社會中的貧富差距從來沒有弭平過，甚至還有愈趨加深的危機。

　　今天，全世界仍有八億人活在貧窮線以下。按聯合國的標準，每天生活在一塊美金以下的就是窮人。劍橋大學費茲威廉學院（Fitzwilliam College）的奧格斯 · 丹頓教授（Angus Deaton）研究指出，美國人只要每天捐助一塊錢人民幣，就能挽救這八億人口脫離貧窮線。但困難在於：第一、不太可能每一個人都如此發善心；第二、這些錢的分配通常無法真正給予到那些需要幫助的人手上。層層剝削使得即使有善心人士捐出足夠的錢，也無法挽救世界的貧窮。

　　我們設想如何能夠讓這八億人脫離貧困？以亞當 ·

史密斯的觀點，永遠無法挽救這些貧窮。因為自利之心，追逐的是自我的利益，不是公益。

自利之心的滿足永遠沒有底線，每一個人都追求自我的慾望，這慾望是無底洞。如同「邊際效益遞減理論」告訴我們，當人獲得第一個一百萬很快樂，但是第二個一百萬就沒有那麼興奮，因為兩百萬只有一百萬的兩倍。

所以也許賺到第一個一億元很快樂，但是第二個一億元這種快樂就遞減了。當人期盼得到從一塊錢到一百萬的那種快樂，他需要的是一百萬倍的金錢。一百萬元的一百萬倍是多少？邊際效益遞減，那種快樂的獲得是要賺一萬億。但是有多少人賺一萬億，有一萬億之後，下一個一萬億又邊際效益遞減。如此永遠無法滿足與快樂。

人在慾望中永遠不可能真正快樂。

人心有追逐無限的本質。追逐無限的心指向慾望，就永遠不滿足，永遠無法快樂。追逐無限的心指向付出，付出無限，得無限的快樂。

所以從心理層次言之，利他比利己更容易得到快樂與幸福。

達爾文從生物學研究物競天擇，他歸結，互助的物種比起自利的物種更具競爭優勢。所有生存下來的物種，都是具備互助與利他的本能與機制。

　　醫學科學家已經發現動物身上有利他慈悲的區塊，稱之為「Temporal Cortex」。實驗室中，當老鼠看到同類被殺害，慈悲利他區塊會放大。人類也一樣，看到他人布施，或他人苦難，自己慈悲利他的區塊會放大。慈悲利他可以被激發，可以被放大。只要我們認知到，利他比起利己更有助於自我與群體的發展，人類會更積極地，更大幅度地實踐利他。

柒、各文明經濟活動中的善

　　古老的蘇美文明距今約 8,000 年，蘇美文明中的《吉爾加美什》史詩，就預示人類文明對邁向城市化、機械化所產生的恐懼。因為城市化加深社會的貧富差距，機械化使人與自然衝突加劇，《吉爾加美什》史詩是古老蘇美文明善經濟的反思。

　　希臘神話詩篇《工作與時日（Works and Days）》強

調經濟生活中勤奮與節制的美德。貪慾造成生命的最終潰敗。所以亞里斯多德說，經濟活動的目的是幸福不是金錢。一味追逐金錢反而遠離幸福。幸福，以亞里斯多德觀之，是必須與人建立愛的關係，參與公共服務，具備哲學的反思與遵循心靈的快樂。

　　猶太文明是人類最具智慧的商業文明之一。猶太人認為上帝給他們的賞賜都在人間，不在天堂。猶太人將所有心力關注在現世的成就。猶太人也謹守安息日。安息日教導善於做生意的猶太人，從小就理解人必須在有限制的條件底下工作；工作時間是有限的，經濟資源是有限的，但是人必須在有限制的條件下，求取最大的經濟利益與生活幸福。

　　中國儒家的財富觀強調富而有仁德，富有而能和合。所以聖人孔子告誡弟子：「富有天下而無怨財，布施天下而不病貧。」[5] 擁有財富不是問題，社會中一切關係的圓

5.〔清〕王先謙撰，〈哀公三十一〉，《荀子集解》，山東：山東友誼書社，1994 年，頁 853-854。

滿才是儒家所強調的，人與人、人與自然關係圓滿的前提下，擁有最大的財富。儒家的經濟思想是和善。

佛教在「萬物一體」的前提下，主張一切的經濟活動必須創造世界整體最大幸福與圓滿。佛教經濟的目標是共善。

近代海洋貿易的發展與城市公民的興起，是資本主義發軔的重要關鍵。海洋貿易與城市公民的興起是互助。經由海洋貿易、經由商會的互助系統而急速擴展，城市公民基於工匠的會社而保障彼此的生存。

資本主義的前期，18 世紀，國家與國家戰爭，宗教充滿衝突，基督教內部天主教會與新教激烈鬥爭，只有在商場上才擁有最大的自由與開放。如同 18 世紀的哲學家伏爾泰所說：

在倫敦交易所，你會看到來自世界為各自利益前來的代表們聚在一起，在這裡，猶太人、穆斯林和基督徒彼此善待，就好像他們有著相同的宗教信仰一樣。在這裡，長老教會的人會信任浸信會的教徒，大公會教徒也接受貴格會教徒的允諾。一離開這些和平自由的集會，有人會去

猶太集會；有人會去喝酒，也有人會去以上帝為名為孩子們接受洗禮；還有人會去割掉孩子的包皮，並對孩子低聲說一下他自己都不懂的希伯來語；而另一些人則帶著帽子去教堂期待上天賜予靈感。在這裡，所有的人都感到心滿意足。[6]

伏爾泰描述的正是當時的商業正義，在充滿政治與宗教衝突的年代裡，商業提供一個和諧互利的場域。商業在當時世界的各領域中是最大的善。

這是我們求諸歷史所看到的不同經濟體系中的善思想與善實踐。

強大的經濟體，必須有強大的文化思想作支撐。

每個企求持續發展的經濟實體，其背後都必須有一強大的文化思想為其基礎。缺乏強有力的文化思想，經濟發展將遲緩，甚至逐步走向衰落。

---

6. 傑瑞 · 穆勒（Jerry Z. Muller）著，佘曉成、蘆畫澤譯（2016），《市場與大師：西方思想如何看待資本主義》，北京：社會科學文獻出版社，頁 44-45。（原書：Jerry Z. Muller, *The Mind and the Market: Capitalism in Western Thought*, New York: Anchor Books, 2003.）

什麼才是經濟背後強大的文化思想？答案是「善」與「利他」。

善，不是確立一個最高的真理，而是追求最好的「利益萬民，利益萬物」。

只要經濟還掌握在少數人，經濟的發展就會受限。而當文化不能提供一種利益更多數人的價值觀，而任由少數利益者掌握特定的文化論述，以便合理化這種壟斷，經濟的發展就會開始出現瓶頸，最終走向衰落。

捌、利他能自動合理分配資源

利己的心永遠無法達到人類資源最有效的分配。自利始終造成分配的不均。《囚徒困境》告訴我們，囚徒各自守著自我利益，其結果是兩個囚徒都不能獲益。只有兩位囚徒都顧及對方的利益，他們才能雙雙獲益。

自利，也無法達到經濟學上的「帕雷托最優」（Pareto Optimality）。帕雷托最優是資源分配的一種狀態，在該狀態下，不可能有任何的重新分配足以使任何一個個體或偏好標準變得更好，但也不會使任何一個個體或偏好準則

變得更糟。帕雷托最優是指在不減少既有任何一個人的福利下，設法提高某些人的福利，讓經濟資源分配達到可能的最理想狀態。而這種最理想的分配，只有利他之心才能達成。

利他之心像水一樣，會自動、自然地將資源流到低窪的地方。

只要利他之心升起，個人會以自己的模式與方法去照顧看得到的貧困人。就像全球最大的慈善組織之一的慈濟慈善基金會，能做到哪裡有災難，志工就自動前往哪裡救援。這種自動自發的力量，正是利他的悲心養成之後的結果。

玖、和合共善的理想

善，是以利他為動機，以和合為手段。

中國的和具備三個層次，一是「中和」。允執厥中，從不同的極端見解與利益，找到共容之道，是為中和。二是「保和」，每個人都能各安其位，各享其利，各正其命，是為保和。三是「太和」，這樣的和合境界能持之以恆至

萬代，是太和。中國故宮就具備這三個大殿：中和殿、保和殿、太和殿。象徵古老中國治理天下的理想與智慧。

和合是善。善的理想是「與萬物合一」，「與萬法合一」的共善。

與萬物合一，就是愛一切的人與物。與萬法合一，就是與一切真理合一。

「利他為本，和合共善」，是善經濟所追求的最終理想與目標。

基於利他的經濟思想與實踐即是「善經濟」。善經濟不僅是指慈善經濟，一切的經濟活動、商業活動都是基於利他的動機，與為社會創造出良善結果的經濟行為。

善經濟包括「動機的善、過程的善、結果的善」，三者缺一不可。

本文將分別論述其中的內涵與實踐模式。善經濟是從動機、方法及目的三者並備的一種經濟新思維。

吾人主張利他的經濟實踐，比起利己，將更有利於個人及整體社會的經濟發展。善經濟避免人類在極度發展的經濟生活中，走向對環境、對弱勢、對人心的一種反向

作用。它引領人類在追求經濟榮景之際，不至於最終導致人類的極端衝突甚或毀滅。

善，從利他的角度，不但有利於個體富足的達成，亦有益於促進企業的長期發展。它保護地球環境的永續，以及人類社會的整體和諧。

拾、善的動機：善經濟期許全體的幸福

希臘哲學家亞里斯多德認為，任何一種活動都具備最終的目的，亦即「最終的善（Summum Bonum）」。病人看醫生的目的是為了健康。問一位將軍為何而戰？他回答戰爭的目的是勝利，但是勝利是為了國家人民的和平與幸福。因此戰爭的最終目的是和平與幸福。手段必須與目標一致才是善。戰爭是手段，看醫師也是手段，健康與幸福才是最終的目標。

因此動機與目標必須一致，目標比起手段更重要。手段不能變成目標，就如同不能把戰爭變成目標，不能把手段變成目標，動機必須與目標一致，才不致於混淆手段與目標。

既然目標重於手段，那手段就不能取代目標。動機必須對準目標，不是對準手段。在經濟活動中，賺錢的目的為何？賺錢不是目標，是賺錢之後獲取的生活幸福與快樂才是目標。因此，經濟動機中的善與目標的善必須一致。

　　經濟的目標是什麼？不是賺錢，賺錢只是手段，手段不應取代目標。對於拼命賺錢的人，或以賺錢為動機或目標的人，最終將失去幸福，因為他花大量的時間在賺錢，失去了追求幸福的機會與目標。以累積財富為目的的人，是將手段當作目標，不只其動機錯置，其目標也是異化。

　　賺錢不等於幸福，就如同盡情消費不等於獲得自由。

　　這正是亞里斯多德所指出的，人類生活必須有一個至高的目標，否則容易把手段當作目標。

　　但是亞氏所提出至高的善，近代哲學家們是予以否定的，特別是啟蒙運動的學者霍布斯及洛克都認為，沒有至高的善，每個人都對善有不同的標準，追逐一個至高的善不可得，也不必要。這使得近代人們對於善的目標模糊而多樣，甚且以慾望的滿足，以及拼命的賺錢為最終目標。

　　因此經濟活動的倫理，就成了每一個手段的標準化，

把每一個手段標準化當作經濟的目標。

於是會計的善是什麼？會計的善不應是節稅、避稅，這是將公司的利益極大化，而非基於企業與社會的長期發展來著想。也因為如此，才會出現 2001 年全球最大的電力、天然氣以及電訊公司之一的安隆公司發生財務造假弊案，同時引發負責安隆公司簽證的全球前五大的安達信會計師事務所（Arthur Andersen），因涉及協助偽造不實資訊、逃稅，並銷毀會計資料，而受到美國司法部收回執照、起訴調查。兩家巨型公司快速倒閉，震撼全世界，也引發巨大的全球金融危機。

法律的善是什麼？若沒有最高的善，只有專業標準化，法律的背後基礎會是什麼？是那些法條的制定與對法條的遵守，但是不論究法條背後的正義為何嗎？

訴訟，能不能達到正義的伸張？還是讓人持續地對立？我們沒有思考當下專業主義原則背後的假設，而是專注於專業主義的原則之遵守。

法律的正義經常是充當彼此抗爭的手段，即使犯罪的人也能夠得到最大的保護，這是基於人的自我之極大的

尊重。學法律的人或從事法律的人，就毫無顧忌地幫犯罪者脫罪，而不會設計讓彼此同理，讓犯罪者懺悔。因為法律體制即是要辯護律師為當事人，即便當事人有罪，也要盡力維護他，使他減刑，使他規避罪責，而不是引導他認錯、改過。

因為我們的價值是崇尚個人至上，而不是與他人同理，不是利益他人為先，而是以自我利益為先。

這種假定，正是亞里斯多德所講的，缺乏至善的概念。每個人以自我之喜好為善，一切的專業法則都成為自我的保護傘，都是為提供每一個人自我慾望與利益極大化而努力。

至善，對亞里斯多德而言不是情緒，而是行為。是良好道德、公共參與、與愛的關係。

不遵守至善，而是以慾望為善，以自我利益之追逐為善，就是喪失自我的靈魂。

如果我們以這種至善之完成為人生目標，我們不會拼命的追逐利益，而是給予他人利益。我們會體諒他人，會對自我的行為懺悔，因為靈性的完美是我們追逐的目標，

而不是欺騙、畏罪，甚至傷害靈魂。

就如同佛教思想中的業報觀，即便一個人逃過法律的制裁，但是他知道業報因果仍然存在，逃得過世俗的法律，逃不過因緣果報，因此他發露懺悔，真心決心改過。拯救他的心靈，比起世俗的懲罰更重要。這是具備真正善觀念的人生。

佛教追求生生世世不斷完美自身的心靈，不是藏覆罪愆。其至高的善是追求永恆的慧命。因此，馳騁慾望與拚命賺錢為自己謀利，是與追逐永恆慧命相違背的作為。

這即是亞里斯多德所強調的，人類必須有追尋至善的動機，才不至於流於慾望與利益的追逐，慾望與利益的追逐不能給予真正幸福的人生，因為靈性的滿足與慾望的追逐背道而馳。

儒家追逐聖賢之境界，聖賢者，己欲立而立人，己欲達而達人。君子之於道，造次必於是，顛沛必於是。守志奉道是君子，依義不依利是君子。能博施濟眾於民，是為聖者。能近取譬，是為仁者。為他人利益著想，與為他人服務，是儒家至善人生的目標。

在這種動機底下，追逐金錢與慾望的滿足，當然不是人生的至善。儒家的經濟目標是利益國家與人民，不是追逐自我的慾望與功名利祿。因此達到這個目標的動機是道，是對於道的追求與修持，自然不是追逐金錢與慾望的滿足。因此沒有終極的目標，不會有真正的善動機。

在各個文明的價值結構中，幾乎都歸結出，至高的生命目標不是建築於外在物質或慾望的滿足，而是更高的道德理想與利益他人。這與人類追逐無限性的內在趨力有關。

拾壹、善的方法：利他利己的善經濟

不僅僅是追逐人類的至善，善經濟應該是以眾生為平等，以利他之心成就一切生命。

佛教主張「蠢動含靈皆有佛性」。以證嚴上人的話語就是「珍惜物命」。把物質的生命當作自我的生命一般看待。

善經濟主張，「生產的善」與「消費的善」必須基於對「物命」的珍惜。能珍惜物命，我們不會以利益刺激消

費，無止境地製造物品、消費物品，然後任意地丟棄物品。

生產創造的源頭應該是利他。當一個人製造一個產品之際，亞當・史密斯的假設是麵包師或釀酒師考慮的不是消費者，而是其自身生活的著落與孩子們晚餐的費用。但是如果麵包師或釀酒師不考慮其產品消費者喜不喜歡，受不受歡迎，他又將如何釀酒與做麵包？

在商業自利的背後，其實就是利他。能夠考慮到利他，商業才能夠成功。

「善經濟」強調「利他利己」。只有利他，才能化解衝突。利他的前提是慈悲，是同理心。當我們真正地把他人的利益與幸福，當作自己的利益與幸福，才是真正利他。當我們共同地利益人類，才能締造世界的和諧。當我們共同地體認人類要利益萬物，我們才能挽救逐漸崩解的地球。

利他，讓人類找到共贏、共榮之道。

每一個人都有自利之心，也有利他之心。如何擴大利他，縮小自利之心，是探討善經濟的善動機必要之關鍵。如何強化利他之心，從接觸苦難人開始。幫助苦難人，是

轉自利為利他的關鍵。

拾貳、珍惜物命的善經濟

　　生產極大化是資本主義所強調的本質。不斷地製造新的產品獲利，讓市場極大化，似乎是經濟發展的鐵律。但其實個人並不需要那麼多的產品，一個人能穿幾雙鞋？但製鞋公司推陳出新，引誘你不斷地購買。同一廠牌的智慧型手機每一年都出新款，刺激你的購買慾。電腦的電池壽命越來越短，就是希望你不要用太久，趕快汰換新的產品。

　　這一切的製造意義與邏輯是什麼？這種無止盡的產品製造，到底是為了消費者的福利著想？或者是為了社會整體經濟的發展？抑或是企業純粹為了追逐利益的極大化？

　　比起 20 世紀之前的人類，我們這個世代所使用的產品，應該已經遠遠超過人類有史以來消費的總和。更多的產品，是否帶給人類幸福？

　　生產是維持人類生活及幸福之所需，但是當過度的

生產、消費，對地球的耗損，對人的幸福是沒有幫助的。相反的，過度的消費讓人迷失在物質裡，以物質的滿足為幸福，這是物化了我們的生命，它恰恰與幸福的追求背道而馳。

要極大化就要標準化、要分工，所以工人就如同機械般的工作，淪為機械體制框架下的生產工具。人性的尊重與創意全被抹煞壓抑。這至少是工業革命初期及中期的現象。到工業革命後期，對於工作環境的人性化需求不斷地提高。網路經濟像亞馬遜（Amazon）、臉書（Facebook）、谷歌（Google），都給予員工極大的自由空間創造。

但是不管給予工作環境極大的空間，個人在高度競爭的環境下，工作壓力仍然極大。因為企業永遠在追尋最具創意、最具市場潛力的商品。在高度競爭的環境下，個人幸福之定義何在？

不管是企業主、或員工都同樣陷入這種永無止境的巨大工作壓力。在中國、在西方，許多高端的企業主管，不是下了班開始玩樂放鬆，就是因為過度辛勤工作而身心靈出現疾病。

忙著創造，但是忘了怎麼過生活。生產的善，應該基於改善人類的生活，促進人類社會整體的善。單獨地追逐生產極大化、市場極大化，是一種資本主義的偏見，這偏見來自孤立的個人主義思維。

從佛教的觀點來看，世界的每一個環節都是息息相關，沒有一物能單獨存在。這是佛陀所說的因緣生法。因此大量製造商品，連帶的是大量的地球資源浩劫，包含資源的大量耗損與拋棄。

我們每一個生產製造都應該考慮與其他生命的關聯，包括商品對人體的健康、商品對生存空間的衝擊，以及對大自然的影響。

更重要的是，我們應該把每一個製造的商品，都當作獨特的生命一樣來疼惜。

物品本身是有生命，從佛教的精神而言，蠢動含靈皆有佛性。所以說我們要珍惜每一個生命，包括物品。

如果我們製造大量的物品，然後很快地又拋棄它，這不只造成環境的污染、傷害，也是對生命的一種浪費和殘害。

美好的物質是人們追尋的，美好的物質會讓人愉悅，會讓人的心靈產生更大的力量。美好的事物會讓我們生活得更幸福。一個優美的房舍，優美的花園，裝潢樸實莊嚴，細緻的地毯，淺色的木製家具，這一切的擺設都會讓人心曠神怡。能生活在這樣的空間裡，十分舒適，怡然自得，更具有創造力。

　　瑞士環境打造得十分優美，人們活在一個優美清淨的環境中，不只身體健康，創造力高，而且很幸福。

　　生命幸福與生活的自在離不開物質，但物質的存在決定人如何對待物質。物質如果只是工具，它不會對人的心靈產生真正影響。

　　法國的社會學者皮耶・布爾迪厄（Pierre Bourdieu）呼應這種見解，他說，當我們接觸某一事物，不管是物質的或社會性的，在那個情境中，我們都會獲致某些性情。[7]

　　從皮耶・布爾迪厄的觀點看來，心與物質在接觸之

---

7. 佛洛姆（Erich Fromm）原著，孟祥森譯（1995），《愛的藝術》，臺北：志文出版社，頁25。

際，心與物的感通與交融是存在的。但是物質本身只有在人給與價值之際，才對心靈有正向影響。

一個生產的商品本身都可以是善的，只要這個商品也能夠考慮到地球永續資源的促進。

在生產製造的過程當中，從善經濟的觀點我們應該要考慮到：

第一、商品對消費者真正的價值是什麼？

第二、商品對地球永續發展影響是什麼？

第三、商品帶給循環經濟的價值是什麼？

這三點意味著商品一旦拋棄之後，能不能循環再使用，這不只是珍惜物品的生命，也是對於環境資源的一種保護，更讓企業能夠樽節成本。

商品的價值不是只有交易的價值，而是其使用的價值，還包括生命的價值，包括整體社會善的價值。這意味著商品製造不能只考慮市場的需求，不能只考慮利益的極大化，而是考慮它是不是促進人類的幸福，包括個人的與社會的幸福。

商品製造更應該考慮商品本身生命的延續，以及地

球資源更長久的維護。

　　因此，我們可以這樣說，真正的商品製造是要視商品如生命的愛惜，就像我們疼惜一個小生命，一個孩子，一個自己生出的孩子那樣地疼惜。

　　對於自己生出來的孩子，我們不會要讓這個生命去傷害其他的生命。我們不會把這個生命當作是唯一賺錢的工具，也不會輕易地讓這個生命瞬間被拋棄，如同廢物般地被遺忘在城市一隅的垃圾堆裡。我們更不會要創造這個生命來傷害地球——這個萬物的母親。

　　因此，珍惜物命，是商品製造真正的核心思想。

拾參、善經濟的結果

　　我們探討善經濟的成果，以均富作為目標，均富的意義是什麼？

　　均富的意義以善經濟的理念必定是物質豐饒，心靈快樂清淨，亦即富裕不是建立在貪慾，而是財富合理的獲得與使用。因此物質的豐富與道德生活的倡議兩者並備。

　　物質的富有與心靈的富有兩者兼具，才是均富。

有別於追求利益與快樂的極大化，容易導致以物質性的給予作為快樂極大化的標準。中國古代均富的思想涵蓋了心靈富有與物質的富有。古代中國的均富如《春秋繁露》所述：「使富者足以示貴而不至於驕，貧者足以養生而不至於憂，以此為度而調均之，是以財不匱而上下相安，故易治也。」[8]

換言之，《春秋繁露》與功利主義相同之處都在於希望人人得以富足，但是中國古代的均富思想不是國家財富平均分給每一個人，而是每一個資質、條件各不相同的人，都能夠安居樂業，各得其所。富者與貧者仍有財富區別，但是富者不驕，甚至濟貧者之不足，貧者足以養生而無憂。這是均富的意涵。

孟子也說：「夫物之不齊，物之情也；或相倍蓰，或相什百，或相千萬。子比而同之，是亂天下也。」[9]

8.〔漢〕董仲舒著，朱永嘉、王知常譯注，《新譯春秋繁露（下）》，臺北：三民書局，2012 年，頁 626。

9. 孫家琦編（2019），〈滕文公上〉，《孟子》，新北：人人出版社，頁 113。

孟子認為人的資質、財富不盡相同，硬要變成一致，這是亂天下。然而中國均富制度是維持每一個人最基本的生活所需，因此傳統社會的井田制，反應了孔子所言「不患貧而患不均」的思想。孔子說：「**丘也聞有國有家者，不患寡而患不均，不患貧而患不安。**」[10]

　　中國傳統社會是以小農經濟為主體的自然經濟，土地是社會財富的主要來源，「均富」在某種程度上就是均地，而平均土地則構成了儒家學派永恆的話題，並逐漸形成了「井田制」、「限田制」和「均田制」幾種模式。

　　孟子在戰國時期，目睹當時社會的戰亂和百姓生活的痛苦，提出回歸上古的井田制，由國家平均授予民眾土地。西漢大儒董仲舒激烈批評了當時社會上存在的貧富分化，並在孟子井田制的基礎上提出了限田制，要求朝廷「限民名田」，為百姓提供基本的生活條件。

　　篡漢建立新朝的王莽、北周的蘇綽以及北宋時期的

---

10. 傅佩榮（1999），〈季氏第十六〉，《傅佩榮解讀論語》，新北：立緒文化，頁 421-422。

李覯、王安石、張載等人，都借用儒家經典《周禮》倡導均田制。

明代著名清官海瑞在平均土地問題上做法更為激烈，他為官期間放任甚至慫恿貧民搶奪豪強土地。海瑞的方法當然是極端的，應該是在正義與道德極端淪喪的時候，才採取這種極端的作法。這種作法當然不是道德與禮制所鼓勵的。這種貧富差距的問題不在田地，在於社會禮義與愛的淪喪。

中國均田制是均富的理想，但是這個理想只有在王朝興盛、政治清明時期被體現，每每在王朝末期，官吏效能不彰，放縱商賈兼併土地，導致均田制的敗壞。甚且，田地父傳子，一代傳一代，後世子孫一定越分越少，比起商賈的財富累積，王朝後世的小農之田地，一旦在荒年難以收成，靠借貸，借貸又生利息，最後土地被商賈或大地主兼併是自然的發展。

因此，以農立國的中國才會治亂循環，原因還在於土地政策。均富的議題其原初的構想十分良好，但缺乏管理機制，缺乏對於農民技能的結構性規劃，如歐洲封建後

期大量農民走向工藝，進入城市，成為市民社會的主力之
一。

拾肆、均富的關鍵是愛

從現代意義的角度思考均富的意涵，中國古代強調財
富不可能齊等，但是道德價值必須人人具備。富者不驕，
甚至富而仁者為上。貧者不憂，甚至安貧樂道。這是兼具
心靈富有與物質富有。

以慈濟證嚴上人的話，說得特別傳神，有「富中之
富」，「富中之貧」，「貧中之富」，與「貧中之貧」。

富有，又富以愛心，是富中之富。富有但是沉溺於
慾望，是富中之貧。貧困但具備愛心，能為別人付出，是
貧中之富。貧困但是心裡苦，是貧中之貧。

在均富的理想追尋中，愛是關鍵。

各個層級的人若都能富有愛心，願意去利他，願意
去幫助其他需要幫助的人，那麼古代社會土地兼併的情況
不會發生，今日資本社會的各種巧取豪奪也不會發生。

功利主義追求「最大多數人的最大幸福」，其問題

在於功利主義會犧牲少數人的幸福，也無法用物質帶來幸福。

因此利他與愛是更根本達到均富的辦法。聽起來很道德訴求，但卻是最根本的、最好的訴求。

利他與愛的奉行，才能使社會自然地互補有無，才能免於個人的剝削，或結構性的剝削。

利他與愛才能避免在資本市場自由競爭底下，許多才智的弱者，或階層的弱者被犧牲、被剝削。

約翰‧羅爾斯（John Rawls）所言公平正義（Justice）是「機會均等（Equal Opportunity）」以及「給予最弱者最大的福利（Benefit the Most Voluniribility）」。羅爾斯的見解極為中肯，但是如果這僅僅是一種政策，而缺乏愛的情操，社會很難實現這樣的全面公平正義。

在追求公平正義或均富的過程中，我們必須理解「公平」並不意謂著所有的人都有一樣的收入、薪酬及待遇。人的才智與際遇本就不平等。平等是機會的平等，以及基本的生活保障。平等是愛與利他精神的養成。富有者有愛，貧者有愛，就是均富，就能均富。

諾貝爾獎經濟學得主劍橋大學的奧格斯‧丹頓（Angus Deaton）研究貧富與幸福的議題時說，這世界上的富有者拿出一塊美金，就能夠使全世界的貧困者脫貧。這是多麼簡單的一件事，但是卻很難達成。丹頓的看法是，因為這些資源的分配很不容易。

　　當然富有者不見得願意給出那一塊錢，即便所有富有者都願意給出一塊錢給窮者，但這種分配通常都要通過中介機構，如政府。但是窮國的政府通常效能不彰，或是貪污腐敗。

　　丹頓研究指出，當國際組織援助貧窮國家，這些貧窮國家的經濟越發無法發展。因為這些補助反而支持了窮國的腐敗政府繼續存在。他們依靠自己老百姓的貧窮而得到個人財富。這些補助，發放不到窮苦的人民手上，貪瀆的政府官員將這些款項放到了自己的私人口袋或是壯大他們屬意的私人機構。只要他們的國家經濟發展，人民生活改善，他們就得不到國際援助。這是受援助國家經濟發展繼續遲緩的主因。

　　缺乏愛是貧窮的關鍵。如果富有者都能夠拿出一塊

錢，政府官員能真正的將這些補助放諸窮人身上，世界貧窮問題便可以解決。

因此愛是均富的關鍵。富人有愛，看到哪裡需要幫助，就即時給予、付出。富有者心靈更快樂，這就是心與物的富足。這種富有是均富，不偏於物質，不偏於心靈，心物皆富有，才是均富。

貧者有愛，貧窮國家政府官員貪瀆之事就不會發生。貧者也知道付出，給予更窮困的人幫助，貧者自然消失。

慈濟基金會在 2008 年緬甸納吉斯風災後前往濟助。志工發放大米、各種生活所需。也發放稻種，當地農民收到稻種之後，播種豐收。他們有感於慈濟的幫助，也自願付出。於是當地農民發起每天一把米，濟助更窮苦的人。他們學習證嚴上人早年的竹筒歲月，在創立之初，號召三十位家庭主婦，每天買菜前先投五毛錢在竹筒裡，五毛錢不影響生活，但是可以救人。緬甸的農民並不富有，但是他們每天在煮飯前，先抓一把米，放在米撲滿，「這撲滿的米是給比我更貧窮的人」。就這樣，一戶、兩戶、幾千戶，他們將米撲滿集合起來再去救濟其他窮人。這就是

「貧中之富」。

　知足有餘，有愛最富。貧者可以與富者一樣，物資不缺，心靈富足，這才是均富。

拾伍、以愛領導員工的善企業

　印尼第二大企業金光集團的黃榮年先生，是慈濟的志工企業家。他在 1996 年開始加入慈濟慈善的工作。慈濟在雅加達第一個會所就是他的辦公室，他捐助慈濟無償使用。1998 年適逢印華衝突的高峰，印尼暴徒進入華人社區，燒殺姦淫擄掠，形同人間煉獄。在此同時，印尼慈濟人在創辦人證嚴上人的開導與鼓勵下，用愛回應仇恨，繼續原本預定的物資與藥品發放。印尼華人紛紛往外逃，慈濟華人卻往雅加達市區深入前進。當年慈濟與軍方簽約發放 13 萬戶，包括窮困人，還有軍警，四萬名軍警的家屬已經數個月沒有發餉，他們都是慈濟救助的對象。

　黃榮年先生全程參與其中，在面對暴動、面對發放的過程中，黃榮年先生的家族企業一樣面臨巨大的危機。當時發生亞洲金融風暴，印尼通貨膨脹率高達數十倍，兩

年換 4 任總統，銀行利息增長了 10 倍，金光集團瞬間成為全球最大的負債公司，總共負債近 400 億美金。但是黃榮年與其父親，堅守誠正信實的理念，該繳交的利息照樣繳交，所幸主要主管都沒有離開，與他們家族成員共同面對這場最艱苦的企業存亡危機。他們與銀行談判，延緩還款的期限。黃榮年同時還繼續投入慈濟的慈善工作。

二十多年後的今天，黃榮年個人所屬的企業（不包含他的兄弟的集團企業），資產已經到達 300 億美金，他擁有的土地是新加坡的 70 倍，他的四十多萬員工都成為慈濟的會員或志工，雖然他們多半是穆斯林。

黃榮年先生本著父親的誠信原則，奉行他的師父證嚴上人的教導，以誠正信實經營事業。終於讓企業起死回生。他在 2002 年與父親一起號召雅加達的企業家，整治垃圾河——紅溪河，並把數千戶違章的貧困居民，遷居到慈濟興建的嶄新大愛村。從清理垃圾、發放、義診、輔導居民暫居他處，到一年後搬進大愛村，黃榮年全程參與。

2003 年黃榮年與郭再源等志工企業家發起一項慈善活動：將 5 萬噸大米發放給 500 萬印尼照顧戶，並號召

員工一起加入。一次發放可以多達四十多條動線，同步進行。印尼穆斯林員工們，看著老闆扛大米，牽著老人家的手一次、一次地發放，數年如初，深受感動。黃榮年先生與志工企業家對吾人說，過去他們也捐助許多慈善組織，但是印尼人認為華人是在贖罪。慈濟證嚴上人要企業家投入，不只是捐錢，而是親身參與發放，印尼人才真正地被感動了。

2016 年黃榮年先生發出願心，希望印尼的慈濟會員能夠達到 100 萬。他啟發員工助人的愛心，號召更多員工成為慈濟會員。他先用激勵法，為每一個員工加薪，加薪部份以他們的名義捐給慈濟，並獲得員工歡喜的認同。他鼓勵員工組織慈善團隊，在農園周圍 5 公里之內，照顧所有窮困與殘疾人。至 2018 年，金光集團已經號召了 120 萬個會員，包括員工及員工家屬。這些員工都是穆斯林，他們也參加慈濟志工的培訓，並授證為慈濟人。

金光集團「人人慈善」行動的推動，讓員工人人啟發慈悲心與感恩心，使得上、下都充滿和樂與感恩。這是愛的大家庭，不是老闆愛員工，而是讓員工人人都充滿愛

人之心與助人之行，真正地體現了大愛的精蘊。

黃榮年計畫在 2019 年完成兩百萬會員的願望。他希望能號召更多的人加入慈善的行列，並且創造就業機會，挽救 5,000 萬還處在窮困的印尼人。黃榮年相信只要印尼政治與社會逐漸穩定，2040 年，印尼會成為全世界第四大經濟體，因為印尼擁有全世界第四大的人口數量。而善，正是印尼維持穩定的關鍵因素。

黃榮年認為一個企業缺乏理想，缺乏信念與原則，企業家只是淪為經濟的動物（Economy Animal）。他深信商業與經濟的發展，誠正信實的原則是關鍵。創造社會的正向價值是關鍵。他也是慈濟印尼教育基金會的執行長，他所主持的慈濟中小學以華語、印尼語及英語教學，培養孩子的品格及國際觀，是培育未來印尼領袖的搖籃。

慈善，創造企業主與員工的愛心，他們在價值中平等與相互感恩。這就是本書一直主張的企業要強調價值與信念，而不是利潤與賺錢。一味地強調利潤與賺錢，員工與企業主終將離心離德；彼此是利益關係，是剝削的關係。

強調價值與信念，並且真正地實踐它，員工與企業

主是為一種共同理想而努力與奮鬥的夥伴，甚至是親如家人般的互相疼惜。這是真正以愛為管理的例證。

拾陸、總結：建立共善的經濟體系

　　善經濟的目標是為人類建構一個「身、心、境」富足與和合的社會。這是儒家天人合一的理想，而今期望通過善經濟能夠在當代社會具體開展出來。

　　道家的上善若水，不爭而利益萬物，因而能常保自身的榮景。是為「上善」。

　　儒家的善，是人與人，人與天地一切關係的合宜圓滿。因此是為「和善」。

　　佛教主張萬法是一，因此要與一切萬物共生、共享、共榮，是為「共善」。

　　西方的文明則是強調遵循理性的道德生活，以創造現世的幸福，是為「至善」。

　　善經濟在指向物質豐饒的同時，也提供心靈清淨的實踐之道。在追求人類普遍富庶之際，永續地球的生命。

　　讓商業是善，物質也是善，心、物皆為善的理想，

能體現在世間。

利他利己的善經濟

「上善若水，水善利萬物而不爭。」利益萬物而無所執，是「上善」。老子的根本思想，是成就一切事物之後，心靈的絕對超越。

老子的哲學是「生而不有，為而不恃，功成而弗居，夫唯弗居，是以不去」。先生成、先有、先創造然後超越。越是能超越，其成果就越長久。

老子是以相反的作用達到正向作用。以退為進，以謙為上，以無而有。在經濟思想上先付出後擁有。先利他，才能利己。越能利他，就越能利己。

利他的精神是不必害己的，害己的利他不是究竟的，也不會是長遠的。如果生命同等重要，如何犧牲這個人去救另一個人？

「利他不害己」這種利他才能行之長久，才不會淪為道德性的「應該之暴行」。這需要更高的智慧才能圓滿。

老子對於經濟生活強調小國寡民，我們前面篇章已

經說明。其精神不是放棄世間，而是追求人人生活與精神的自由。這自由來自自然之道。「人法地，地法天，天法道，道法自然」。

地之德承載萬物而無求；人效法地應當如此，成就一切，但是無求。無執，才能在生活上及心靈上自由。老子認為越是無求、無執，一切物反而更長久。

地法天，天之道是不自生，故能成其生。老子言：天長地久，天地之所以能長久，以其不自生。那依何而生？依萬物所需而生。「天地不仁，以萬物為芻狗。」芻狗是古代祭祀的標竿，以萬物為崇敬依歸之意。但是因為天不自生，故能成其生。不自生，故生。故生，就無法生。不自利則利，自利則不利。

人效法天地亦復如是。「聖人不仁，以百姓為芻狗。」聖人不要自己定天下需要什麼，要看百姓需要什麼。天地乃是依萬物所需而生成創發，他自己不自訂固定的標準，所以能成就萬物各成其類、各顯其榮。

這是天地之德，利益萬物。「天之道，利而不害，聖人之道，為而不爭。」天就是利他，聖人也是利他，利

他而無爭、無求。利他而無求，故能成就天地之道。聖人付出無求，故能成其德。付出無求，故己愈多。

這就是利他利己的哲學。善經濟就是遵循「利他利己」的天地之道。

幸福理性的善經濟

西方文明從蘇格拉底開始強調人的理性力量。惡是因為無知。善來自知識與理性。柏拉圖則是把理念的至善單獨出來與世間的物質分開對待，理念是至善，物質是變動生滅。因此至善是理型（Ideal）。亞里斯多德修正他老師的見解，認為理念與物質並存，理念離不開物質，物質離不開理念，正如蘋果的理念離不開蘋果。

到了康德，集西方思想傳統之大成，他認為至高的善是能遵循理性的善意志。

善意志獨立於一切非善的結果之外，他是純粹的、獨自存在的，是基於先天的理性，以及人先天的道德律令。依此律令行事，就是善。依此先天道德理性與律令的善意志，所創造的幸福，是為至善。

因此以西方傳統的善事遵循理性的道德律令，創造人間的幸福，是至善。以善經濟言之，遵循人類先天理性的道德律令，所創造的幸福，是善經濟的目標。

　　這裡必須強調人有先天理性，人有先天善意志，善意志是出於理性，理性是善意志的根源。以此創造善的生活、幸福的經濟生活，是善經濟。

　　因此，以西方人文主義的觀點，善經濟一定是符合理性、道德，並創造幸福。

　　這區隔了慾望、非理性、非道德所創造的經濟結果。慾望與非理性可能造就的是惡經濟。

　　理性與善意志創造的幸福是長久的，非短暫的。相反的，非理性與非善的意志所創造的幸福是短暫與虛無的。蘇格拉底早就言明，人因為無知才追逐慾望，因為他無法帶來最終的幸福與快樂。

　　西方文明眼中的幸福，是指物質的滿足、生活的快樂、美的追求、親情的愛所帶來的心靈富足。而這一切都奠基於至高的理性，即真理。

　　西方人文主義中的善經濟，涵蓋了理性、真理、道

德、美與愛。

天人合一的善經濟

儒家天人合一的經濟體，是追求一切關係的合宜圓滿。我們將之稱為「和善」。

在儒家的思想當中，所謂的天人合一，是指人能夠體會天道，能夠體會萬物的本質，能夠實踐天道與人間的真理，這種人格必須以至誠之心為之。

誠者純正也，誠者慈悲也，誠者智慧也。

能夠有純淨、慈悲、智慧之心，就能夠透徹了解宇宙天地的本質，所以才說盡其性。

敬畏天地之心指出本性，能夠了解透徹天地之本性者，就能夠了解人的本質、本性，能夠了解人的本質、本性，就能夠了解透徹運用物質的本性，能夠透徹運用物質的本性，發揮其最大的用途者，就能夠參與天地的創造。天地的創造包含了人至誠的本性，人之本性與萬物之性、天地之性融合為一。

儒家的天道落實到現實中就是仁與禮。仁者，「己

欲立而立人，己欲達而達人」，這當然是利他精神了。這種仁的陶冶，在當代社會特別值得提倡。而儒家的禮是放在一個倫理次序裡，所謂君臣、父子、夫妻、兄弟、朋友的和諧關係。儒家眼中的善，就是人際間的和諧關係。

《大學》所言的誠意、正心、修身、齊家、治國、平天下。治理天下從修身開始。修身從孝悌開始。

從今日的善經濟觀點言之，是與家人、同仁、夥伴、客戶以及地球環境都建立好的正向關係，就是仁，就是禮。一切的經濟生產都是有益於鄰里、有益社群、國家、世界、地球，就是仁。

《禮記》言：「**故君子有禮，則外諧而內無怨，故物無不懷仁，鬼神饗德。**」[11]

遵循禮的人，外部和諧，內部無怨，所有一切有形的物都懷著仁德的心，連鬼神都享受到這份德。

禮者，理也。禮的前提是懂道理，懂為人處事的道

11.〔漢〕鄭玄註，〈禮器第十〉，《四禮集註‧小戴禮記》，臺北：龍泉出版社，1977 年，頁 82-83。

理。禮，就今日而言不必過度放在垂直的倫理關係次序，而是應該朝水平的方向發展。水平意味著扁平。公司老闆與僱員，不像君臣關係，而是形同父子關係又著重愛，因為善企業機構就是個家。同仁關係像是兄弟姊妹關係，講求悌。與客戶的關係像是朋友的關係，講求義。與大自然關係像是與母親的關係，講求敬與惜。

以儒家重建當今企業的內部與外部倫理，從天道、到仁、至禮，其運用性仍然十分適切與需要。

善企業是過去的鄉里宗祀廟堂，企業主是宗族長，裡面有數不清的各種人才與關係，基於義與理，則治理無礙。特別是義的重要性。《禮記》說：「義者，藝之分，仁之節也。協於藝，講於仁，得之者強。仁者，義之本也，順之體也，得之者尊。」[12]

義需要智慧分辨時機及狀況，做公平合理的分配才是義。這些分配是以仁為根本，為最高衡量。能分配圓滿，符合仁，這樣的成就者一定是強者，是好的領導者。仁是

12. 同註 11，頁 81-82。

義的根本，能使人與人和諧順服，得到大家的敬愛。

　　義，是指大家利益的協調適宜，這協調適宜不是基於純利益，而是依於仁。義的思想於今用於善經濟的領域，利益與同伴均霑。著重在大家滿意，並非平均分配，而是審察不同的條件下，利益如何公平合理的分配。對於企業如此，對於國家的經濟亦是如此。

　　以仁治，則和諧無礙。以義分，則皆大歡喜，以禮行，則和合圓融。

　　天道是一切宇宙運行造化的力量與法則。仁者與天道合。「仁」是人與天地萬物關係的適宜，「義」是利益分配的適宜，「禮」是人與人關係的適宜。這三者合一，就是「善」。

　　經濟的活動能做到與一切的關係都恰到好處──中道（仁）、合理（義）、合宜（禮）。儒家從天道、仁、禮、義，都是從事經濟的行事智慧與法則。做到以仁修德、以義修慧，以禮修和，是善企業家的目標。

　　企業經營能上下圓滿、客戶圓滿、股東圓滿。經濟體系能達到人人安居樂業，社會祥和，天下太平。樂業，

義也;祥和,禮也;太平,德也。

身心境圓滿的善經濟

佛教的人間理想,是期望一切眾生都達到身、境、心具足圓滿的「共善」。

佛教對於世間的理想,在《藥師經》裡有充分的闡述。佛陀所揭示藥師佛的十二大願,完整地說明了一個理想善經濟世界之藍圖。

理想的善經濟世界,物質極度豐盛,黃金為繩,琉璃為地。在藥師佛的世界中,每一個人的身形都很美麗、健康、莊嚴。每一個人最終能利益他人,並且修持清淨心,還入人群,啟發更多人去幫助更多人,給予物質的豐饒,最美好的生活所需,身心安住,然後行菩薩道,走向人人覺悟的最高之共善。

藥師佛的第一大願:「願我來世得阿耨多羅三藐三菩提時,自身光明,熾然照曜無量無數無邊世界,以三十二大丈夫相,八十隨好,莊嚴其身;令一切有情,如我無異。」[13] 藥師佛莊嚴其身,也能使眾生形象莊嚴完好。

在一個物質豐饒的世界，在一個社會祥和、人文深厚、富而有禮的環境中長大，人的身體自然健康，形象美好，而且氣質莊嚴。健康是環境的健康及物質的條件所累積。形象美好是人文條件所打造。

藥師如來第一大願是希望自己有八十隨形，三十二相好，讓一切眾生見到他都心生歡喜，見到他五官缺陷都能具足，身體殘疾者都能夠恢復健康，心靈有幽暗者都能夠展現光明。

這意味著修行人到達這樣的菩薩跟佛的境界，能與一切眾生結好緣，因為智慧具足，才華兼備，慈悲充滿，所以能夠進入每一個領域，能夠跟每一個人都相處和諧無礙，甚至能啟發每一個人，給予每一個人智慧，啟發每一個人的慈悲。這是共善的建造者。所以才說是八十隨形，三十二好相，而且綻放光芒。

這裡綻放光芒意味著讓自己與人人的心靈都得到啟

13.〔唐〕玄奘譯，《藥師琉璃光如來本願功德經》，CBETA 2020.Q3，T14, no. 450, p. 405a7-10。

發，都充滿光明，就像陽光照耀大地，讓萬物欣欣向榮，充滿繁盛喜悅一般。

藥師佛的第二大願是：「願我來世得菩提時，身如琉璃，內外明徹，淨無瑕穢，光明廣大，功德巍巍，身善安住，焰網莊嚴，過於日月；幽冥眾生，悉蒙開曉，隨意所趣，作諸事業。」[14]

第二大願是願自己能以無比莊嚴、清淨的身心，安住於善地；所處的住宅、所工作的處所都是善地。不只自己事業與生活都如此地莊嚴、亮麗，甚至比美日月。還能夠讓每個人都能成就自己想要的事業。給予他人開導，給予他人幫助。

這個願的成就，先是要自我身心清淨，爾後呈現莊嚴富貴相。因而得以事業成就，居住大宅之中。繼而協助在幽暗中掙扎的人脫離黑暗，讓他們依著自己本具的能力與興趣，成就事業，這是無上的大功德。

藥師佛的第三大願：「願我來世得菩提時，以無量

---

14. 同註 13，CBETA 2020.Q3, T14, no. 450, p. 405a11-14。

無邊智慧方便，令諸有情，皆得無盡所受用物，莫令眾生有所乏少。」[15]

這是描述物質世界極度豐富的世界，沒有一個人缺乏物質。每一個人都可以無盡地受用自己需要的物質。這跟荀子「養人之欲，給人之求」是一樣的理想。可見佛教沒有反對物質性的需求，而是希望以無比的智慧，創造無盡的物質給予眾生一切所需。這裡強調無量無邊智慧，以智慧創造豐饒的物質世界，不讓眾生有所缺乏。

藥師佛的第四大願：「**願我來世得菩提時，若諸有情行邪道者，悉令安住菩提道中；若行聲聞獨覺乘者，皆以大乘而安立之。**」[16]

第三大願是給予豐富的物質，接著第四大願就是挽救人的心靈。當有人行邪道，誤入歧途，心思行為偏差，藥師佛以菩提及覺悟的智慧，開導他、引領他也能夠安住在正確的、覺悟的智慧之中。所以言：「悉令安住菩提道

---

15. 同註 13，CBETA 2020.Q3, T14, no. 450, p. 405a15-17。
16. 同註 13，CBETA 2020.Q3, T14, no. 450, p. 405a18-20。

中。」不只度化邪道之人，一切只專注自修自得的聲聞、緣覺等修行人，也能夠啟發他們入世間，為人群奉獻心力與智慧。

藥師佛的境界放諸企業家、放諸所有的善知識，都要發願為眾生，以智慧創造有效物質，進而再引導眾生得覺悟的智慧。

藥師佛第五大願是：「願我來世得菩提時，若有無量無邊有情，於我法中修行梵行，一切皆令得不缺戒，具三聚戒；設有毀犯，聞我名已，還得清淨，不墮惡趣！」[17]

藥師佛再發願，願他覺悟最高智慧之後，能夠輔導所有立志修行的人，都能守住戒律，犯戒者，也能夠聽聞到他的道德名聲，即刻悔改，還得清淨，不會墮入或沈淪惡道之中。

藥師佛第六大願是：「願我來世得菩提時，若諸有情，其身下劣，諸根不具，醜陋、頑愚、盲、聾、瘖、啞、攣、躄、背僂、白癩、癲狂、種種病苦；聞我名已，一切皆得

---

17. 同註 13，CBETA 2020.Q3, T14, no. 450, p. 405a21-24。

端正黠慧，諸根完具，無諸疾苦。」[18]

　　藥師佛的第六大願是希望一切眾生，如果生來五體不全、五官不正，或耳聾、或眼盲、或雛僂，聽到我的名號者，能五官俱全，五體端正，種種疾病都能痊癒。

　　藥師佛的第七大願：「願我來世得菩提時，若諸有情，眾病逼切，無救無歸，無醫無藥，無親無家，貧窮多苦；我之名號，一經其耳，病悉得除，身心安樂，家屬資具悉皆豐足，乃至證得無上菩提。」[19]

　　第七大願是希望他能夠對一切貧苦的眾生，無藥無救，無家可歸者給予救助，讓他們身體健康，生活安住，身心安樂。一切的家人、日常所需的一切物資都能具足豐富，最終還能追求生命的真理，證得覺悟的無上智慧。

　　藥師佛所希望的都是給予物質的豐富，身體的健康，然後修為心靈，證得清淨的智慧。

　　藥師佛的第八大願是：「願我來世得菩提時，若有女

---

18. 同註 13，CBETA 2020.Q3，T14, no. 450, p. 405a25-28。
19. 同註 13，CBETA 2020.Q3，T14, no. 450, p. 405a29-b4。

人，為女百惡之所逼惱，極生厭離，願捨女身；聞我名已，一切皆得轉女成男，具丈夫相，乃至證得無上菩提。」[20]

藥師如來的第八大願是為那些在不合理的社會體制下受苦的女性而發。傳統社會中女性的社會地位低下，因而受苦。甚至今日許多國家地區的女性地位仍然低下，藥師佛希望她們得到與男性一樣的公平待遇。具備與男性一樣的機會就業學習，認真修行，乃至證得覺悟的最高智慧。

直到今日，許多佛教國家不准許女性出家修行，即便出家也不給予出家人同等的修行與實踐的機會。藥師佛的大願是絕對地解放女性的禁錮，讓女性與男性都同樣地發揮自我、成就自我。

藥師佛的第九大願是：「願我來世得菩提時，令諸有情，出魔羂網，解脫一切外道纏縛；若墮種種惡見稠林，皆當引攝置於正見，漸令修習諸菩薩行，速證無上正等菩提！」[21]

---

20. 同註 13，CBETA 2020.Q3, T14, no. 450, p. 405b5-8。
21. 同註 13，CBETA 2020.Q3, T14, no. 450, p. 405b9-12。

藥師如來發願說，希望我能夠引導一切眾生，脫離不純正的信念或信仰，被歪曲的思想與環境捆綁而不自知的狀態，我都要引領他們離開這樣的束縛，走入正道，使他們逐漸理解菩薩道；菩薩道就是入眾生、入人群、去幫助一切眾生所需。在幫助他人中成就自己的慈悲與智慧，也就是利他度己。

　　這樣的大願，放諸善經濟、善企業，就是要引領一切走入歪曲道路的經濟活動者，都能轉變行正道，體現利他的經濟信念。在成就社會的同時，自身的事業與心靈也得以成就。

　　藥師佛第十大願是：「願我來世得菩提時，若諸有情，王法所錄，縲錄鞭撻，繫閉牢獄，或當刑戮，及餘無量災難凌辱，悲愁煎迫，身心受苦；若聞我名，以我福德威神力故，皆得解脫一切憂苦！」[22]

　　藥師佛不放棄任何一位眾生，連犯罪者、受難者，身苦、或心苦的人，他都要拯救、脫度他們。使他們遠離

---

22. 同註 13，CBETA 2020.Q3, T14, no. 450, p. 405b13-17。

牢獄、遠離苦難。遠離身苦與心苦。

藥師佛第十一大願：「願我來世得菩提時，若諸有情，飢渴所惱，為求食故造諸惡業；得聞我名，專念受持，我當先以上妙飲食，飽足其身，後以法味，畢竟安樂而建立之。」[23]

那些因貧困而犯罪者，我一定以最好的食物給予他、豐富他，然後再啟發他理解真理的快樂，能夠追隨正道與真理，從中得到大歡喜，並以此安立他們的生命。

藥師佛的第十二大願是：「願我來世得菩提時，若諸有情，貧無衣服，蚊虻寒熱，晝夜逼惱；若聞我名，專念受持，如其所好，即得種種上妙衣服，亦得一切寶莊嚴具，華鬘塗香，鼓樂眾伎，隨心所翫，皆令滿足。」[24]

「我發願對生活在極為困苦環境中的人，被疾病、酷熱、嚴寒逼迫的人，我將提供給他們最美好的衣服，最美味的食物，賜予他們一切華美之物，以及最芬芳的香味。

---

23. 同註 13，CBETA 2020.Q3, T14, no. 450, p. 405b18-21。
24. 同註 13，CBETA 2020.Q3, T14, no. 450, p. 405b22-26。

讓他們聽到最美的音樂，觀賞最美的演員、最好的表演。一切他們所想要的，我都給他們滿足。」

藥師佛十二大願當中，包含著身體健康、物質豐饒、以及心靈清淨。藥師如來佛的大願當中，要每一個五官缺損的、身體殘疾的、生理有病的、心靈有殘缺的，都能夠得到治癒，都得到健康，得到潔淨、得到圓滿。

可見藥師佛的慈悲，是要讓最苦的人享受最美好的生活待遇。美食、美服、美味、美音、美劇，無窮的美好物資，都讓他們無缺無乏。

這不就是當代哈佛的哲學家約翰‧羅爾斯（John Rawls）的《正義論》所倡導的：「給予最弱勢者最大的利益」嗎？

藥師佛大願的第一個特點是希望人人都享受著豐富的物質，琉璃為地，黃金為繩。那是一個充滿最極致的物質豐富，生活優渥、國家昌盛、社會祥和、人民無憂無慮，享受各種無止境的繁華。

而藥師佛十二大願更重要的就是菩薩道，希望每一個人都行菩薩道，度盡一切苦難的眾生。菩薩道是成就藥

師如來十二大願「身體健康，物質豐饒，心靈潔淨」的關鍵。如果沒有菩薩道，這一切繁華的物質，人類身體的健康、心靈的純淨，都不復存在。

這是亞里斯多德一再強調的道德生活，與人建立愛的關係，參與並貢獻公共事務，才是至高的幸福。

藥師佛的理想也是如此。愛一切眾生，給予眾生一切物資所需，引導一切眾生修持清淨心，繼而行菩薩道，去幫助更多的人，去啟發更多的人。最終自我覺悟至高的真理。那是至高的生命之幸福。

藥師佛象徵著佛教對於整體人類社會以及有情萬物，共容、共享、共榮，乃至「共善」的最具體、最宏偉、最極致的願景與理想。

一顆看不見的心締造均富社會

利他，是一顆看不見的心，創造均富祥和的社會。

藥師佛的大願不在於他的神力，而是利他的願力。如果人人具備這樣的願力，具備這樣的利他之心，就一定能創造藥師佛所期待的富足、清淨、祥和的世界。

利己的思想支配了人類經濟發展幾百年，它一方面締造了人類社會繁榮富裕的景象，另一方面也把半數的人口推向剝削與窮苦的邊緣。從「囚徒困境」的理論中已經證實，利己的雙方永遠無法達到最大化、最合理、最佳的分配狀態，亦即無法達到「帕雷托最優」。只有利他才能實現分配的優化。

現代醫學科學家已經找到利他的腦區位 Posterior Superior Temporal Cortex（PSTC）[25]，包括人類與動物都具備利他的腦部區位。

當動物看到同類受傷、當人類看到貧苦，或捐助的行為，我們內心的慈悲心會興起，腦部利他的部位會產生變化，PSTC 區域會變大。如果我們人類能夠成功地進化、開發利他的情感，讓利他的心與情懷普遍建立，人類就不用擔心要用什麼方法才能締造一個均富、清淨與祥和的社會。

25.Paccione, Charles Ethan (2019). The Giving Brain: A Look at the Neurology of Altruism. *Brain World Magazine*, https://brainworldmagazine.com/giving-brain-look-neurology-altruism/

「利他」，是一個看不見的心，能引導社會對財富作最合理的分配；會創造每一個個體富足、安樂的生活，會自然地引領人們尋找需要幫助的物件、集合大眾的智慧，尋求方法幫助弱者、幫助其他物種繼續生存，愛護地球，進而尋求人類的永續生命發展。

※ 本文節錄自何日生（2020），《善經濟：經濟的利他思想與實踐》，新北：聯經。

參考書目

古籍

〔漢〕董仲舒著，朱永嘉、王知常譯注，《新譯春秋繁露（下）》，臺北：
　　三民書局，2012 年。

〔漢〕鄭玄註，《四禮集註》，臺北：龍泉出版社，1977 年。

〔唐〕玄奘譯，《藥師琉璃光如來本願功德經》，CBETA，T14，
　　No.0450。

〔清〕王先謙撰，《荀子集解》，山東：山東友誼書社，1994 年。

專書

佛洛姆（Erich Fromm）原著，孟祥森譯（1995），《愛的藝術》，臺北：
　　志文出版社。

孫家琦編（2019），《孟子》，新北：人人出版社。

傅佩榮（1999），《傅佩榮解讀論語》，新北：立緒文化。

傑瑞・穆勒（Jerry Z. Muller）著，佘曉成、蘆畫澤譯（2016），《市
　　場與大師：西方思想如何看待資本主義》，北京：社會科學文獻
　　出版社。

單篇論文

何日生（2016），〈試論市場經濟中的善性與道德〉，《山東師範大
　　學學報》，2016 年第 3 期，頁 130-140。

赫曼・李奧納（2017），〈慈濟，組織管理與領導的典範〉，收在樓
　　宇烈、赫曼・李奧納等著，《慈濟宗門的普世價值》，臺北：財

團法人慈濟傳播人文志業基金會，2017 年，頁 86-108。

網路文章

Paccione, Charles Ethan (2019). The Giving Brain: A Look at the Neurology of Altruism. *Brain World Magazine,* https://brainworldmagazine.com/giving-brain-look-neurology-altruism/.

（慈濟基金會提供）

第九章

慈濟宗的修福與修慧：
以慈善為法門的佛教修行

慈濟大學宗教與人文研究所教授　**林建德**

摘要

　　「善門入佛門」是證嚴上人創辦慈濟志業的理想，如是已然標示出以「慈善」為特色的佛教修行。此「善門入佛門」的背後，已然傳達出「修福先於慧」、「修福後修慧」，乃至「修福重於慧」、「修福多於慧」等理念，亦即以福德資糧為前行道基，作為進修智慧資糧的準備。而這樣「善門入佛門」的理想，當也符合印順導師「人間佛教」所重視的「十善菩薩」修學理想，所謂「人菩薩行」乃是在「五戒十善」的基礎上，先做好一個人（或做一個好人）再來談佛法修行。是故慈濟的慈善救濟本身即是一種信仰實踐，修福過程中亦是心性磨練的過程，從利他的慈悲實踐中完成自利的宗教關懷，在修福中含攝著修慧，

以逐步圓滿「福慧雙修」的菩薩道。

關鍵字：為佛教為眾生、善門入佛門、不傳教與為佛教、
十善菩薩、福慧雙修。

壹、前言

　　大乘佛法以利濟蒼生、救苦救難為關懷，因此佛弟
子從事慈善活動乃責無旁貸。近50年來，在臺灣響應「人
間佛教」之號召，所帶動的入世弘法暨社會服務亦興盛起
來，證嚴上人所創辦的慈濟基金會即是其中一個例子；慈
濟以佛法的精神理念廣召志工參與，積極從事慈善醫療、
教育人文、社區關懷、環境保護等利他志業，帶來華人佛
教信仰欣欣向榮的另一番景象。

　　印順導師曾明確表示：「人間佛教」走向人群，此
時代傾向是處世的、集體的；[1] 此集體時代之現代應用，

---

1. 見印順導師，《佛在人間》（臺北：正聞出版社，1994 年），頁 112-121。

乃是組織性的經營管理，促使助人效益之最大化。然而在行善的過程中，如何兼顧佛教終極目的——滅苦與解脫，以及尋取修福與修慧間的平衡，也成了其中的關注，畢竟入世性社會服務，若少了超越的解脫理想，可能僅停留在世間的慈善面向，而不免也削弱了佛教的神聖性內涵。

如此，「宗教」與「慈善」之間，或者「為佛教」與「為眾生」、「佛門」與「善門」之間，有時比重權衡失調，難以面面俱到而顧此失彼。換言之，以佛教精神所創辦的慈善組織，如果太強調佛教的本位立場，則難以照顧到現實需求、予以眾生實質利益；而太為眾生、過於隨順眾生，則佛教信仰所涵蓋的理想性及超越性又難以突顯。因此如何通俗而不落於世俗、乃至於庸俗，淺白淺顯又不至顯得淺薄或膚淺，並常保慈善背後的宗教精神，不免需多所琢磨。

本文即試著以「慈濟宗門」為例，探討佛教團體號召志工從事濟世的慈善志業，如何兼顧入世與出世兩面。首先簡介證嚴上人之「為佛教，為眾生」象徵著菩薩道精神之傳承與實踐。其次上人所說之「善門入佛門」，已然標

示出以慈善為特色的佛教修行，一方面慈善救濟既是「跨宗教」，另一方面也是「為佛教」，而在「跨宗教」與「為佛教」協和並進。第三、「善門入佛門」隱約傳達出修福先於慧、修福後修慧的理念，進而在修福中修慧，統一了慈善救助與信仰實踐；慈濟即是以慈善為一種修行方式，從慈善活動中表現虔誠信仰，逐步完滿佛教「福慧雙修」的理想。

貳、「為佛教，為眾生」：菩薩道精神之傳承與實踐

在《慈濟》月刊第463期中，曾記載證嚴上人說：「今天的慈濟，始於『為佛教，為眾生』的啟蒙深因。若問我這生受誰的影響最深，那就是我的師父。」[2] 可以說，導師與上人兩位師徒，彼此間所傳承的心法，即是「為佛教，為眾生」這六個字，而此也作為上人終身立志奉行的核心信念；[3] 此六個字，已然總攝整個菩薩道信念的核心。關

2.《慈濟月刊》463 期（臺北：慈濟人文志業中心，2005 年 6 月號），頁12。

於這六個字的開示背景，以下從證嚴上人跟隨印順導師出家的因緣說起，從中可看出太虛大師、印順導師及證嚴上人三者間菩薩道理念的一脈相承。

　　證嚴上人依印順導師出家的因緣頗為微妙特殊。上人25歲時，在花蓮依止一位老居士自行落髮，民國52年為受戒到了臺北。但進入戒場，卻因為沒有皈依師父，資格不符不能受戒，但也決意不在戒場擇師皈依，寧可先不受戒，卻堅持找一精神導師作為慧命的依止。

　　隨即到臺北慧日講堂請購《太虛大師全集》，恰好印順導師駐錫在講堂，進入導師會客室禮座後準備離開，卻因一陣大雨暫緩了上人離去的步伐，反倒興起皈依導師之念，而請慧音法師向導師請示。由於導師很少收弟子，

---

3. 如證嚴上人說：「既然我有殊勝因緣走入佛門，成為佛教界中名譽很清高的上印下順導師的弟子，師父囑咐我『為佛教，為眾生』，我就要以此立志，終身奉行。師公上人的道德與學問廣受崇敬，既能皈依師公上人門下，就要好好地修行，不能使其蒙羞，更要積極踐履佛教精神。」見釋德仉編撰，《證嚴上人思想體系探究叢書》【第一輯】（臺北：慈濟文化出版社，2008年），頁58。

原以為機會不大，然而他老人家卻答應了，就這樣一個偶然的相遇因緣，締結兩人的師徒緣份，而上人也順利到了戒場受比丘尼戒。

數十年後，印順導師回憶起這段往事，表示當初會同意收上人作弟子，乃是因證嚴上人請購《太虛大師全集》。因為太虛大師是導師一生中最敬仰的老師，而上人有心請閱大師著作，導師自是相當歡喜。如此，太虛、印順及證嚴三位法師，冥冥之中薪火相傳著大乘菩薩道以及人生、人間佛教的法脈。其中證嚴上人堅持不隨便拜師，且恰好請購太虛全集，且印順導師正好待在慧日講堂，以及突來的大雨等，皆是促成此一美事的因緣，晚年的印順導師回憶此往事，也直說「因緣不可思議」。[4]

在整個皈依拜師的過程中，導師對上人深深啟發的一句話，就是「為佛教，為眾生」六個字，即既然選擇出家

---

4. 關於這些往事的記載，可參慈濟出版的紀錄片，如《印順導師傳》、《證嚴上人菩提心要——法譬如水：慧命的導航師》（靜思人文出版）等。亦可見潘煊，《法影一世紀——印順導師百歲》（臺北：天下文化，2005年），頁242-243。

一途，就要發心「為佛教，為眾生」。而此一信念永矢弗諼，始終伴隨上人慈濟志業的推展，一路走來五十多年，無論碰到如何艱難考驗，上人都謹記著這六個字。

「為佛教，為眾生」固然可以有不同解讀的空間，然其中菩薩道精神可說是核心所在，可以說這六個字，統攝整個大乘菩薩道的心法。例如一般出家法師皆有上、下號，意味著「上求佛道，下化眾生」的期勉，而「為佛教，為眾生」，亦顯示了此一意涵。其中「上求佛道」，意味著對佛教信仰及佛法智慧的堅定信心，而「下化眾生」，顯示了對眾生苦難的慈悲大願。如此，上求佛道之智慧及下化眾生之慈悲（「悲智雙運」），統攝菩薩道修學的核心，而且也藉此「悲智雙運」來達到「自利利他」、「自覺覺他」之「福慧雙修」的目的，所謂「淨心第一，利他為上」之教示，其精神亦在於此。

「為佛教，為眾生」所象徵的菩薩道精神，也是印順導師一生的主要信念。在其著作中，再三強調的重點亦在於此，如說「復興佛教，利濟人群」及《成佛之道》：「不忍聖教衰，不忍眾生苦，緣起大悲心，趣入於大乘」等，

皆是類似的語句。此外，證嚴上人所重視的《無量義經》，其中菩薩慈悲願行的激勵，從字裡行間亦可深刻感受出來[5]，而「慈悲」也正是慈濟的根本精神。[6]

　　總之，導師、上人兩位師徒間之傳承及相契相應，即是「為佛教，為眾生」的菩薩信念，從中展示出大乘佛弟子高度的理想性格。而此菩薩精神的體現，可說是「人間佛教」弘揚者共通的情操和精神，顯發出菩薩道修行所著重的即是深觀智慧及廣行悲願，以此完滿福慧的修行。

參、「由善門入佛門」：以慈善為特色的佛教修行

　　「為佛教，為眾生」，證嚴上人一生謹記在心、信受奉行，而為實踐「為佛教，為眾生」，上人開展出以慈善為主的佛教修行，藉由「為眾生」之「善門」進轉至「為

---

5. 如《無量義經》說：「洪注無上大乘，潤漬眾生諸有善根。布善種子，遍功德田。」「能捨一切諸難捨，財寶妻子及國城，於法內外無所恪，頭目髓腦悉施人。」「遍學一切眾道法，智慧深入眾生根」及「諸善男子，汝等今者真是佛子，大慈大悲深能拔苦救厄者矣。一切眾生之良福田，廣為一切作大良導；一切眾生大依止處；一切眾生知大施主。常以法力廣施一切。」等皆然。

佛教」之「佛門」，「善門入佛門」也成了「慈濟宗門」
的修行特色。

　　佛法以解脫苦痛為中心目的，以出離生死、超脫輪
迴為目標，可知佛教具有鮮明的「出世」性格。但這樣解
脫的關注，不只是自己的解脫，還包括他人乃至一切眾生
的解脫；因此大乘菩薩之修行，乃是以出世的心作入世
事、從利他中來完成自利；利他與自利、入世與出世間之
相輔相成，即是菩薩修行法門之所在。而慈濟慈善志業之
推展，核心亦在於此，與一般慈善事業不盡相同。以下進
一步論述之。

一、慈濟慈善志業之「跨宗教」

　　佛教慈善事業不應以傳教為目的，如此慈濟從事志
工服務，有時會淡化宗教信仰色彩，而強調宗教間的共通
性，把救人放在第一、信仰擺在一邊，如此也開展慈濟與

6.如證嚴上人表示：「事實上，佛陀講説千經萬論，皆不離『慈悲喜捨』，
　而『慈悲喜捨』是佛陀的本懷，也正是慈濟根本精神。」見釋德仉編撰，
　《證嚴上人思想體系探究叢書》【第一輯】，頁 955。

其它宗教合作的契機；例如南非祖魯族婦女維持天主教信仰，仍成為慈濟的志工，包括為伊斯蘭教國家的人民蓋大愛屋，乃至敬重其宗教信仰而蓋清真寺集會所。[7]同樣的，慈濟除了為八八水災的受災戶興建大愛園區外，也為原住民朋友蓋設教堂，貼心照顧到原民的信仰需求。關於慈濟慈善工作的「非宗教性」，可分以下兩點簡述：

（一）「救人第一」的共識

證嚴上人對宗教的理解，乃著眼於普世性的概念來闡述，如認為人生的宗旨謂之「宗」，生活的教育謂之「教」。宗教乃使人確信人生的宗旨，並以此宗旨進行生活的教育，即是所謂的「宗教」。[8]因此，不同宗教間，

---

7. 慈濟在印尼的慈善工作，已樹立某種宗教合作的典範。過去印尼華人與當地原住民之間存在著長年的恩怨，族群對立嚴重；但由於慈濟在印尼的慈善工作，大幅改善了印、華種族關係，促進宗教的互助與合作。如慈濟長期協助雅加達郊區一所七千多名學生的伊斯蘭習經院，使佛、回兩教間有良性互動；甚至習經院的哈比長老更指示院裡的每個教室都掛上證嚴上人的法照，而且《靜思語》已列為這家習經院的教材之一。慈濟在印尼慈善工作的相關研究，可參考許木柱等主編，《曙光初現：雅加達慈濟紅溪河與慈濟大愛村研究》（花蓮：慈濟大學出版社，2012 年）。

在上人看來都有共通性，把人道救助擺在最前頭，救人是第一要務，至於不同宗教信仰則彼此尊重，不刻意宣揚慈濟理念，而單純只為利他、只為助人。上人認為，宗教之間的差異可能只是一種「名相之別」，因為若站在「大愛」的理念下，所有正信宗教皆以救人濟世為共同目的，其間只在於宗教名稱的不同；[9] 而重視「跨宗教」之合作，如同海納百川、百川歸海，滙聚成江流與大海，以此可顯示出慈濟宗教合作的立場及累積的經驗。[10]

（二）「大愛無國界」之理念

宗教對人世間的悲苦有較深、較敏銳的觸動，或者說所有宗教皆有大愛的信念或信仰，不管是仁愛、慈悲、

---

8. 證嚴上人多次表示「宗」是人生的宗旨、「教」是生活的教育，可見釋德仍編撰，《證嚴上人衲履足跡‧二〇一四冬之卷》（臺北：慈濟人文出版社，2015 年），頁 687；以及釋德仍編撰，《證嚴上人衲履足跡‧二〇〇九秋之卷》（臺北：慈濟文化出版社，2009 年），頁 156。
9. 如德傅法師說：「法師以『大愛』理念，教示慈濟人面對不同的宗教信仰者，應秉持尊重的態度，雖然世界各個宗教名稱都不一樣，但是救人濟世的精神，卻是相通的。」釋德傅，《慈濟學初探》（花蓮：慈濟大學，2013 年），頁 286。

博愛、兼愛等，都來自於對人生是苦、人生有苦的體認。
上人在開示中，即常提到「大愛」不分種族、國界與宗教
等。[11] 如此，慈濟乃是為慈善而慈善，而不是為宗教而慈
善，並不以慈善作包裝而達傳教的目的；甚至也認為所有
宗教都是一樣的，所有宗教同樣是走向大愛，只是使用不
同的宗教語彙，其間的差異只在於名稱上不同及方法上有
別而已。可知，在重視各種宗教信仰的前提下，慈濟以尊
重、謙卑和友善的方式從事海外救援，不以傳教為目的，
而與當地文化融合，強調「愛」的相通性，使得宗教與宗
教間和諧共處、相互扶持，消弭不同宗教間的對立。[12]

---

10. 如盧蕙馨在〈宗教合作經驗—「百川歸海」的譬喻〉論述慈濟跨宗教
合作的經驗，認為在慈濟「大愛」思想下，從事宗教實踐，並展開宗教合
作，而宗教合作正如「百川歸海」一樣；如證嚴上人說：「他們的徽章，
其實我都沒有看過；竟然和我們那麼相近，可見真正的宗教就像大海；就
如同溪、河、江；溪就是溪水，河就是河水，井就是井水，水溝水就是水
溝水，其實水是一樣的。」見盧蕙馨，《人情化大愛：多面向的慈濟共同
體》（臺北：南天書局，2011 年），頁 346。
11. 證嚴上人倡導「大愛」為慈濟精神所在，對於「大愛」的詮釋是：大
愛就是不分宗教、不分國界、不分種族。人類需要宗教；宗教，就是要啟
發人人的愛心。不論佛教、基督教、天主教，伊斯蘭教也好，都能彼此容

由於慈濟「不傳教」之「跨宗教」慈善救濟暨國際賑災，反倒贏得更多對慈濟的認同，以及對佛教的良好印象。例如過去慈濟在世界各地舉辦的同步浴佛典禮，規模和人數往往成千上萬；如以 2017 年為例，慈濟於全球 5 大洲共 38 個國家、地區（含臺灣），舉辦逾 472 場浴佛典禮，合計超過 26 萬人參與。其中除佛教為主的國家外，還包括基督教、天主教、伊斯蘭教等非佛教信仰的國家，甚至有些人數還超過萬人以上（如天主教信仰為主的菲律賓）。[13]

納。證嚴上人説：「你信仰什麼宗教，並無影響，我只怕你信仰得不夠透徹。」又説：「基督教強調的博愛，與佛教主張的慈悲大愛，都是在疼愛人類，雖然宗教不同，教義方向卻是一致。若你信得徹底，我一樣很歡喜。」以上見潘煊，《證嚴上人琉璃同心圓》（臺北：天下文化，2009 年），頁 154。

12. 關於慈濟在非佛教國度的關懷暨發展，不限於特定宗教背景而向世界開敞的特色，可見何日生，《慈濟實踐美學（上）生命美學》（臺北：立緒文化，2008 年），頁 147-152。

13. 此可見「聯合報」2017 年 5 月 14 日題為〈慈濟慶祝「母親節」等三節合一〉之報導。

二、慈濟慈善志業之「為佛教」

慈濟不以傳教為目的，也因此不同宗教信仰者皆可參與其中，只不過投入的程度多少、深淺有別。換言之，行善是所有宗教所共同的，加入慈濟可說是走入「善門」，至於是否走入「佛門」，則依個人情形而定。雖然絕大多數經上人授證的慈濟人，乃是皈依佛法僧三寶的佛弟子，但仍有不少維持原信仰的委員，例如南非祖魯族婦女並未改變他們的天主教信仰，只是生命中多了慈濟作為實踐信仰的方式。

關於慈濟的佛教信仰及宗教理想，或可分以下兩點來談：

（一）以佛教信仰為主體

由於「大愛」不分宗教信仰的差異，因此慈濟社群亦有非佛教徒成員來投入志工行列，雖然認同慈濟、參與慈濟，但仍保有自身的宗教信仰；如此在「善門」底下的志工服務，「佛門」是第二序的，可知「佛門」中有「善門」，雖然「善門」中未必進入「佛門」。這意味著在慈善和佛教團體之間，未必僅能擇一而不能融貫為一。如此

慈濟既可說是「以慈善志業為主的佛教團體」，也可說是「以佛教信仰為主的慈善團體」，其間差異或許只是先後順序及輕重緩急的問題。

在慈濟出版的刊物中，證嚴上人屢屢強調慈濟不是一般的慈善團體，更是一佛教的修行團體；慈善工作僅是方便入門的方式，最終要帶領大家從菩薩道的修學，走向慈悲與智慧的圓滿，也就是成佛；此一立場可說是上人長久以來再三致意的。[14] 這十多年來，上人更從「為眾生」進而強化「為佛教」的迫切感和重要性，如曾表示：「40年來，自覺『為眾生』已盡心力，期藉慈善救濟讓人了解佛教，但終究難以將佛教的形象與精神注入人人心中，

---

14. 如證嚴上人說道：「慈濟是以佛教精神為中心，志業最重要的目標，是以天下蒼生為念，致力淨化人心、祥和社會，以達天下無災難的理想。所以，慈濟志業體的組織系統，是在不離佛教精神之下，以宏觀的角度、開闊的心胸，來制定人事法規，使四大志業能真正落實佛陀的精神本懷。」並說：「慈濟志業既要落實佛教精神，以淨化人心為目標，所以慈濟並非只是為善的慈善機構，而是開啟菩薩道的方便法門，藉以接引大眾進入大乘佛法，直達成佛之道。」見釋德凡編，《證嚴上人思想體系探究叢書》【第一輯】，頁 140-141。

『為佛教』還需加緊努力。」[15] 也曾說：「44 年來慈濟人用心付出、用愛鋪路，已開拓出一條菩提大道。慈濟最初 40 年，致力『為眾生』而付出，但不離佛教精神，人人調伏自心，行於人間道，成長慧命。在 40 年後，更加強『為佛教』，讓世間看到佛教的具體形象。」[16] 可知，近來上人也傾力於讓佛教的形象明朗化，認為過去大部分都是為眾生，即先用「情」，其次是用「理」，再三才是用「法」。所以初開始的時候，不分宗教、種族、國籍等，以無私大愛擁抱天下苦難的蒼生，往後要進一步「為佛教」，如在佛誕節時結合慈濟日、母親節三節合一於全球推動浴佛，讓國際間知道有佛陀大覺者出生在人間，以慈悲大愛的法普施於人群之中。[17]

此外，當初證嚴上人向政府單位申請註冊時，上人

---

15. 釋德凡，〈隨師行記〉，《慈濟月刊》487 期（臺北：慈濟人文志業中心，2007 年 6 月號），頁 140。

16. 釋德凡，〈隨師行記〉，《慈濟月刊》523 期（臺北：慈濟人文志業中心，2010 年 6 月號），頁 107。

17. 見 2009 年 06 月 30 日大愛臺「人間菩提」節目。

堅持基金會的名稱必須是「佛教慈濟慈善事業基金會」，一定要把「佛教」冠於名稱的最前面，認為慈濟乃紹承佛陀精神，源於佛教的精神理念，因此「佛教」等於是慈濟志業的靈魂標誌，並要慈濟人以「佛心師志」為志向依歸，依循佛陀教法，以佛教徒形象走入人群。[18] 因此，慈濟人雖然「不傳教」，但卻有明顯的信仰立場，希望透過慈善志業的實踐，體現佛陀和佛法的精神。

（二）由善門走向佛門之理想

慈濟重視慈善救助，未必代表慈善工作優先於佛教信仰，或只為眾生而不為佛教；相對的，慈濟始終保有深遠的宗教理想，即透過慈善志業來體現佛教理想，當中以慈善救濟為「權」，佛法解行為「實」，顯示對佛教信仰的堅持，其中「由善門走向佛門」是證嚴上人經常強調的要

---

18. 見釋德凡編撰，《證嚴上人衲履足跡 · 二〇〇六冬之卷》（臺北：慈濟文化出版社，2007 年），頁 149。

19. 證嚴上人說：「有人認為慈濟修福不修慧，這是對慈濟了解得不夠透徹，而產生的誤解。慈濟建醫院、辦學校，固然因應社會所需，其實是為了廣開佛教大門，希望人人由善門入佛門，走入智慧法海，將佛法具體化、

點。[19] 亦即，慈濟的慈善救濟一直緊扣著佛教信仰，慈濟慈善的腳步是立基於佛教的慈悲，而視慈善為佛教修行的實踐；如果沒有佛教修行的關切，這樣的慈善恐不是上人的原意。她曾表示：救貧、救病外更重於「救心」，「救心」乃是其中關鍵，而這也成為慈濟「慈善」的特色；換言之，上人所認為的慈善，不是僅止於救貧治病，更是富有深刻的教化內涵。例如上人說不只是要「教富濟貧」——呼籲有能力的人幫助貧困之人，而且還要「濟貧教富」——救濟貧困人之餘，了知救人、助人不限於富者，只要有心亦可貢獻一己之力；如此藉行善助人而行教化度化，形成施、受之間善的循環。[20]

行動化、生活化。」《真實之路：慈濟年輪與宗門》，頁 23。關於「由善門入佛門」，同一書又作了強調，認為慈濟所作的，乃是在於弘揚佛教慈悲喜捨的精神，而說：「辦慈善、建醫院、興學校，固然是因應社會需要，其實也是廣開佛教大門，希望人人由善門入佛門，藉由世間事，走入智慧法海。」同上書，頁 138。此外，《證嚴上人思想體系探究叢書【第一輯】》也記載：「慈濟度眾的法門，是帶動人人由善門入佛門，守持戒律，諸惡莫作，眾善奉行，如此自然契合佛陀本懷，達到『人格成，佛格即成』的目標。」（頁 955）

此外，證嚴上人還提倡「見苦知福」的觀念，即看到人間疾苦，可以感知到自身的幸福，從了解他人的苦痛因緣，方能知福、惜福而再造福，走向佛教修行之路。就佛法苦集滅道之「四聖諦」而言，佛教修行的第一步要先知苦、見苦，進而了解苦的原因（集），依著滅苦的道路起修（道），走向滅苦的境地（滅）[21]。所以透過慈善救助，深刻體會到苦的真實性，進而發心修道、自利利他，不只滅自己的苦、也除他人的苦，乃是慈濟佛教修行的基本路數，也是上人「從善門走向佛門」的重要理念。可知，在慈善工作的推行中，「教化」始終是主要關注，也就是為了「救心」；如此上人以「為佛教，為眾生」之核心理念，所開展的慈善志業，從一開始即不同於大多數的慈善

---

20. 潘煊，《行願半世紀──證嚴上人與慈濟》（臺北：天下文化，2016年），頁 56-61。

21. 同前註，頁 82。

22. 這如傳統中醫所說「萬病由心起」以及「上醫治未病，中醫治欲病，下醫治已病」等觀念，一切的貧病災厄直接或間接關乎人心的問題，因此為求「防患未然」，乃至「斬草除根」，證嚴上人認為佛教的慈善不只是停留在濟弱、扶貧和治病等，更重要的是「救心」。

團體，不只設限於「身苦」，更是重於「心苦」。[22]

　　「善門入佛門」說明慈濟善門的實踐中，已然含有佛門的理想，一如佛教亦以「眾善奉行」為目標之一；而走向佛門，更要從善門中積極行入世關懷。而此「善門入佛門」或也可從慈濟「四大志業」看出；除慈善、醫療之外，教育、人文兩大志業也是上人高度重視的。除了救拔眾生身體之苦，還重視人文精神層次的提昇，重視品格教育、道德教化及淨化人心等，可知關心的不只是物理層次的生命、還有價值性的慧命。如此，慈濟的慈善與醫療中，具有教育及人文向度的理想，而教育、人文裡亦含有慈善與醫療等入世實踐取向。對上人來說，不只是「從善門走向佛門」，也要「從佛門趨入善門」，善門與佛門或可說是「相即不二」或「相即相入」；這說明了慈濟的慈善與醫療具有教育、人文面向，反之亦然。四大志業慈善、醫

---

23. 慈濟除慈善、醫療、教育、人文之「四大志業」外，另投入國際賑災、骨髓捐贈、社區志工、環境保護四項入世關懷；由於這八項同時推動，合稱為「一步八法（腳）印」（可見慈濟基金會官網簡介），這也說明慈濟志業之開展可視為一環環相扣的整體，彼此之間密不可分。

療、人文、教育之劃分主要是在「事相」上，但在上人心目中，這四大志業其一都應含攝其它三志業的關懷。[23]

　　可略為補充的是，慈濟「四大志業」的推動，亦與上人早年對傳統佛教信仰模式的疑慮有關，如把佛教當作是老年的、死後的宗教，或僅是高談深奧難解的佛理，而希望以慈善志業的推動，對過去的佛教信仰方式作修正，由善門接引眾生入佛門，使佛法能融入現實生活中。[24] 包括佛教界對慈濟「修福不修慧」的印象，上人也頗感無奈，並多次澄清此一誤解，重申慈濟是以慈善工作作為廣開佛教大門的路徑，最終仍是要接引眾生來學習佛法。換言之，「慈濟宗門」乃在於力行大乘佛教的菩薩道，從慈

---

24. 此如證嚴上人説：「3、40 年前的佛教，給人的印象多來自兩方面：一是人死後誦經、做法會，或是年初祈平安、年尾謝平安，一般人總覺得佛教是屬於老人的宗教；另一種是法師升座講經，講演的內容深奧難解，一般人不一定能吸收與運用在生活中，故而產生距離感。當時見到此種現象，甚感惋惜──佛法是如此圓融透徹的教育，卻讓人覺得高不可攀。我發願要接引大眾由善門入佛門，期使佛法能融入一般人日常生活中。」見證嚴上人，《真實之路：慈濟年輪與宗門》（臺北：天下文化，2008 年），頁 23。

善開始而發展出各種志業，因此可說以「方便」法門的形式，使人從志工服務中體悟佛法的道理。[25]

所以，上人期許慈濟人從事國際賑災，亦要適時表達出對佛教的信仰。如把救援物資送到感恩戶手上時，當感恩戶以其信仰背景，向慈濟人獻上真誠感謝時，而說：耶穌愛你或願阿拉保佑你，上人希望慈濟人也能以佛陀愛你或願菩薩保佑你，來相互祝福，讓感恩戶知道這份大愛的法源，乃是來自佛陀的教育。[26] 而當慈濟救援隊伍帶著佛教教旗與慈濟會旗，到需要幫助的地方提供協助時，也將激發不同宗教信仰者對佛教的良好觀感，產生對佛陀教法的尊敬之意。[27]

總之，以證嚴上人的初衷而言，慈濟不只是世間慈

---

25. 見證嚴上人，《真實之路：慈濟年輪與宗門》，頁 33-34。
26. 證嚴上人說：「在各地從事人道救援時，慈濟人並不會宣教，也不會勉強他人改變信仰，而是尊重他人的宗教信仰，譬如發放時，常遇人說：『感恩主派你來，主保佑你』。有些慈濟人會隨著說：『感恩主！』這雖然體現大愛的理念，但是卻未落實『為佛教』的精神；我們並非刻意傳教，而是希望能讓大家知道，這分清淨大愛的法源，是來自於佛陀的教育。」見《真實之路：慈濟年輪與宗門》，頁 77。此外，證嚴上人亦明確表示：「慈

善工作的推動，還包含宗教聖境的尋求。換句話說，「由善門走向佛門」——藉由慈濟志業體現佛教信仰的實踐，乃是上人長久以來的想法，即以佛教精神從事慈善救助，視慈善活動為佛教修行的法門，進而把慈善、醫療、教育、環保等入世志業，視為是意義和價值踐履的過程，以利他善行引領志工圓成佛道，最終實現《法華經》「一佛乘」的理境。

三、「跨宗教」與「為佛教」間之平衡

由上可知，慈濟之慈善雖不以傳教為目的，但仍有濃厚的宗教精神；在實現宗教理想，以及不強調自身宗教立場間，似存在一動態的辯證，意即「不傳教」與「為佛

濟人救助不同宗教信仰的人民，我們尊重對方的宗教信仰，但是也要告訴他們，慈濟人秉承釋迦牟尼佛之教法，以菩薩心力行於菩薩道，誠盼人人皆能彼此尊重與互愛。」見釋德仉編撰，《證嚴上人衲履足跡‧二○○六冬之卷》，頁 148。

27. 證嚴上人即舉出有些慈濟人就能真正做到「為佛教、為眾生」，她曾舉南非慈濟人的付出，使得牧師講道時，還要信眾們向慈濟看齊，感懷來自臺灣佛教徒的愛與幫助。見《真實之路》，頁 77。

教」的辯證，以統合「慈善」及「宗教」兩者。志工接觸佛教以及慈濟的因緣各有不同，有人因認同慈濟而進入佛門，即「由善門走向佛門」，也有人是認同佛教而加入慈濟，而從佛門走進善門；無論如何，佛門與善門之間有著一定聯結，尤其就大乘佛法而言兩者密不可分；然慈濟之定位，既是慈善組織、更（也）是佛教修行團體。

上人創立慈濟，乃是立基於佛陀大悲濟世的精神，透過慈善的推行接引眾生進入佛門，因此立場可說是「不可不佛教」。然而在救人優先的前提，不因宗教信仰的差異而阻絕慈善的推展，因此也「不可太佛教」，所以時而要淡化佛教信仰，不特意宣揚佛法，也因此就易於被評為佛教信仰淡薄、乃至「修福不修慧」（詳後）。如此，「不可不佛教」及「不可太佛教」之權、實拿捏，不免要多所衡量；但無論如何，上人的理想與願景乃不離佛法本義，慈濟利他之慈善志業，在大乘佛教精神的引導下有別於一般慈善團體，而不限於人天乘善法的累積。

可知，所謂的「不傳教」，並不是意味著不需弘揚佛法，而是有時節因緣上的優先順序。如就人性共通面來

說，先回歸到問題解決的務實面，如三餐溫飽、疾病治療等身體所需，於此前提下再談美善實現等宗教修行，否則基本的食衣住行都成問題，認識、宣揚佛法似已緩不濟急。事實上，人與人之間的互動很微妙，往往不需太多言語，在真誠的付出中反倒更能打動人，而這可說是慈濟志業取得大眾信任的原因之一，因「不傳教」反更能「為佛教」，在實際行動中說法度眾於無形；相對的，有時愈強調信仰立場、愈是想引人「入信」，反容易引起反彈或反感。如此真正的「為佛教」在於「不傳教」，也因為「不傳教」故可以「為佛教」，這樣微妙的辯證關係或可歸宗於佛教「中道」的立場，如前所說不可太佛教、也不可不佛教，善門與佛門間「不即不離」。

　　倘若確切理解佛法精神，未必有所謂的「傳教」。早在初期佛典中，即記載有些人是證入佛法後（「預流者」），才歸依成為佛教徒，因此若非真誠感受到佛法的利益，徒然成為佛教徒之表象似不太必要。而「傳教」之「弘揚佛法」，就另一層面來說，或可以稱之為「法施」（dharma-deśanā），著重的是全然的給予而不求回報。

在佛典中處處可見「法施」的重要，如視「法施」為「一切布施中第一最上最妙」，[28] 認為諸佛所說的一切布施，乃「法施第一」、「法施為上」，[29] 而不重視世間財物布施，特別對佛教修行人而言，不從世間資生之具來著眼。[30] 可知，佛教不是以慈善救濟為最終目的，而以「法施」廣度有情、帶領眾生離苦得樂才是最高理想，所謂「苦既拔已，復為說法」的立意也在於此。

　　總之，慈善救濟是解決眾生第一序的「身苦」，但「身苦」是肉體有限的「生命」現象，第二序的「心苦」才最為根本而棘手的，面對的是「慧命」的問題。而慈濟的慈善雖是以「身苦」的解除為出發點，但背後卻有著「心苦」的關注，「生命」之外更重「慧命」；畢竟人類之苦痛最

28.《十住毘婆沙論》卷 7〈分別法施品〉：「菩薩於財施應如是修學，又應修學法施如說：眾施法施最，智者應修行，一切布施中，第一最上最妙。所謂法施。是施智者所應行……問曰：云何知諸施中法施第一？答曰：經說有二施財、法施，二施之中法為上。」（CBETA, T26, no. 1521, p. 53, a21-c10）
29.關於「法施第一」在佛典中多所記載，如《佛說華手經》卷 2〈功德品〉：「於諸施中法施第一，於諸求中求法第一。」（CBETA, T16, no. 657, p.

終仍是思想和觀念的問題，或者佛法所說的「無明」，如何轉迷為悟、斷惑證真，也成了慈濟慈善背後之關懷。

肆、修福中修慧：慈善救助與信仰實踐之合一

　　承上所述，「為佛教，為眾生」象徵菩薩道精神之實踐，其中特有方法是「由善門入佛門」，顯示「慈濟宗門」以慈善為特點的修行法門；如此慈濟不只是從事慈善、更是提倡佛教修行。以下即以慈濟人的內修外行、修福先於慧、「十善菩薩」之修行特質，以及從慈善救助中實踐信仰，略說「慈濟宗門」的修行特色。

138, c3-4）《正法念處經》卷 27〈觀天品〉：「一切施中，法施第一。」（CBETA, T17, no. 721, p. 154, c14）

30.《大寶積經》卷 89：「諸佛所說一切施中法施第一，住第一施其心歡喜，不求世間財物布施。何以故？善男子！十方無數阿僧祇，諸佛世界，諸佛如來及比丘僧，不求世間資生之具。」（CBETA, T11, no. 310, p. 509, a18-21）關於「法施」之重要，如上人所重視的《無量義經》〈說法品〉亦說：「於眾生所，真能拔苦；苦既拔已，復為說法；令諸眾生，受於快樂。」（CBETA, T09, no. 276, p. 385, c27-29）

一、慈濟人的內修外行

　　佛法以修行為首務，那證嚴上人所寄望的慈濟人有沒有修行呢？上人對慈濟人的勉勵是「誠正信實」、「慈悲喜捨」；或者更完整的說「內修誠正信實，外行慈悲喜捨」即是慈濟人的修行。「內修誠正信實」可說是「嚴以律己」，反求諸己自律自惕，「外行慈悲喜捨」可說是「寬以待人」，悲濟有情利他助人。可知，「內修誠正信實、外行慈悲喜捨」展現出「律己」和「利他」的精神。換個方式說，「內修誠正信實」是「諸惡莫作」，「外行慈悲喜捨」則是「眾善奉行」，然一切的「避惡行善」都是在一念之間，必須求之於心而「自淨其意」，也因此上人屢屢強調「清淨心」、「慈悲心」的重要——清淨律己及慈悲利他；「清淨心」與「慈悲心」可說是慈濟人「內修外行」的法要，這除了是佛法「自度度人」的實踐，當也符合中國古人「內聖外王」的理想。

　　外界有些人認為慈濟很有錢，印象中證嚴上人對此回應表示：「慈濟不是有錢，而是有心。」有錢和有心是截然兩件不同的事，一是具體可見、可量化為計算的數字，

另一是看不見摸不著的內在感受。因此「慈濟有心」，這個「心」或可說有兩種，即是上述的「清淨心」和「慈悲心」。「清淨心」是用來「嚴以律己」，「慈悲心」則是「寬以待人」，以清淨律己、以慈悲待人應是上人對自己以及對弟子們的殷切期許。清淨律己，一如「靜思家風」之自食其力、自力更生，過著克勤克儉的修道生活；對於外界善款從未拿取而卻只有給予，以高道德標準來看待社會大眾的愛心布施。慈悲利他，念茲在茲皆是眾生的苦難，凡事都為別人想、都為別人做而不為自己求安樂。

因此，相對於外在可感可知的物質給予，上人更強調內心情義的傳達；慈濟不過是「藉物表情」，透過有形有相的財物去表顯無形無相的愛與關懷。例如九二一大地震後，慈濟除參與救災、趕建臨時屋安置受災鄉親外，還啟動「希望工程」，認養了 51 所中小學重建。當初援建時，上人勾選較具規模的學校，但龐大的重建開支不免讓人擔心經費從何而來，然而上人表示捨我其誰，只認為該做的就一定要做，慈濟不做又要叫誰去做呢？如此之義無反顧、直下承擔，所抱持的只是「信己無私，信人有愛」

的堅定信念，相信只要有心，一切難關都將安然度過。

在「清淨心」與「慈悲心」的引導下，一方面視錢為糞土，不貪不求，在財務上力求清楚嚴明；另一方面又視錢為利益眾生的工具，多多益善，務求發揮出最大效益。在上人看來，更多的捐款只象徵著更沈重的責任，象徵社會大眾對慈濟的信賴與期待，象徵慈濟人肩負更多的任務和使命，有錢的背後只是深化清淨心與慈悲心的修持而已。

總之，若問慈濟人的修行是什麼，那就是「內修誠正信實，外行慈悲喜捨」；若問慈濟志業對慈善工作以及佛法修行的重大啟發是什麼，「清淨心」和「慈悲心」應是其中的答案。

二、「善門入佛門」之福先於慧

「從善門入佛門」是證嚴上人的理想，此亦可說是一種「開權顯實」，善門是權而佛門是實；而既是「開權顯實」，慈善某種意義而言是一種度眾的方便。如此之「善門入佛門」，可說是「重福先於慧」、「重福多於慧」，

但卻不是「修福不修慧」；換言之，「修福不修慧」乃是「善門入佛門」的誤解。

誠然，「福慧雙修」是菩薩的修學理想，然眾生根機千差萬別，因此有所偏重勢不可免。而既有所偏重，以菩薩道而言，「重福多於慧」（或「修福重於慧」）似乎比「重慧多於福」（「修慧重於福」）更是可以接受的。亦即，有四種可能情況：其中「福慧雙修」最為理想，最糟的是福慧俱不修，另兩種是「修福重於慧」以及「修慧重於福」；倘若「魚與熊掌不可兼得」，就大乘法義來說福德資糧應比慧解力更加重要。可知，在福德廣行基礎薄弱底下，若直入智慧深觀及至於證果，對修學菩薩行並非有利，因此與其深化智慧倒不如長養慈悲，善業的功德力乃是生生世世菩薩道的保證。當然，最好的情況一定是「福慧雙修」、「悲智雙運」，如佛典說：「修福不修慧，象

31. 一如龍樹菩薩在《十住毘婆沙論》中説：「若墮聲聞地，及辟支佛地，是名菩薩死，則失一切利，若墮於地獄，不生如是畏，若墮二乘地，則為大怖畏，墮於地獄中，畢竟得至佛，若墮二乘地，畢竟遮佛道，佛自於經中，解說如是事，如人貪壽者，斬首則大畏，菩薩亦如是，若於聲聞地，

身掛瓔珞；修慧不修福，羅漢應供薄」，但倘若不能兩全其美，寧可是「重福多於慧」，因為「落入」天人乘比起「墮入」聲聞乘而言，對菩薩的修行是更為合宜的。[31]

在上人《靜思語》開示中亦屢屢可見「福慧雙修」的開示，如：「福從做中得歡喜，慧從善解得自在」、「能付出愛心就是福，能消除煩惱就是慧」、「服務人群是造福，從中學習是修慧」、「平安是福，快樂是慧」。對於外界「修福不修慧」的質疑，上人心中自有一番定見；如前所述，恐只是對「修福後修慧」或者「修福先於修慧」的一種誤解，而「修福先於修慧」乃密切關乎上人「由善門入佛門」的修行理想。

及辟支佛地，應生大怖畏。」(CBETA, T26, no. 1521, p. 41, a3-12) 大意是說：一個修菩薩道的人如果證入聲聞、緣覺等果位，應該感到極大怖畏，因為他永遠失去成佛的可能；相對的，退墮地獄之中還不需要感到如此害怕，因業報受盡仍可以修學佛法進至成佛，但證入二乘則斷送菩薩行的可能（這裡應可看出龍樹菩薩對「迴小向大」有所保留，當然這自是承繼《般若經》「已於生死作障隔」觀點）。
32. 釋德仉編撰，《證嚴上人衲履足跡‧二〇〇四年春之卷》（臺北：慈濟文化出版社，2004 年），頁 189。

如證嚴上人表示：「先修福，與人結下好緣後，才能讓他人將你所說的話聽進去。」[32] 他認為，大乘佛教所說皆是「福慧雙修」，卻很少人說「慧福雙修」，把修福置於修慧之前；這也意味著要先在人群中造福，才能在人與人之間成長智慧，因為有福才有好的緣，有好的緣才能成在修行道路上無所障礙。[33]

　　上人並以「不經一事，不長一智」來說明「修福後修慧」、「修福中修慧」等，闡發藉修福而修慧的道理；而這「不經一事，不長一智」以佛法而言可說是「以事會理」，菩薩緣眾生苦發起慈悲心，從觀眾生苦進而拔度之，藉以印證佛陀的教示即是智慧。[34] 可知，上人對於菩薩之「福慧雙修」有其獨到理解，除了「善門入佛門」外，還

---

33. 釋德仉編撰，《證嚴上人衲履足跡‧二〇〇〇年夏之卷》（臺北：慈濟文化出版社，2000 年），頁 87；釋德仉編撰，《證嚴上人衲履足跡‧二〇〇三年冬之卷》（臺北：慈濟文化出版社，2004 年），頁 437。
34. 釋德仉編撰，《證嚴上人衲履足跡‧二〇〇三年春之卷》（臺北：慈濟文化出版社，2003 年），頁 538-539。上述上人之福慧開示，感謝誠恕同學提供資料。

包括「苦既拔已，復為說法」、「為佛教，為眾生」等深層考量，背後可見用心良苦之所在。

　　總之，「善門入佛門」可視為是一種「開權顯實」，以善門為先而以之作為引渡佛門的方便，也因此「修福先於慧」、「修福多於慧」或「修福重於慧」等成了其中的特點。或可以說「由善門入佛門」的背後，隱然帶有「修福後修慧」的意涵，不只藉由修福來修慧，同時也期許在修福中修慧。由此可知，「慈濟宗門」有一定的修行觀和修學理想，慈濟人「做多說少」，未必得以用佛法術語來描繪自身行持，如此以「修福不修慧」解讀之，實有待商榷。

三、「十善菩薩」之修行特質

　　「福慧雙修」是菩薩道的修學理想，所謂「皈依佛兩足尊」，佛陀之偉大即在於福德智慧的圓滿具足，而這也相契於大乘佛法「悲智雙運」的修行總綱。進言之，「福慧雙修」是甚深智觀與廣大行願的結合，其中利益眾生的事多多益善，福報累積才能既廣又大，此可說是「橫切面」

之修行，至於智慧關乎無明破除與煩惱捨斷，智證之觀修既高且深，可說是「縱向軸」的修行。如此縱橫上下左右以掌握菩薩修行的整體。

　　福慧之修學固然不能偏廢，但當不能面面俱到時，部份的偏重乃事理之常；換言之，福慧其一皆不能偏廢，但偏重卻是勢所難免的。雖然在佛教修行中，有「修慧先於福」的「迴小向大」，但事實上「修福後修慧」較符合菩薩常道之通義。如印順導師指出的：凡夫發菩提心修菩薩行，具有兩大特徵：一、具煩惱身；二、悲心增上。[35]這意味著初發心菩薩（「十善菩薩」）不是以修智慧、斷煩惱為首要任務，反倒要積極入世、滋長利他助人的慈悲心。

　　可知，佛法說「福慧雙修」，然當兩者難以並重兼顧時，修福或應先於修慧。若以「身心」具象理解福慧關係，關乎福報的大致可說關乎身體，如福報大的人身體健

---

35. 印順導師，《佛在人間》（臺北：正聞出版社，1994 年），頁 102-103。

康、相貌莊嚴、經濟狀況不虞匱乏足以供應色身需求，屬於外在條件的滿足；至於智慧是心靈上的內在成就，屬於觀念和思想層次，看不見摸不著、抽象而深刻，佛法之「身苦心不苦」即在於智慧的有無。然論順序而言，觀身先於觀心，此猶如印順導師《成佛之道》偈頌云：「惑業由分別，分別由於心，心復依於身，是故先觀身。[36] 同理似乎可說「修福先於修慧」。

　　福報和智慧要像「金字塔」一樣，福報之基底寬大，智慧之高度才得以向上延展。福報像一棵樹的根，根扎得深才會枝繁葉茂，也如一棟大樓的底座，地基打得堅實才會屹立不搖。就《成佛之道》所述五乘共法、三乘共法及大乘不共法，或者《菩提道次廣論》下士道、中士道和上士道的修行順序，最初一定是下士道之五乘共法，如《成佛之道》所示：[37]

五乘共法修「三福業」（布施、持戒、禪定），顯見福德是大小乘佛法修學的基礎，既是基礎自是必要的前提，故言「修福先於修慧」。一旦福德資糧深厚廣大，修行路上自是平坦無阻，就像高樓大廈起建於穩固的地基上。

　　換個方式說，「五戒十善」是佛法修行基礎，「諸惡莫作，眾善奉行」優先於「自淨其意」，只不過優先（priority）不代表優位（superiority），順序的前後不代表層級的高低，相對的「五戒十善」在佛法修行上乃最低階、最底層的。由此可知，作一個正直善良的人總是優先成為一個佛教徒，卻不能本末倒置信了佛反倒「多行不義」。所以學佛時也當先自我檢視，在良善德行的基本要求先已及格合格，否則高談開悟解脫、成佛證果都是不切實際。事實上，「福先於慧」相契於《大般若經》「大悲

---

36. 印順導師，《成佛之道（增註本）》（臺北：正聞出版社，2005 年），頁 362。
37. 同前註，頁 55。

為上首」，以及印順導師所說的「慈悲為佛法宗本」，如此「人間佛教」之重視「十善菩薩」，或也有以「福先於慧」之方便來實踐「福慧雙修」的理想。

　　總之，慈濟志業「四大八法」的開展，除了是以慈善為目的，更是以修行為目標；環保、護生等理念推廣，背後都象徵「人心淨化」的理想，在慈善過程中落實了佛教所謂的修行，在心性磨練下體現不同形式的「修慧」。印順導師「人間佛教」重於「人菩薩行」，「十善菩薩」之概念強調再三，[38] 而「十善菩薩」大體有「修福先於慧」的特質，可以說證嚴上人之「善門入佛門」當是契合於印順導師「十善菩薩」之修學理想。

---

38. 如印順導師所認為的，初發心學菩薩行從「十善菩薩」學起，不只以「大悲為菩薩發心」，而且「以十善為菩薩正行」，如導師表示：「十善正行，是以發大悲心為主的菩提心為引導的，所以即成為從人到佛的第一步。」以上見《佛在人間》，頁 137-140。印順導師對「十善菩薩」相當重視，如又說：「菩薩入世的大乘行，或以十善為代表，稱十善菩薩，而實是人間的一切正行。」《無諍之辯》（臺北：正聞出版社，1992 年），頁 197；以及說：「論發心修行，『十善菩薩發大心』（菩提心——上求

四、從慈善救助中實踐信仰

　　慈濟志業從慈善起家，五十多年的入世工作，在今日已斐然有成。草創初期是由三十名家庭主婦每人每天省下五毛錢，一點一滴投入竹筒中累積起來，進而滙聚眾人愛心發跡成長；也正是這些「草根菩提」的樸拙力量，流傳了不可計數的感人故事。今日的慈濟不只是定位為慈善，還包括醫療、教育、人文、環保等各種志業，而且更以弘揚佛法為本務，已然實現「善門入佛門」的理想，視弘法和慈善兩者是二而一、一而二的關係。

　　如此，慈濟宗門的特色之一是以慈善為法門的佛教修行，這意味著慈濟的慈善不是捐錢了事、募款交差，更重要的是德性涵養。固然善款的捐助象徵著愛心的滋長，但行善背後更重於做一個好人；可知在慈濟的慈善中，助人不在於有錢而亦在於有心。換言之，慈濟的慈善重於「修心」，認為真正的慈善不在於金錢的多少，而是在於發心

佛道，下度眾生），正是『從人乘正法而進入大乘』。」《永光集》（臺北：正聞出版社，2005 年），頁 230。

的大小，「貧婆布施」、「貧女供燈」等佛典故事所述即在於此。一如馬來西亞成功的實業家陳志遠先生曾在受訪表示，過去參與諸多慈善活動都只知道要捐錢，但進入慈濟後才了解有比捐錢更重要的事，那就是佛法的修行。他以證嚴上人為「慧命的母親」，確立了行善的動機與方向，不只自己信受奉行響應素食，也引領集團的員工一起茹素，從具體實踐中深化內在的良善，自度又度他，而可謂「富中之富」。

既以慈善作為一種佛教修行，因此可說從事慈善即是修學佛法，修學佛法即要從事慈善，兩者環環相扣、密不可分，甚至互即互入。換言之，慈善本身即是一種學佛法門、修行方式，而且不只是學佛法門、修行方式，同時也是一種弘法形式，即透過慈悲善行的引導，讓切身參與苦難關懷的志工能縮小自己、藉事練心、見苦知福、知足

---

39. 如何日生表示：「證嚴上人開立慈濟宗門，建立從行善到體現一切善行的佛教修行法門，從利他臻於究竟覺悟之境。其宗門之理想是以提供眾生身、境、心的圓滿具足為目標。」見《利他到覺悟：證嚴上人利他思想研究》（台北：聯經，2017 年），頁 18。

惜福、善解包容、心懷感恩、內省反思等，除涵養正面正
向的道德人格，同時也深化修學佛法的菩提資糧。[39]

　　可知，慈濟志業不只是世間的慈善工作，還包含宗教
聖境的追求，慈善關懷和宗教信仰之間不是「非彼即此」
的二選一，而是可以相輔相成、彼此增益。如大乘佛法常
說的「以出世的心做入世的事」、「從利他中完成自利」
等，即顯示入世、利他（慈善）和出世、自利（宗教）的
平衡統一。而且，以宗教信仰為根源的慈善關懷，具有堅
定厚實的力量，真切關心著眾生苦難，宗教徒悲天憫人的
胸懷，即是以愛來撫慰苦、超克苦，而深化了救苦救難的
工作，這是一般缺乏信仰的慈善工作者所不及的。此外，
宗教之實踐「化小愛為大愛」，以無私的奉獻去幫助任何
需要幫助的人，亦顯示人格的偉大高尚，非一般人所能
為、易為。如上人即因崇高的道德標準和偉大人格，「以
德服人」而贏得敬重，使得慈善活動更具有公信力、說服
力而更易於推行，更能號召仁人志士共襄盛舉。

　　總之，慈濟以慈善作為修行法門，從慈善濟助來實
踐信仰，因而累積諸多善因善緣，除了以宗教修行的道德

形象取得信賴，宗教行者之情感敏銳，也易於感同身受苦人所苦，因不安不忍而助人離苦得樂。如此以信仰為根基的慈善，往往走得堅決、走得長久和穩健。而如果論及證嚴上人對整個華人佛教、甚至是世界佛教的貢獻，此結合慈善濟世、學佛修行與弘法度眾為一不可分的整體，即是她的偉大貢獻；除了為佛法修學開創新局，也為大乘佛教立下另類的修行範式。

伍、結語

印順導師曾表示「人間佛教決非同於世間的慈善事業」，[40] 可知佛教有其思想核心，依此而可增進我們對佛教慈善的理解，展現出佛教慈善志業自身定位（identity）的同時，也能有多樣風貌（diversity）的呈顯；證嚴上人所開創的慈濟志業即是一良好典範。作為華人最大宗教慈

---

40. 見印順導師，《佛在人間》，頁 73。
41. 見潘煊，《行願半世紀─證嚴上人與慈濟》（臺北：天下文化，2016 年），頁 330-337。

善團體的慈濟，這五十多年來的成果乃是有目共睹的，可說是華人（佛教）共同的榮耀，連本身是佛教國家的泰國，都由政府多次派團前來慈濟「取經」，協助重整泰國社會的道德秩序，[41] 這當中自有上人獨特的慈善理念與佛教修行觀。

　　如果以慈善為主的佛教團體不強調佛教的觀念、修行或修證，則佛教界內部多少有質疑之聲，如修福不修慧、世俗化、與一般社福或慈善團體無異等評斷；然而，太過於強調佛教信仰的立場，則對佛教外部或非佛教信仰的人而言，又不免會心存遲疑或戒心。如此，要使佛教內、外雙方皆大歡喜，恐不是件容易的事。對此，證嚴上人以「善門走向佛門」作為慈善救濟的佛法修行實踐，兼顧了「善門」（「跨宗教」、「不傳教」、「為眾生」）與「佛門」（「為佛教」）兩者的統合，進而展現出《法華經》的「開權顯實」，以善門作為方便度引眾生進入佛門，開拓出佛教慈善志業自身的特點。

　　本文即是以慈濟為範式，首先指出證嚴上人以「為佛教，為眾生」為佛教信仰的核心；其次說明「由善門入

佛門」為上人的濟世關懷和修行理念，引領人從慈善救助中走入佛教信仰，平衡「不傳教」與「為佛教」之間；第三論述「入世」與「出世」之可能張力，而在「善門入佛門」之修福與修慧中得到和諧的統一。總結認為，慈濟的慈善修行，雖不強調傳統的參禪打坐、誦經念佛，但卻重視走入人群身體力行；「人菩薩行」的心志砥礪，就是從如常的善行中，體悟佛法「三學」、「六度」等教法，最終實現大乘菩薩道「悲智雙運」、「福慧圓滿」的目的。

參考書目

古籍 [42]

《佛說華手經》（CBETA，T16）

《正法念處經》（CBETA，T17）

《大寶積經》（CBETA，T11）

《無量義經》（CBETA，T09）

《十住毘婆沙論》(CBETA，T26)

專書

何日生（2017）。《利他到覺悟：證嚴上人利他思想研究》。臺北：聯經。

何日生（2008）。《慈濟實踐美學（上）生命美學》。臺北：立緒文化。

許木柱（2012）。《曙光初現：雅加達慈濟紅溪河與慈濟大愛村研究》。
花蓮：慈濟大學出版社。

潘煊（2016）。《行願半世紀──證嚴上人與慈濟》。臺北：天下文化。

潘煊（2005）。《法影一世紀──印順導師百歲》。臺北：天下文化。

潘煊（2009）。《證嚴上人琉璃同心圓》。臺北：天下文化。

盧蕙馨（2011）。《人情化大愛：多面向的慈濟共同體》。臺北：南
天書局。

釋證嚴（2008）。《真實之路：慈濟年輪與宗門》。臺北：天下文化。

釋印順（1994）。《佛在人間》。臺北：正聞出版社。

釋印順（2005）。《成佛之道（增註本）》。臺北：正聞出版社。

釋印順（1992）。《無諍之辯》。臺北：正聞出版社。

42.「中華電子佛典協會」（Chinese Buddhist Electronic Text Association，
簡稱 CBETA）電子佛典系列，2014 版光碟。

慈濟宗的修福與修慧：以慈善為法門的佛教修行　457

釋印順（2005）。《永光集》。臺北：正聞出版社。

釋德凡編撰（2008）。《證嚴上人思想體系探究叢書》【第一輯】。
　　臺北：慈濟文化出版社。

釋德凡編撰（2007）。《證嚴上人衲履足跡‧二〇〇六年冬之卷》。
　　臺北：慈濟文化出版社。

釋德凡編撰（2009）。《證嚴上人衲履足跡‧二〇〇九年秋之卷》。
　　臺北：慈濟文化出版社。

釋德凡編撰（2015）。《證嚴上人衲履足跡‧二〇一四年冬之卷》。
　　臺北：慈濟人文出版社。

釋德凡編撰（2004）。《證嚴上人衲履足跡‧二〇〇四年春之卷》。
　　臺北：慈濟文化出版社。

釋德凡編撰（2000）。《證嚴上人衲履足跡‧二〇〇〇年夏之卷》。
　　臺北：慈濟文化出版社。

釋德凡編撰（2003）。《證嚴上人衲履足跡‧二〇〇三年春之卷》。
　　臺北：慈濟文化出版社。

釋德傅（2013）。《慈濟學初探》。花蓮：慈濟大學。

雜誌

《慈濟》月刊 487 期。臺北：慈濟人文志業中心，2007 年 6 月號。

《慈濟》月刊 523 期。臺北：慈濟人文志業中心，2010 年 6 月號。

《慈濟》月刊 463 期。臺北：慈濟人文志業中心，2005 年 6 月號。

其它

　　〈20090630 人間菩提〉，《大愛臺》，檢索網站：https://hung6966.
　　　　pixnet.net/blog/post/34882212

　　〈慈濟慶祝「母親節」等三節合一〉，《聯合報》，發布時間 2017 年
　　　　5 月 14 日。

慈濟慈善志業 —— 洪注大乘　潤漬眾生

策劃執行／財團法人印證教育基金會、慈濟教育志業執行長辦公室
編　　著／佛教慈濟慈善事業基金會
文字提供／釋德傅、呂芳川、林櫻琴、陳惠真、王運敬、曾慈慧
　　　　　黃靜恩、陳翰霖、何日生、林建德
責任編輯／王運敬、林建德
文字校對／王運敬、林建德、慈濟教育志業執行長辦公室
圖片提供／慈濟花蓮本會、佛教慈濟基金會文史處圖像資料組
　　　　　慈濟美國總會、天主教廷、阮義忠

發 行 人／王端正
總 編 輯／王志宏
叢書主編／蔡文村
叢書編輯／何祺婷
美術指導／邱宇陞
美術編輯／蔡雅君
出 版 者／經典雜誌　財團法人慈濟傳播人文志業基金會
地　　址／台北市北投區立德路二號
電　　話／（02）2898-9991
劃撥帳號／19924552
戶　　名／經典雜誌
製版印刷／禹利電子分色有限公司
經 銷 商／聯合發行股份有限公司
地　　址／新北市新店區寶橋路 235 巷 6 弄 6 號 2 樓
電　　話／（02）2917-8022
出版日期／2021 年 4 月初版
定　　價／新台幣 450 元

版權所有 翻印必究
ISBN 978-986-99938-4-5（精裝）Printed in Taiwan

國家圖書館出版品預行編目 (CIP) 資料

慈濟慈善志業—洪注大乘 潤漬眾生 = Tzu Chi mission of charity/
佛教慈濟慈善事業基金會編著 . -- 初版 . -- 臺北市 : 經典雜誌,
財團法人慈濟傳播人文志業基金會, 2021.04
460 面 ; 15*21 公分
ISBN 978-986-99938-4-5(精裝)
1. 佛教慈濟慈善事業基金會 2. 慈濟功德會 3. 慈濟 4. 慈善 5. 公益事業
　548.126　　　　　　　　　　110002260

ISBN 978-986-99938-4-5

00450